D1717955

Heiner Hug
Wir, die Geier

Heiner Hug

Wir, die Geier

**Das knallharte Geschäft
mit den Fernseh-News**

Orell Füssli Verlag

Gedruckt auf umweltfreundliches, chlorfrei gebleichtes Papier

© 1998 Orell Füssli Verlag, Zürich
Umschlagabbildung: Photo by Kyodo (Reuters Ringier)
Druckvorstufe: Heidy Schuppisser, Baden
Druck und Bindearbeiten:
Freiburger Graphische Betriebe, Freiburg i. Brsg.
Printed in Germany

ISBN 3-280-02624-5

———

Die Deutsche Bibliothek – CIP-Einheitsaufnahme

Hug, Heiner:
Wir, die Geier: das knallharte Geschäft mit den Fernseh-News / Heiner Hug. –
Zürich: Orell Füssli, 1998
ISBN 3-280-02624-5

Inhalt

7 **«Leichen gibt's heute keine»**
Das Warten auf Tote

11 **Hollywood in Afrika**
Elend, zum Happening gemacht

15 **Wie im Supermarkt**
Andrang vor den Fernsehkameras

17 **Vermarktete Kriege, vermarktetes Elend**
News – eine schnellverderbliche Ware

27 **20 Millionen Worte pro Tag**
Woher wissen wir alles?

43 **«Man sieht nur die im Lichte»**
Über die meisten Länder berichten wir nie

49 **Frieden – welch schreckliche Zeit**
Die Jagd nach Krieg und Elend

57 **Die Karawane der News-Jäger**
Sie sind eine Familie. Sie reisen von Krieg zu Krieg

69 **Weniger Appetit auf News?**
Übersättigung mit Krieg und Elend

79 **Ende der Leichenstarre**
Die News-Sendungen werden attraktiver

101   **Köche und Komponisten**
Wie man eine Tagesschau anrichtet

111   **Die neue Welle: farbig und gescheit**
Kein Infotainment für die News

121   **Der Traum vom Massengrab**
Beruf: Fernsehjournalist

137   **Telekratie**
Wie mächtig ist das Fernsehen?

153   **Le Pen und die andern**
Sündenbock Fernsehen

157   **Fernsehen – wenig Analyse**
Die Schwächen des Mediums

169   **Der Sender mit dem Wildschwein**
Bald 500 Fernsehsender für alle

191   **Kleines Lexikon**

197   **Bibliographie**

«Leichen gibt's heute keine»

Das Warten auf Tote

«Es tut mir leid», sagt sie, «aber Leichen gibt's heute keine.» Wir warten vor der Notfallstation des Rotkreuz-Spitals in der afghanischen Hauptstadt. Wir sind ein Team des Schweizer Fernsehens. Wir drehen Reportagen über den Krieg in Afghanistan. Täglich werden hier Dutzende von Kriegsopfern eingeliefert. Heute nicht, heute gibt's weder Bomben noch Raketen.

Die dänische Krankenschwester bietet uns Kaffee an. Sie ist seit Jahren hier in Kabul. Sie hat Tausende von Schwerverletzten aufgenommen, Tausende von Sterbenden. «Na, ihr Geier», sagt sie freundlich, «heute gibt's nichts zu filmen.»

Seit drei Stunden warten wir. Wir wollen die Schauder dieses Krieges zeigen. Um sie zeigen zu können, warten wir auf Schwerverletzte, auf Sterbende.

«Vor einer Woche hätten Sie kommen sollen», sagt die Krankenschwester, «da explodierten in der Altstadt vier Raketen. Vierzig Personen wurden eingeliefert, die meisten starben.» Mit einem Augenzwinkern fügt sie hinzu: «Das hätte Bilder gegeben.» Doch an diesem späten Nachmittag geschieht nichts: keine Einlieferung, keine Schwerverletzten, keine Toten.

Wir, die Geier, sitzen vor dem Spitaleingang, trinken Kaffee und afghanisches Cola. Der Tontechniker murmelt: «Wir haben einen Scheiss-Job.» Tatsächlich: da sitzen wir und warten auf Leichen. Wir warten, bis irgendwo eine Rakete einschlägt. Unser Beruf lebt vom Unglück der andern.

Die dänische Krankenschwester setzt sich zu uns. «Nein, ihr habt keinen Scheiss-Job, ihr tragt in die Welt hinaus, was hier geschieht. Ihr zeigt, welche Verbrechen an der Menschheit begangen werden. Nur Journalisten und Kamerateams können die Welt noch aufrütteln.»

Nun verzweifelt sie fast: «Wer spricht schon vom Krieg in Afghanistan? Ihr Journalisten seid unsere letzte Hoffnung. Ihr seid zwar Geier, aber nützliche Geier. Zeigt, beschreibt dieses Elend, damit die Welt diesen vergessenen Krieg nicht ganz vergisst.»

Das Krankenhaus des Internationalen Komitees vom Roten Kreuz (IKRK) liegt jenseits des Kabul-Rivers. Es ist eine riesige Baracke. Darin 400 Betten. Alle sind belegt. Die meisten Patienten haben abgerissene Beine, abgerissene Arme. Der Krieg in Afghanistan ist vor allem ein Krieg mit Landminen. Kein Land ausser Bosnien ist heute so vermint wie Afghanistan.

Jetzt ist der Teufel los

Wenn man die Welt aufrütteln will, muss man Elend und Massaker zeigen. Dann muss man eben auf die Massaker warten. Wie wir es tun. Wir trinken eine weitere Cola, das abendliche Sonnenlicht wird warm. Die dänische Krankenschwester sagt, wir sollten morgen wieder kommen. «Vielleicht habt ihr dann mehr Glück.» Wir schauen uns an. «Mehr Glück», hat sie gesagt. Wir beschliessen, noch eine Stunde zu warten.

Da fährt ein Bus vor. Es ist kein Linienbus. In Innern liegen sieben oder acht Schwerverletzte. Die Krankenschwester springt auf: «Los, tut euren Job.» Jetzt ist der Teufel los. Auf Bahren werden die Schwerverletzten in den Operationssaal getragen. Wir filmen. Im Süden der Stadt war eine Rakete explodiert.

Da liegen sie, auf mehreren Operationstischen. Wir filmen einen alten Mann mit zerschmettertem Bein. Eine Krankenschwester schneidet sein Hosenbein auf. Das Bein fällt ab – vor laufender Kamera. Auf dem Nebentisch: ein Mädchen, etwa siebenjährig – zart wie eine Puppe. Seine Augen sind geschlossen. Entspanntes Lächeln. Der Arzt kneift in seine Wange: das Mädchen ist schon tot.

Daneben eine junge Frau. Ihr Gesicht voller Granatsplitter und Blut. Mit riesigen Augen starrt sie in die Kamera. Zwei Stunden später ist sie tot. Wir verlassen den Operationssaal. Hinter uns der Geruch von Blut und Schweiss, der Geruch von Tod. Im Freien atmen wir tief durch. Ein rötliches Abendlicht hängt über Kabul. Der Kameramann stellt die Kamera ab. Er zündet eine Zigarette an.

Ich denke an P. W., einen andern Kameramann des Schweizer Fernsehens. Er hatte den Krieg in Beirut gedreht. Damals sagte er: «Durch den Sucher der Kamera kann ich alles sehen, alles filmen; wenn ich die Kamera weghalte, wird mir übel.»

... und keiner interessiert sich

Mit der Nacht kommt in Kabul die Ausgangssperre. Wir sprechen wenig an diesem Abend. Wir treffen Rotkreuz-Delegierte, Krankenschwestern und Ärzte. Auch sie sagen: «Sprecht darüber, zeigt dieses Elend. Nur dann ändert sich etwas.» Doch es ändert sich nichts.

Lange Zeit stapften Journalisten und Kamerateams durch die Kriege dieser Welt. Sie wagten sich an die vorderste Front. Sie setzten ihr Leben aufs Spiel. Sie waren stolz darauf, der Welt Informationen zu bringen. Insgeheim hofften sie, etwas bewirken, etwas bewegen zu können. Heute stellen sie fest: kein Interesse. Die meisten Konflikte finden unter Ausschluss der ausländischen Öffentlichkeit statt. Dazu gehört Afghanistan. Die Sowjets haben dort Ende der achtziger Jahre aufgegeben. Seither ist das Land vergessen. Zwar sterben jährlich Tausende von Menschen – doch nach Kabul verirrt sich kaum ein Reporter.

Weltweit gibt es heute 60 blutige Konflikte. Die meisten werden von den Medien totgeschwiegen. Einige wenige aber werden aufgebauscht. Mit ihnen verdient man das grosse Geld. Kriege als Medienspektakel. Und wenn es keine deftigen Kriege gibt? Dann sucht man eben welche. Oder macht kleine Konflikte zu schwungvollen Thrillern.

Hollywood in Afrika

Elend, zum Happening gemacht

Zwei, drei Kriege gehören ins tägliche Programm. Mehr nicht. Es ist schwierig, Konflikte zu unterscheiden. Zu viele Kriege in der gleichen Sendung: das verwirrt nur. Da verwechselt der Zuschauer Srebrenica mit Grosny, den Salang-Pass bei Kabul mit dem Mount Igman bei Sarajevo, die kurdischen Aufständischen mit den Truppen des usbekischen Kriegsherrn Dostom. Auch Fernsehschaffende sind oft verwirrt. In einem Kommerzsender laufen Bilder aus Bosnien – dazu ein Text über den Krieg in Tschetschenien. Und keiner hat's gemerkt.

Die Zuschauer glauben, einen Überblick über das zu erhalten, was auf der Welt geschieht. Irrtum: sie erfahren das, was man für sie ausgewählt hat. Das, was die Fernsehwelt in Szene setzt. Es gibt vielleicht Dutzende anderer Ereignisse, die wichtiger sind. Von denen erfährt der Zuschauer nichts. Was das Fernsehen bringt, ist Ereignis. Was das Fernsehen nicht bringt, gibt es nicht. Wo das Fernsehen filmt, wird gehungert. Wo es kein Fernsehen gibt, gibt es keine Hungersnot.

Somalia hungerte und kämpfte sich zu Tode. Das war Anfang der neunziger Jahre. Die Amerikaner und die UNO wollten helfen. Die Hilfsaktion wurde zum Medienspektakel – dank CNN und all den andern. Die CNN-Leute waren als erste vor Ort – schon vor der Ankunft der amerikanischen Hilfstruppen. Phantastische Bilder gingen um die Welt: gewaltige Luftkissen-Boote. Im rötlichen Morgenlicht setzten sie auf somalischen Sand. Tausende von Journalisten und Kameraleuten berichteten. Keine Fernsehstation, die keinen Korrespondenten hinschickte. Die Welt wurde überschwemmt mit Bildern und Berichten. Zwei Monate lang gab es nur ein Thema.

Direkt neben Somalia liegt das südliche Äthiopien. Dort, im Ogaden, starben Tausende von Menschen – zur gleichen Zeit wie in Somalia. Sie starben 50 Kilometer von der nächsten CNN-Kamera entfernt. Die Äthiopier verhungerten wie die Somalier. Doch keine Fernsehstation berichtete über sie: kein Bild, kein Wort. Man hatte Somalia zum Thema deklariert. Was interessiert da schon Äthiopien? Mehr als eine Hungersnot will man doch dem Zuschauer nicht zumuten. Das verwirrt nur.

Wir hatten im Ogaden gefilmt. Sterbende Leute im Sand. Drei Jahre hatte es dort nicht geregnet: der einzige Fluss fast ausgetrocknet. Wir sendeten den Beitrag und boten ihn ausländischen Stationen an. Kein Interesse. «Wir haben ja Somalia.»

Hochgeschaukelte Kriege

Warum Somalia und nicht Äthiopien? Warum dieser Krieg und nicht jener? Wann wird ein Thema zum Medienereignis? Hochgeschaukelt werden Themen durch den Konkurrenzkampf der Medienkolosse.

Ist eine der grossen TV-Stationen vor Ort, kommt eine zweite. Berichten aber zwei der grossen, dann kommen fast alle. Es ist wie ein Sog, alle werden hineingezogen: auch die Presse, auch das Radio. Themen kriegen dann eine Eigendynamik. Je mehr die einen berichten, desto mehr berichten die andern. Kriege und Konflikte werden von den grossen Medien hochgeschaukelt. Wenn Reuters vor Ort ist, muss auch Associated Press vor Ort sein. Wenn CNN berichtet, muss auch NBC berichten. Wo die «New York Times» ist, ist auch «Le Monde». Alle werden angesteckt. Wenn die ganze Welt über den Kongo berichtet, müssen wir es auch tun. Und Platz für den Hunger im Ogaden ist dann eben nicht. Nur wenige grosse Zeitungen leisten es sich noch, flächendeckend über die ganze Welt zu berichten. Die andern rationalisieren ihre Kräfte: sie konzentrieren sich auf wenige Ereignisse. Die andern unterschlägt man.

Die meisten schwimmen auf dem grossen Strom. Alle berichten vom gleichen: Mainstream-Journalismus. Den gibt es seit je. Graham Green berichtet über seine Journalisten-Tätigkeit in Vietnam, damals in den fünfziger Jahren. Eine Reportage über Vietnam? «Nicht in diesem Moment, in dem die ganze Welt nur von Korea sprechen will» («The Quiet American»). Neu ist das heute nicht, aber krasser.

Mäuler werden vollgenommen

Wird ein Thema zum Ereignis erkoren, geht die Post ab. Da werden Kriege mit Pomp und Üppigkeit inszeniert. Pein und Leid – als Happening. Fernsehgiganten setzen Millionen ein. Da schmeissen sie alle Kräfte an die neue Front. Mobilmachung aller technischen Geräte, aller Parabolspiegel. «Bei der Darstellung von Grossereignissen sind die Fernsehnachrichten unschlagbar», schreibt John Hohenberg, ein Medienpapst von der Columbia University («The professional journalist»). Windmühlen werden in Gang gesetzt. Die Mäuler werden vollgenommen. Die Welt wird mit Berichten zu diesem einen Ereignis überschüttet. Jede Fernsehstation weiss mehr als die andere.

Da gab es Hungersnöte, die dauerten Jahre. Zehntausende starben. Aber kein Bild, keine Meldung, kein Ton. Es wird gestorben, und keiner erfährt es. Dann, ganz plötzlich, sind sie alle dort. Der Medienzirkus baut sich auf. Man berichtet im fünften Gang. Plötzlich erhalten wir täglich zwei, drei Stunden Bildmaterial. Alle andern Themen werden verdrängt. Da wird das Elend zum Spektakel gemacht. Kriege, zum Spaghetti-Western deformiert. Dann beginnt man sich zu langweilen, immer die gleichen Bilder, immer der gleiche Krieg. Der Medienzirkus verlässt das Land: kein Bild mehr, kein Wort, kein Ton. Es wird weitergestorben. Und keiner weiss es. Kriege, die lange dauern, ermüden. Die Einschaltquoten sinken. Die Kriege müssen ausgewechselt werden.

«She gives us great war»

Sie ist jung, fast mystisch. Sie verdient pro Jahr 1,5 Millionen Dollar. Ihre Kleider sind schmuddelig, ihre Haare oft ungewaschen. Ihr Englisch trägt einen nahöstlichen Akzent. Newsweek nennt sie die «First Lady des Fernsehens». Christiane Amanpour ist das Kronjuwel von CNN, Amerikas weltumspannendem TV-Riesen.

Sie, die bestbesoldete Reporterin aller Zeiten, ist Tochter einer Britin und eines Iraners. Die meiste Zeit verbrachte sie in Europa. Sie spricht auch Französisch und Farsi. Bei CNN begann sie als Copy-Girl: sie riss Agenturmeldungen aus dem Telex und verteilte sie. 1991 kam sie im Golfkrieg zum Einsatz. «Sie hat am Bildschirm eine Ausstrahlung, die einen gefangen nimmt.» So schwärmt der amerikanische Generalmajor Perry M. Smith. Ihre eigentliche Karriere begann im Bosnien-Krieg. CNN zahlt ihr jährlich eine Million Dollar. Daneben dreht sie pro Jahr fünf einstündige Sendungen für CBS. Dafür erhält sie pro Sendung 100 000 Dollar.

Sie ist die Verkörperung des Mainstream-Journalismus. Wo sie hingeht, gehen alle hin. Wo sie ist, ist das Ereignis. Unermüdlich zieht sie von Konflikt zu Konflikt. Ihre Route setzt den Trend. Wo sie auftritt, sind alle. Die Zuschauer wissen: wo Christiane ist, dort läuft etwas. Sie war in Bosnien und im ehemaligen Zaire, sie war im Iran und im nordirischen Portadown.

«Newsweek» zitiert einen Kollegen: «She gives great war.» Sie führt uns grossartige Kriege vor.

Grossartige Kriege vorführen – das ist die Hauptaufgabe des Mainstream-Journalismus. Immer weniger geben die Medien einen Überblick über das Weltgeschehen. Immer mehr konzentrieren sie sich auf einzelne Ereignisse. Diese macht man zur Fernsehshow. Dazu braucht man auch Stars. Stars wie Christiane Amanpour.

Der Mainstream-Journalismus hat eine glückliche Nebenwirkung: er ist kostengünstig. Viel Show für wenig Geld. Mit der Konzentration auf wenige Ereignisse spart man Geld. Auslandbüros sind teuer. Sie sind wie ein Feuerwehrlokal: sie müssen das ganze Jahr besetzt sein, doch nur selten brennt es. Fernsehstationen schicken immer häufiger Sonderkorrespondenten an den Ort des Geschehens. Damit entfallen die permanenten Infrastrukturkosten eines Auslandbüros. Christiane Amanpour kostet 1,5 Millionen pro Jahr. Das ist billiger als der Unterhalt vieler Auslandbüros. Der Nachteil: die schnell angereisten Reporter sind mit den Themen wenig vertraut.

Wie im Supermarkt

Andrang vor den Fernsehkameras

Nicht nur Christiane Amanpour steht vor der Kamera im kongolesischen Busch. Nicht nur CNN berichtet live aus allen Ecken der Welt. Die meisten Fernsehstationen wurden vom CNN-Virus infiziert.

Bei jedem Grossereignis wird tonnenweise Material angeschleppt. Die ganz Grossen im Geschäft kommen mit Kamerateams, Schnittplätzen, Maquilleusen und vielen Journalisten. Sie bauen eigene Studios auf – mit Blick auf die Champs-Elysées oder die japanische Botschaft in Lima. Für viel Geld blockieren sie Satelliten – oft rund um die Uhr. Ganze Hotel-türme werden besetzt. Da werden Helikopter gemietet, Botschafter für gute Dienste beschäftigt. Es gibt wenige Fernsehstationen, die so auftrumpfen, doch sie sind es, die die News dominieren: es sind die grossen Amerikaner (CNN, ABC, NBC und CBS), TF1 aus Frankreich, NHK aus Japan. Manchmal auch die BBC, seltener die ARD und das ZDF.

Die kleineren Sender scharen sich zusammen. So wollen sie die teuren Infrastrukturkosten teilen. Da ist die EBU zur Stelle, die European Broad-casting Union. Ihr Hauptsitz liegt im Genfer Vorort Petit-Saconnex. Die EBU greift den kleinen unter die Arme.

Bei etwa 100 Ereignissen pro Jahr ist sie dabei. Vor allem sorgt sie dafür, dass die im Ausland gedrehten Reportagen den Weg in die eigene Fernseh-zentrale finden. Meist erfolgt die Übermittlung per Satellit. Jede Station kann Satellitenzeit mieten. So schickt der Journalist seinen Bericht in seine Zentrale.

Doch die EBU, auch Eurovision genannt, bietet mehr. Sie baut am Ort des Geschehens mobile, offene Studios auf – so im afrikanischen Busch, an der tschetschenischen Front oder beim Gipfeltreffen Clinton / Jelzin. Diese Studios kann man mieten, je zehn Minuten lang: zum Beispiel von 19h30 bis 19h40 – während unserer Tagesschau. Unsere Korrespondentin befindet sich jetzt im Flüchtlingslager von Goma. Sie steht vor einer Kamera der EBU. Befragt wird sie live von unserem Moderator im Studio in Zürich.

15

Dieses anderthalbminütige Live-Gespräch kostet uns dreitausend Franken. Das ist günstig. Für diesen Preis erhalten wir einen eigenen Direktbericht. Brächten wir unsere eigenen technischen Installationen nach Goma, käme uns das auf 40 000 Franken zu stehen.

Die Papageien sind wir

Allein in Goma sind wir nicht. Alle zehn Minuten steht ein anderer vor der Kamera. Von 19h30 bis 19h40 spricht unsere Journalistin, von 19h40 bis 19h50 ein schwedischer Reporter, von 19h50 bis 20h00 ein Türke, von 20h00 bis 20h10 ein Russe.

Bei Grossereignissen ist der Andrang gross. Eine einzige Kamera genügt nicht. Da stellt die Eurovision fünf bis zehn Kameras auf – in eine Reihe. Da können fünf bis zehn Journalisten gleichzeitig sprechen. Doch jede Kamera fixiert nur einen. Die eine Linie geht nach Zürich, die daneben nach Athen, die daneben nach Tokio, die daneben nach Lissabon. Und der Fernsehzuschauer glaubt, da stehe unsere Korrespondentin allein im Busch. Nein, zwei Meter neben ihr steht ein Türke und zwei Meter daneben eine Finnin, und zwei Meter daneben eine Italienerin. Und alle sprechen zur gleichen Zeit. Das braucht Nerven. Die Papageien im Busch sind wir.

Es ist wie an den Kassen des Supermarktes. Vor jeder Kasse, vor jeder Kamera steht man Schlange – und wartet, bis man durchgeschleust wird. Da rast man durch das Kriegsgebiet. Verschwitzt kommt man vor die Kamera. «Nein, Ihre Station hat nichts gebucht.» Telefon nach Zürich oder Wien, nach Hamburg oder Mainz. «Ah doch, ja, aber nicht hier, sondern im Osten der Stadt.» Das zehrt. Steht man dann doch noch vor einer Kamera, hat man vergessen, was man sagen wollte.

Selbstmord-Attentat auf dem Markt in Jerusalem. Wir buchen ein Live-Gespräch mit unserem Korrespondenten. Es ist 19h25. In fünf Minuten beginnt die Tagesschau. Der Korrespondent rast zur Kamera-Position. Diese befindet sich am Eingang des «Jerusalem Capital Studios». «Nein, hier ist nichts für die Schweiz gebucht, mal nachschauen. Ah doch, aber nicht von hier, sondern von der Kamera auf dem Dach.» Der Korrespondent rast auf das Dach. Dort erfährt er: «Nein, nicht die Kamera auf diesem Dach, sondern jene auf jenem Dach.» Er rast in den Lift, rennt zum andern Haus, stürzt in den andern Lift. Er kommt auf dem Dach an – und unsere Tagesschau ist zu Ende.

Vermarktete Kriege, vermarktetes Elend

News – eine schnellverderbliche Ware

Im Dezember. 1975 schaute der Amerikaner Ted Turner («Ich hasse News, die machen uns krank») in den Himmel. Da flimmerte ein neuer Satellit: Satcom II. Soeben war er von RCA ins All geschossen worden. Ted Turner, Besitzer eines Donald-Duck-Senders, beschloss, Satellitenfernsehen zu machen. Turner ist eine Art Hemingway im Mediengeschäft: viel Alkohol, viele Frauen – und sogar etwas Talent. Er begann, das News-Geschäft auf den Kopf zu stellen.

«Chicken Noodle News» (CNN) – so bespottete man den neuen Sender. Nichts hat seit dem Zweiten Weltkrieg die Medienwelt so verändert wie der Hühnernudel-Sender aus Atlanta. CNN, so Peter Arnett, der heutige CNN-Held, war zunächst «ein Zwerg mit grosser Klappe und kleinem Publikum». Die grosse Klappe ist geblieben, aber auch das Publikum ist gross geworden. Cable News Network kann als einziger Sender in fast allen Ländern der Welt empfangen werden. Ted Turner, heute mit Jane Fonda verheiratet, ist der grösste News-Verkäufer aller Zeiten. Schon steht er in Madame Tussaud's Wachsfigurenkabinett.

Frauenheld, Säufer, Philanthrop

Notizen zu Ted Turner, dem Gründer von CNN

Für das Fernsehen ist Ted Turner was Gutenberg für den Druck. Leicht übertrieben. Doch Ted Turner liebt Übertreibungen.

Sein «Leben voller dramatischer Episoden» («Newsweek») begann am 19. November 1938 in Cincinnati, Ohio. Sein Vater, Robert Edward Turner

---

(geboren 1911), liebte und schlug ihn. Die Armeeschule «Georgia Military» verpasst klein Ted militärischen Drill. 1958 lernte Ted Judy Nye kennen, seine künftige Frau. Die Ehe verlief schlecht («Du tust, was ich dir sage»). Ted war ein Haustyrann. Judy bespritzte ihn mit kaltem Wasser.

Der Vater erschoss sich im Badezimmer. Zwei Jahre nach der Scheidung heiratete Turner erneut: Jane Shirley Smith. («Zuerst kommt das Business, dann kommt die Segelyacht und drittens kommst du.») Er blieb 23 Jahre verheiratet. Turner übernahm das Werbebüro seines Vaters. Sein Führungs-stil war aggressiv.

1970 kaufte er die Fernsehstation WJRJ oder Channel 17: eine lokale UHF-Station in Atlanta. Ein Sender ohne Publikum. Es war eine kranke Mickey-Mouse-Station. Sie zeigte alte Cartoons und ausgemusterte D-Filme. Zwei Jahre später war die kranke Station genesen und warf Gewinn ab.

Zu Hause führte Turner ein viktorianisches Regime. Widerspruch liess er keinen zu. Seine grosse Leidenschaft war das Segeln. Zweimal wurde er «Yacht-man of the Year». 1977 gewann er den America's Cup. Bei der anschliessen-den Pressekonferenz fiel er grölend unter den Tisch, vollgepumpt mit Rum. CBS filmte die Szene.

Turner war der Archetyp eines Womenizers («Ich hatte bis zum dreissigsten Altersjahr 300 Frauen»). Bekannt wurden seine Abenteuer mit Liz Wickersham, einer blonden Miss Universe, einst Playboy-Cover-Girl. Dann pflegte er eine achtjährige Romanze mit JJ Ebaugh. Turner hatte (so Bob Hope) «eine unglaubliche Anzahl von Frauen». Er verlor keine Zeit. Er «war ein Chauvinist, ging direkt aufs Ziel los… Dann die nächste». Seine zweite Scheidung kostete ihn 40 Millionen Dollar.

Oft gingen ihm die Nerven durch. Nicht nur, wenn er zuviel getrunken hatte. Beim Flug in einer Maschine der Eastern Airlines hatte er einen Tobsuchtsanfall. Er schrie und schlug vieles kaputt. Dr. Frank Pittmann, ein Psychiater, ver-schrieb ihm eine Lithium-Therapie. Diese brachte dem Suizid-Gefährdeten Erleichterung.

1975 beschloss er, CNN zu gründen. Er scharte weitsichtige Leute um sich. Dazu gehörte Reese Schonfeld. Er wurde erster Präsident von CNN. Schonfeld hatte visionäre Vorstellungen. Doch CNN erlebte einen klebrigen Aufschwung. Toyota war das erste Unternehmen, das bei Ted Turner Reklame machte. Deshalb beschloss er, zehn Jahre lang einen Toyota zu fahren.

Seine Freunde waren skeptisch. Keiner glaubte an das «planetäre Fernsehen», von dem Turner träumte. Doch er hat es geschafft. Er wurde zum grössten News-Verkäufer aller Zeiten. Der Golfkrieg kannte vor allem einen Sieger: Ted Turner. «Er mag der einzige ehrliche Milliardär sein», sagt sein Biograph Porter Bibb, «ein Bündel voller Widersprüche.»

Turner arbeitet 16 Stunden täglich. Er sprudelt vor Ideen. Er fand noch Zeit, ein Kochbuch zu schreiben. 1985 wollte er CBS kaufen, den amerikanischen Fernsehgiganten. Der Versuch misslang. Dafür kaufte er das Filmstudio MGM und Teile seines Archivs. Darin lagern seine Lieblingsfilme: Citizen Cane, Casablanca, Vom Winde verweht, The Wizard of Oz und Singing in the Rain. Viele dieser Filme wurden colorisiert. Auch das war Ted Turners Idee. Rhett Butler war Hauptdarsteller in «Vom Winde verweht». Turner liebt sein Draufgängertum – und: er liebt seinen kurzen Oberlippenbart. Er übernahm ihn.

Ein Leben lang kämpfte er für eine bessere Welt. Er macht sich stark für Frieden und Umweltschutz. Er kämpft gegen Armut und Überbevölkerung. Für Amerikas Rechts-Establishment ist er ein «übler Linker». Einige kritisierten seine Naivität. Turner sagt: «Der Mensch muss mit sich selbst Frieden schliessen – und mit allen andern.» Turner und Jacques Cousteau waren Freunde. Sie produzierten Umweltfilme.

1982 besuchte Ted Turner Fidel Castro. Vier Tage verbrachten sie zusammen. Zuerst fischten sie, dann jagten sie Enten. Turner war von Castro begeistert. Er kritisierte den amerikanischen Handelsboykott gegenüber Kuba. 1996 eröffnete CNN ein Büro in Havanna – als einzige amerikanische Fernsehstation. Turner arbeitete auch mit Michael Gorbatschow zusammen. CNN durfte seine Programme in der ganzen Sowjetunion verbreiten – via sowjetische Satelliten. Ein kleines Risiko für Gorbatschow. Wer verstand schon Englisch?

Am 21. Dezember 1991 heiratete Turner zum drittenmal: Jane Fonda, Filmschauspielerin, Vietnam-Aktivistin und Aerobic-Guru. Das «Time Magazine» erkor ihn 1991 zum «Mann des Jahres».

1997 stand er wieder auf den Front Pages. «Newsweek» widmete ihm die Cover Story. Turner überraschte mit einem Geschenk. Der UNO vermachte er eine Milliarde Dollar. Er schuf eine Stiftung. Zehn Jahre werden der UNO jährlich hundert Millionen Dollar bezahlt. Damit sollen UNO-Projekte finanziert werden. Eingesetzt wird das Geld für Flüchtlinge, zur Krankheitsbekämpfung und für die Räumung von Minen. Die USA schulden den Vereinten Nationen 1,3 Milliarden. Das Geschenk ist ein Affront gegenüber der amerikanischen Regierung. Es löste in den USA auch Ärger aus.

CNN hat zwei Prinzipien: Erstens: «Wir wollen von überall als die ersten berichten.» Zweitens: «Wir berichten nicht über das, was geschehen ist; wir berichten über das, was im Begriffe ist zu geschehen.» Diese Philosophie stammt nicht von Turner selbst, sondern von Reese Schonfeld, dem ersten Präsidenten von CNN. Er, inzwischen kaltgestellt, war der eigentliche News-Philosoph. Er hat das neue Zeitalter eröffnet.

Eine Milliarde Zuschauer

CNN berichtete 53 Stunden lang ununterbrochen vom Genfer Gipfeltreffen zwischen Reagan und Gorbatschow. Das war 1985: das erste Glanzstück. Die Station aus Atlanta sendete live die Explosion der Raumfähre Challenger. Mary Anne Loughlin und Tom Minter waren damals 13 Stunden auf Sendung, ununterbrochen – der längste Auftritt in der Fernsehgeschichte. 1989 ein weiteres Meisterstück: CNN berichtet live vom Aufmarsch der Studenten auf dem Tienanmen-Platz in Peking. Berichte, die Geschichte machten. Dann der grösste Triumph: 1991, Angriff der Alliierten auf Bagdad. Peter Arnett und Bernard Show berichten live vom Hotel El-Raschid in Bagdad. Damals schauten «eine Milliarde Menschen in 108 Staaten» CNN. So die CNN-Eigenwerbung. Das wäre fast viermal die Gesamtbevölkerung der USA.

Nach dem Golfkrieg wurde die intellektuelle Welt von einer allgemeinen Entrüstung geschüttelt. Gift und Galle wurden gespien. Man beklagte die Dominanz, Manipulation und Arroganz von CNN. Zu Unrecht: die Berichte von Peter Arnett aus Bagdad hoben sich vom amerikanischen Einheitsbrei ab. Sie waren ab und zu fast kritisch. Subversiv, sagen andere.

CNN ist nur bei Grossereignissen ein Volkssender. Sonst ist er die Station der Decision Makers, der Staats- und Ministerpräsidenten. Bill Clinton und Fidel Castro vereinigt eins: beide schauen CNN, ebenso Arafat und Netanjahu. In jeder Botschaft läuft CNN. Man kann es negativ drehen: CNN-Geschädigte sind wir alle: alle Fernsehstationen, die ganze Medienwelt, selbst die intellektuellste Zeitung. Man kann es positiv sehen: noch nie wurden wir bei Grossereignissen so rasch und so ausführlich orientiert wie in den heutigen Zeiten von CNN.

Oft ist CNN unschlagbar. Oft ist das Network der einzige Kanal, der ausführlich über internationale Ereignisse informiert. Er ist ein Forum der wichtigsten Akteure dieser Welt. Da gibt es Schaltgespräche mit fast jedem englisch sprechenden Staatspräsidenten, mit Ministerpräsidenten und Königen.

Ted Turner war zunächst ein Werbemann. Ins Fernsehgeschäft ging er eher zufällig. Von News hielt er zunächst gar nichts («Mein Motto ist: No News is good News.»). Informationen begann er erst zu verkaufen, als ihn seine Freunde dazu drängten.

Informationen als Ware, als schnellverderbliche Güter. Nichts altert so schnell wie die News. Eine Stunde nach der Veröffentlichung stinken sie schon. Deshalb müssen sie rasch ersetzt werden. Deshalb der stetige Bedarf nach frischer Ware, rund um die Uhr. News sind wie Spinat: man soll ihn frisch konsumieren. Aufgewärmt ist er unbekömmlich.

Frische Ware: die wollte Turner jetzt liefern. Und damit Geld verdienen – viel, viel Geld («Ich werde der mächtigste Mann in Amerika werden»). Er wollte nicht über alles und jenes berichten. Ab jetzt wählte man einzelne Ereignisse aus. Sie wurden vermarktet. Vermarktete Gipfeltreffen, vermarktetes Elend, vermarktete Revolution. CNN hat den Mainstream-Journalismus perfektioniert. Und damit alle angesteckt.

Rabins Tod brachte 100 Millionen

Mit dem Golfkrieg wurde CNN reich. Passiert etwas auf der Welt, so sprudelt die Werbung. Für die News-Sender war die Ermordung von Yitzhak Rabin ein Glücksfall. Millionen vor den Bildschirmen. Die CNN-Manager telefonierten ihren Werbekunden: «Rabin ermordet, wollt ihr euren Spot plazieren.» Alle wollten. Rabins Tod hinterliess den amerikanischen Networks über 100 Millionen Dollar Werbeeinnahmen. Der Unfall von Princess Di brachte einzelnen Sendern die höchsten Einschaltquoten aller Zeiten. CNN hat an normalen Tagen einen Marktanteil von ein bis zwei Prozent. Auch O.J. Simpson brachte den amerikanischen Fernsehstationen kurzfristige Werbeeinnahmen von 100 Millionen Dollar. Sender, die einzig News senden, leben von spektakulären Ereignissen.

Die Versuchung ist gross, Ereignisse zu Grossereignissen aufzublähen. Wenn aber die ganz Grossen wie Bullen einfallen und einen Konflikt medienmässig usurpieren – dann gibt es kein Entrinnen. Die Grossen machen die News, sie bestimmen, was Thema ist. Alle ziehen nach, nicht nur das Fernsehen. Ziehen wir aber nicht mit, wirft man uns vor, neben den News zu liegen.

Die glorreichen vier

Sie haben Namen, die dem Zuschauer wenig sagen. Sie heissen Reuters TV, Worldwide Television News (WTN) und Associated Press TV (APTV). Namen, hinter denen sich gigantische Macht versteckt. Reuters TV, WTN und APTV – das ist unermessliches mediales Einflusspotential. Diese privaten Fernsehagenturen bestimmen zu einem grossen Teil, was die Welt denkt und sagt. Im Vergleich zu ihnen sind wir Stümper.

Sie, die glorreichen vier, CNN, Reuters TV, WTN und APTV, erküren das Mainstream-Ereignis. Sie schaukeln Ereignisse hoch. Als ob Konflikte gemacht würden, um viel Geld zu verdienen. Der Konkurrenzkampf könnte brutaler nicht sein. Riesige Summen werden investiert, um die Konkurrenz zu bezwingen.

Heilig wie Rolls-Royce

Den Briten sind drei Dinge heilig: die Queen, Rolls-Royce und Reuters. In der Gray's Inn Road 200 im Londoner mittleren Westen steht ein siebenstöckiges Glasgebäude mit Atrium: der Hauptsitz von Reuters. Reuters TV ist die grösste Fernsehagentur der Welt. Sie beliefert zweitausend Fernsehanstalten mit Bildern.

Reuters unterhält 120 Büros in 80 Ländern. Von Reuters TV erhalten wir pro Tag zehn bis zwanzig Beiträge – überspielt per Satellit aus aller Welt. In jedem Krieg sind Reuters-Kameraleute dabei. Bei jedem Erdbeben, jedem Flugzeugabsturz filmen sie mit. An jeder grösseren Pressekonferenz stehen Reuters-Kameras. Die Agentur scheint allgegenwärtig.

Die Fernsehanstalten schliessen mit den privaten Fernsehagenturen Verträge ab. Der Vertrag erlaubt es einer Fernsehstation, alle Beiträge dieser

Agentur zu senden, umzuschneiden, zu archivieren. Übermittelt werden die Beiträge über Satelliten. Wer keinen Vertrag mit Reuters hat und dennoch Bilder von Reuters sendet, bezahlt hohe Bussen.

Jetzt erst ging es los

Zwei Daten haben die moderne Mediengeschichte geprägt. Der Januar 1991: im Golfkrieg hatte CNN seinen atemberaubenden Auftritt. Das zweite Datum: der Januar 1993: Beginn der Existenz von Reuters TV. Reuters hatte die traditionsreiche Fernsehagentur Visnews geschluckt. Reuters ist als erste grosse Textagentur (davon später) ins TV-Geschäft eingestiegen. Damit wurde der Markt durchgewirbelt. Die bisher funktionierenden Mechanismen wurden über den Haufen geworfen. Der Fernsehjournalismus wurde zu einem fast diabolischen Geschäft. Jetzt erst ging es los.

Ingesamt sind es heute drei TV-Agenturen, die sich bekämpfen. Milliarden sind im Spiel. Hier geht es nicht nur darum, das Publikum über den Stand der Welt zu informieren: es geht vor allem um viel Geld. Schon vor Reuters gab es die private WTN (Wordwide Television News).

Im Norden von London steht eine Fabrik aus roten Ziegelsteinen. Hier wurde Gin destilliert: Gordon's Dry Gin. Das war zwischen 1860 und 1930. Die einstige Gin-Fabrik ist heute der Hauptsitz von WTN, der zweitgrössten TV-Agentur der Welt. WTN betrieb in den achtziger Jahren einen klassischen, ruhigen Fernsehjournalismus. Plötzlich war Konkurrenz da: plötzlich die aggressive Geschäftspolitik von Reuters. Der Markt wurde mit aktuellem, gutem Material überspült. WTN geriet in die Defensive und rüttelte sich wach – mit Erfolg. WTN ist eine vorwiegend amerikanische Agentur. Hauptbesitzer (zu 80 Prozent) ist der amerikanische Fernsehsender ABC. Dieser gehört jetzt dem Disney-Konzern. WTN ist also eine Disney-Agentur. Schon spottet die Konkurrenz: «Mickey-Mouse-Agentur.» Doch die Mickey-Mäuse bieten viel, was andere nicht bieten.

Mit Reuters TV und WTN schien der Markt gesättigt. Doch 1994 geschah Ungeheuerliches. Ein Dritter drängte sich ins Geschäft. Der Verdrängungskampf wurde barbarisch. Die grösste amerikanische Nachrichtenagentur, Associated Press (AP), stieg ebenfalls ins Fernsehgeschäft ein. Die Lancierung von APTV kostete 450 Millionen Dollar. Insider schüttelten die Köpfe. Fast alle glaubten: Es gibt keinen Platz für drei grosse TV-Agenturen. «APTV wird bald untergehen.»

APTV gab seinen Einstand im Tschetschenien-Krieg. Zwar waren Reuters und WTN schon präsent. Doch APTV schickte doppelt so viele Kameraleute – und die besten. APTV wagte sich weiter an die Front vor als die andern. APTV schickte die besten Cutter. Im ganzen Kriegsgebiet baute sie Parabol-Antennen auf. Über sie ging das APTV-Material an die ausländischen Fernsehanstalten. Die Mission war für die neue Agentur ein riesiges Verlustgeschäft: doch es war der Einstand, die Visitenkarte.

Seither hat sich APTV zu einer der besten Fernsehagenturen hochgekämpft. Zwar schreibt das Unternehmen noch massive Verluste. Doch kaum jemand glaubt, dass APTV bald verschwinden würde. Die Agentur zeichnet sich durch Beiträge aus, die oft gepflegter sind als jene der Konkurrenz.

Bleeding heart

Der Konkurrenzkampf der drei Fernsehagenturen wird immer rücksichtsloser. Alle wissen: eigentlich gibt es keinen Platz für alle drei. Eine wird untergehen.

Im richtigen Krieg, da treffen sich die Konkurrenten. Man kennt sich aus andern Kriegen. Kameraleute und Journalisten setzen sich zusammen, trinken ein Bier oder ein Glas Wein. Man ist eine grosse Familie, ob man für Reuters, AP oder WTN arbeitet. In London aber kultiviert man den Hass. Hier, wo sich die Hauptsitze der drei TV-Agenturen befinden, gibt es «keinen persönlichen Kontakt» (Alfonso Tasso, APTV). Manchmal läuft man sich über den Weg, ungewollt. In einer kleinen Gasse im Londoner East Center liegt das Restaurant Bleeding Heart, ein riesiges Kellerlokal mit französischer Küche. Bewundert von den Leuten von Reuters TV – und dummerweise auch von jenen von APTV. «Manchmal kreuzt hier sogar WTN auf», sagt Suzanne Andrade von Reuters. Man ignoriert sich. Bleeding Heart.

Viel Geld steht auf dem Spiel – auch für die Fernsehsender. Die Abonnements für die drei Agentur-Kolosse sind teuer. Viele Stationen können sich nicht alle drei Agenturen leisten. Der Preis richtet sich nach der Zahl der Zuschauer. Mittelgrosse Fernsehstationen zahlen allein für Reuters zwei bis vier Millionen Franken pro Jahr.

Die Fernsehstationen profitieren vom Verdrängungskampf der drei Goliaths. Dank der Konkurrenz steigen Qualität und Umfang der Berichterstattung. Jede Agentur will besser und schneller sein, jede will mehr liefern. Keine will der andern das Feld überlassen. Jede will die andere ausstechen, überbieten. So kann es vorkommen, dass wir an einem Tag zwanzig, dreissig

Beiträge zum gleichen Konflikt erhalten. So kann etwas zum Mainstream-Ereignis werden – nicht weil es wichtig ist, sondern weil sich die Fernseh-agenturen konkurrenzieren und gegenseitig antreiben.

Manchmal gelingt einer Agentur ein Überraschungstreffer. WTN sendete 1997 als erste Bilder vom Erdbeben im Iran. Die gleiche Agentur hatte Exklusivbilder vom gehängten afghanischen Ex-Präsidenten Najibullah.

1996: Auf einem Badestrand der Komoren liegt ein junges Paar aus Südafrika. Die beiden sind auf Hochzeitsreise. Plötzlich taucht, im Tiefflug, ein Verkehrsflugzeug auf. Der Mann zückt seine Videokamera. Vor dem Strand stürzt die Maschine ins Meer. Wie sich später herausstellt, war sie entführt worden. WTN kauft das Video für 60 000 Dollar: Bilder, die um die Welt gehen. Reuters gibt sich edelmütig. «Wir bemühten uns nicht um die Bilder, weil einer unserer Kameraleute an Bord war.» Tatsächlich, Mohammed Amin, ein einarmiger Kameramann, eine Legende im östlichen Afrika, starb beim Absturz. WTN lacht über die Edelmütigkeit von Reuters. «Die hätten gern die Bilder gehabt, wir waren doch einfach zuerst.» Vielleicht stritt sich das Hochzeitspaar dann um die 60 000 Dollar. Wenige Monate nach dem Absturz liessen sie sich scheiden. Und APTV gelang ein fast unglaublicher Coup.

Millionen für den Massenmörder

Er ist der Archetyp des Bösen. Er soll zwei Millionen Kambodschaner in den Tod getrieben haben. 1979 hatte er japanischen Reportern ein letztes Interview gegeben. Dann, 18 Jahre lang, blieb Pol Pot verschwunden. 1996 melden die Medien: Pol Pot ist tot. Neun Monate später kommt der Bericht: Pol Pot lebt. Und da beginnt eine phantastische Medien-Geschichte: die Suche nach dem Massenmörder. Ende Juli 1997 hat es einer geschafft: Nate Thayer, Korrespondent für die Hongkonger «Far Eastern Economic Review», spürt den Ex-Diktator auf, und zwar in Anlon Veng im Norden Kambodschas. Nate Thayer und sein Kameramann schiessen Fotos und drehen einen Filmbericht. Pol Pot – Stoff, aus dem Journalistenträume sind. Man will ihn sehen, diesen Despoten, diesen Mörder. Ihm wurde jetzt in Anlon Veng der Schauprozess gemacht. Und jetzt sah man den Totgeglaubten. Er war «irrefutably alive» (der amerikanische Fernseh-sender ABC). Pro Foto verlangte Nate Thayer hunderttausend Dollar. In Thailand verkaufte er das Video der amerikanischen Fernsehstation ABC. Ein Riesenscoop.

Nate Thayer liess die Bilder auch andern verkaufen. Damit beauftragte er die private Firma Asia Works in Bangkok. Das ZDF beschaffte sich das Dokument, nach komplizierten Verhandlungen. Eine Meisterleistung des stellvertretenden Chefredakteurs. Über den Preis sagt man offiziell nichts. Das ZDF bezahlte über 50 000 Dollar. Mit der Verpflichtung, die Bilder nur eine Woche lang ausstrahlen zu dürfen. Mit der Auflage natürlich, sie keiner andern Station weiterzuverkaufen. Auch in andere Sprachregionen wurden die Fernsehbilder verkauft, exklusiv, zu gleichen Preisen und Bedingungen.

Am Tag danach gelang es der Fernsehagentur APTV, das Video zu kaufen. So wurden die Bilder allen AP-Kunden zugänglich gemacht, auch uns. APTV soll für die wenigen Einstellungen hunderttausend Dollar bezahlt haben. Ein riesiges Verlustgeschäft. Anderseits ein gewaltiger Werbecoup: denn wer APTV nicht abonniert hat, biss sich jetzt in die Finger.

20 Millionen Worte pro Tag

Woher wissen wir alles?

Es gibt nicht nur die drei grossen privaten TV-Agenturen. Es gibt auch drei dominierende Textagenturen. Die sind mit den Fernsehagenturen verfilzt. Bild- und Textagenturen arbeiten eng zusammen. Sie hauen in die gleiche Kerbe. Sie machen die News. Gemeinsam schaffen sie das Mainstream-Ereignis.

Man unterscheide: es gibt die privaten Fernsehagenturen, die den Fernsehanstalten Videomaterial liefern. Daneben gibt es – seit über hundert Jahren – private Textagenturen. Sie liefern allen Medien, nicht nur dem Fernsehen, geschriebene Meldungen aus aller Welt – 24 Stunden pro Tag. Früher lief das über Telex, heute kommen die Texte direkt auf Computerbildschirme. Textagenturen heissen auch Nachrichtenagenturen.

Es gibt eine Reuters Fernsehagentur: Reuters TV. Und es gibt eine Reuters Textagentur. Sie gehören zusammen. Auch Associated Press hat eine Bild- und eine Textagentur. Nur WTN, Worldwide Television News, hat keine eigene Textagentur. Sie arbeitet aber eng mit Agence France Press zusammen, der französischen Textagentur.

Keine Zeitung, keine Fernsehstation kann es sich leisten, überall eigene Korrespondenten zu unterhalten. Doch woher kommen die Informationen? Woher wissen wir alles? Von den Textagenturen. Sie sind private Grosshändler, die uns mit Nachrichten füttern. Text- und Fernsehagenturen diktieren die News. Weltweit hat niemand so viel Einfluss wie sie.

Jede Fernseh- und Radiostation, jede Zeitung hat eine oder mehrere Textagenturen abonniert. Auf jeder Redaktion stehen Bildschirme. Dort erscheinen rund um die Uhr die neuesten Meldungen. Die Textagenturen sind das Rückgrat jedes Journalismus. Sie sind es, die die News weltweit zusammentragen. Sie machen die eigentliche Arbeit. Sie sind unsere Hauptnachrichtenquelle. Ohne die Textagenturen geht gar nichts. In jedem Land unterhalten sie Büros mit Korrespondenten. Sie beliefern Zeitungen, Radio und Fernsehen mit Rohstoff. Die Weltagenturen haben in fast allen

Ländern der Welt eigene Korrespondenten oder Informanten. Diese liefern – je nach Aktualität – Berichte in die Zentrale. Dort werden sie bearbeitet und auf ein internationales Netz gegeben. Das bedeutet: alle Redaktionen rund um die Welt empfangen gleichzeitig die gleichen Meldungen auf Bildschirm.

Die Textagenturen sind die permanenten Newsmaker. Sie bieten den grossen Fernsehstationen die Basis für Mainstream-Einsätze. Jede der grossen Nachrichtenagenturen verbreitet pro Tag per Computer etwa 300 bis 500 Meldungen aus allen Teilen der Welt. Bei grossen Ereignissen gibt es Springfluten. Da können pro Stunde bis zu 100 Meldungen auf uns zukommen. Es gibt auch Dürreperioden. Da tröpfeln die Berichte nur.

Sie schreiben für Milliarden Menschen

Die drei Weltagenturen streiten sich, welche die grösste ist. Ein Streit ohne Ende. Was vergleicht man: den Umsatz, die Zahl der Abonnenten, die Zahl der Korrespondenten, die Zahl der Meldungen, die täglich verfasst werden?

Was den Umsatz betrifft, so ist Reuters das grösste Unternehmen. Doch die Firma verdient ihr Geld vor allem mit der Vermittlung von Wirtschaftszahlen an Banken und andere Unternehmen. Vergleicht man einzig das klassische Nachrichtengeschäft, so hat die amerikanische Agentur Associated Press (AP) am meisten Kunden.

Associated Press hat dem angelsächsischen News-Stil weltweit zu Ruhm verholfen. Dieser hat längst die Welt erobert. Selbst die Franzosen pflegen heute die angelsächsische News-Philosophie.

Agence France Press (AFP) ist, mit grossem Abstand, die schnellste Agentur der Welt. Den schlechten Ruf, den sie in früheren Jahren genoss, wird von der Konkurrenz kultiviert. Er ist ungerechtfertigt. AFP ist die älteste Nachrichtenagentur der Welt. Sie wurde 1835 als Agentur Havas gegründet. Da sie oft falsch lag, zog das Wort Havas ins Vocabulaire ein. Ein «Havas» ist eine Falschmeldung.

Die allmächtigen drei

Die Nachrichtenagenturen (Textagenturen) verfügen über unendlichen Einfluss. Sie spüren die News auf. Weltweit gibt es drei Agentur-Giganten: Associated Press (AP), Reuters und Agence France Press (AFP).

Associated Press
Associated Press (AP) ist die grösste Nachrichtenagentur der Welt. Alle AP-Dienste verbreiten pro Tag 20 Millionen Wörter. AP (inklusive die Bildagentur) erreicht täglich eine Milliarde Menschen. AP ist eine amerikanische Agentur. Sie besitzt auch Dienste für Deutschland und die Schweiz (siehe Seite 31). Alle grossen europäischen Fernsehanstalten sind Kunden von AP.

AP wurde 1848 gegründet, vier Jahre, nachdem Samuel Morse die erste Telegrafenverbindung in Betrieb genommen hatte. AP ist eine Genossenschaft im Besitz der amerikanischen Verleger und Rundfunkanstalten. Das Unternehmen schüttet keine Gewinne aus. Überschüsse werden zur Verbesserung der Dienste eingesetzt. In den USA beziehen 6805 Fernseh- und Radiostationen die Dienste von AP. Dazu kommen 1780 amerikanische Zeitungen. Ausserhalb der USA bedient AP weitere 8500 Fernseh- und Radiostationen sowie Zeitungen. Insgesamt hat AP weltweit 17 085 Kunden.

Der heutige CNN-Star Peter Arnett hat den Vietnam-Krieg für AP gecovert. Der englische Basisdienst von AP verbreitet pro Tag etwa 500 Meldungen. AP hat Nachrichtendienste in fünf Sprachen – einen auf Deutsch (Hauptsitz: Frankfurt).

AP hat weltweit 236 News-Büros (davon 143 in den USA). Die Agentur bedient Zeitungen, Radio und Fernsehstationen in 112 Ländern. AP beschäftigt weltweit 3421 Personen (in den USA 2566, ausserhalb der USA 855). Für 1997 betrug das Budget fast eine halbe Milliarde Dollar. Zu AP gehört seit 1969 der Wirtschafts- und Finanzdienst AP-Dow-Jones. Seit 1994 verfügt AP über die Bildagentur APTV.

ist umsatzmässig das grösste Unternehmen. Die eigentliche Nachrich-
ɡ...tur aber, World News, ist kleiner als AP. Täglich verbreitet die Agentur
mehr als 900 000 Worte. Nur sieben Prozent des Reuters-Umsatzes werden
mit der Nachrichtenagentur und Reuters TV umgesetzt. 93 Prozent des Um-
satzes macht Reuters mit dem Verkauf von Wirtschaftsdaten. Die Agentur
bedient vor allem Banken und private Unternehmen. Reuters hat Büros in
221 Städten (in 91 Ländern).

Reuters wurde 1851 von Paul Julius Reuter in London gegründet. 1996
machte Reuters einen Umsatz von 2,91 Milliarden britischen Pfund. Der
Gewinn betrug 701 Millionen britische Pfund.

Reuters World News, die internationale Nachrichtenagentur, gibt es in vier
Sprachen: Englisch, Französisch, Deutsch und Spanisch. Weltweit haben
38 000 Zeitungen, Banken und Unternehmen Reuters abonniert.

Die Textagentur Reuters beschäftigt insgesamt 15 995 Personen, unter ihnen
1975 Journalisten, Kameraleute und Fotografen (Stand: 31. Dezember 1996).
Damit ist das Unternehmen das weltweit grösste private Kommunikations-
Network. Reuters-News werden in 161 Ländern verbreitet. Sie flimmern
weltweit über 396 400 Terminals. Reuters verbreitet Wirtschaftsdaten von
276 Finanzmärkten.

Agence France Press (AFP)
AFP, Agence France Press, sendet täglich zwei Millionen Worte in sechs Sprachen (Französisch, Englisch, Spanisch, Deutsch, Arabisch und Portugiesisch).
Heute informiert AFP weltweit 10 000 Medien direkt oder über nationale
Agenturen. Auch mehrere tausend Unternehmen haben AFP abonniert. Nach
eigenen Angaben informiert AFP drei Milliarden Menschen. Heute ist AFP in
165 Ländern der Welt vertreten. Sie hat 2000 Mitarbeiter, davon 1100 Journalisten. Zweitausend weitere Personen arbeiten als freie Mitarbeiter. 1987
gründete AFP eine deutsche Tochterfirma. Sie hat ihren Hauptsitz in Bonn.
Seither bietet sie einen auf Deutschland zugeschnittenen deutschen Dienst an.

AFP verfügt über einen Wirtschaftsdienst: afx. Dieser gehört zu 50 Prozent
AFP und zu 50 Prozent der Financial Times. AFP hat mehrere Beine im
Fernsehgeschäft. Sie arbeitet eng mit Bloomberg TV zusammen. Ebenso ist sie
Partnerin von WTN und Financial Times-TV.

Neben den drei Weltagenturen AP, Reuters und AFP gibt es in jedem Land eine oder mehrere nationale Agenturen. Die berichten vor allem über das Inlandgeschehen. In der Schweiz ist es die SDA, die Schweizerische Depeschenagentur. Die dominierende deutsche Agentur ist die DPA, die Deutsche Presseagentur. Die österreichische Nachrichtenagentur heisst APA – Austria Presse Agentur.

Sie schreiben für 100 Millionen

Die deutschsprachigen Nachrichtenagenturen

SDA
Die Schweizerische Depeschenagentur (SDA) beliefert die Schweizer Medien fast flächendeckend. 97 der 98 Schweizer Tageszeitungen haben die SDA abonniert. Die Gesamtauflage dieser 97 Zeitungen beträgt 2,46 Millionen. Alle Fernseh- und Radiostudios der SRG greifen auf den SDA-Dienst zurück. Von den 44 Lokalradios in der Schweiz verfügen 39 über die Dienste der SDA. Auch 103 private Unternehmen beanspruchen den Basisdienst der SDA. Die Schweizerische Depeschenagentur hat einen deutschen, einen französischen und einen italienischen Dienst. Die Agentur besitzt fünf Regionaldienste. Die meisten internationalen Meldungen werden von Reuters, AFP, ANSA, DPA und APA übernommen. 1996 produzierte die SDA auf deutsch 74 919 Meldungen (das sind über zweihundert pro Tag), 44 435 Meldungen auf französisch (122 pro Tag) und 50 158 auf italienisch (137 pro Tag). Der italienische Dienst schaltet in der Nacht den Dienst der italienischen Nachrichtenagentur ANSA auf.

Das Aktienkapital beträgt zwei Millionen Franken. 68 Prozent der Aktien gehören der gedruckten Presse, 10,5 Prozent Radio und Fernsehen. Die SDA beschäftigt 137 Redaktorinnen und Redaktoren.

Associated Press (auf deutsch)
AP hat einen deutschen Dienst für Deutschland. Dieser besitzt in Deutschland einen Marktanteil von 19 Prozent. AP verfügt auch über einen deutschen und einen französischen Dienst in der Schweiz. AP Schweiz hat 45 Medienkunden. Diese repräsentieren 75 Prozent der Gesamtauflage der schweizerischen Tages-

eliefert das Schweizer Fernsehen und die SRG-Radio-Stationen.
n Privatradios, ein Internet-Provider, die Bundesverwaltung, eine
d ausländische Botschaften.
..urde 1981 gegründet. Der Jahresumsatz beträgt 3,5 Millionen
..ranken. AP Schweiz beschäftigt zwanzig festangestellte Journalistinnen und
Journalisten. Dazu kommen 25 freie Mitarbeiter. AP Schweiz verfasst täglich
50 Meldungen in deutscher und 20 in französischer Sprache. Die Zentrale von
AP Schweiz befindet sich in Bern. Büros gibt es in Zürich und Genf. Neben
den inländischen Meldungen sendet AP Schweiz täglich hundert Auslandmeldungen. Geliefert werden diese vom deutschen Dienst aus Frankfurt. Für den
französischen Dienst der Schweiz werden hundert Auslandmeldungen vom
AP-Büro in Paris eingespiesen. AP Schweiz sendet jeden Tag 50 000 Wörter.

DPA
Die Deutsche Presse-Agentur DPA ist die führende deutsche Nachrichtenagentur. Sie hat einen Marktanteil von 64 Prozent. Die Agentur beschäftigt
weltweit über 1000 Journalisten. Der DPA-Basisdienst sendet täglich über 600
Meldungen. Das sind 120 000 Wörter oder 350 A4-Seiten. Die DPA hat
in Deutschland zwölf Regionaldienste. In Deutschland beziehen fast alle
Tageszeitungen, alle öffentlich-rechtlichen Fernsehanstalten und die meisten
Radiosender den DPA-Dienst. DPA-Meldungen erscheinen täglich in über
30 Millionen Zeitungsexemplaren. Grösster Kunde ist «Bild», kleinster
die «Honnefer Volkszeitung». DPA kann auch Nachrichten von 70 andern
Agenturen verwenden, unter ihnen der SDA und der APA.

Neben dem Dienst für Deutschland betreibt DPA einen deutschsprachigen
Europa-Dienst (200 Meldungen pro Tag). Im weitern verfasst DPA einen
Weltnachrichtendienst auf Englisch (200 Meldungen pro Tag), einen Dienst
auf spanisch (200 Meldungen) und einen auf arabisch (100 Meldungen).

Neben DPA und AP gibt es in Deutschland drei weitere Agenturen auf
deutsch: Der deutsche Dienst von Reuters hat einen Marktanteil von elf
Prozent, jener von AFP drei Prozent – gleichviel wie ddp/ADN.

APA
Die Austria Presse Agentur (APA), die österreichische Nachrichtenagentur,
gehört zu 55 Prozent den österreichischen Tageszeitungen und zu 45 Prozent
dem ORF. Täglich werden 500 eigene Meldungen verbreitet. Jährlich verfasst
der APA-Basisdienst mehr als 175 000 Meldungen. APA wurde 1850 als

«Österreichische Correspondenz» gegründet. Sie ist die fünftälteste Nachrichtenagentur der Welt. Unter dem Namen APA begann die Agentur 1946 mit ihrer Arbeit. Der Ausstoss an Meldungen hat in den letzten Jahren stark zugenommen, vor allem in der Aussenpolitik. 18 Prozent der Meldungen sind Eigenberichte. Bei 82 Prozent greift man auf die Basis-agenturen Reuters, DPA und AP zurück.

Die Textagenturen haben einen fast mythischen Einfluss auf den Journalismus. Ihre Glaubwürdigkeit ist enorm. Wenn ein eigener Korrespondent in Afrika von 10 000 Toten spricht, AFP aber von 15 000 Toten, dann glauben die Redaktionen AFP. Die Agenturhörigkeit der Redaktionen ist oft grotesk.

Pro Minute erhalten wir über Bildschirm drei, vier neue Meldungen. Pro Tag sollten wir zwischen 4000 und fast 6000 Meldungen lesen. Das sind über 100 000 Zeilen. Und die Flut an Informationen wird immer grösser. Die Agenturen übermitteln immer mehr und immer längere Berichte. Das Volumen der Berichterstattung hat sich in den letzten Jahren stark vergrössert: um – je nach Agentur – zwischen 25 und 60 Prozent.

Zum Glück arbeiten die Agenturen nach dem sogenannten Lead-Prinzip. Das Wichtigste kommt immer im ersten Abschnitt. Das entbindet uns davon jede Meldung bis zum Schluss zu lesen.

Die Abonnementpreise für eine Textagentur richten sich bei Zeitungen nach der Höhe der Auflage, bei Fernsehsendern nach der Zahl der Zuschauer. Kleine Medien haben meist nur eine oder zwei Agenturen. Mehr können sie sich nicht leisten. Die Textagenturen liefern sich immer mehr einen Preiskampf. Ein Verdrängungswettbewerb hat begonnen. Da werden Rabatte gewährt, billige Probeabonnements, Freundschaftspreise. Auch Druckversuche von Zeitungen gibt es. Der Chefredaktor einer grossen deutschsprachigen Hauptstadt-Zeitung stellt einer grossen Textagentur das Ultimatum: «Ich zahle dreissig Prozent weniger, oder ich kündige das Abonnement.» Die Agentur liess sich nicht erpressen. Die Zeitung kündigte.

Fernsehmachen ist teuer geworden – Zeitungsmachen auch. Man will sparen. Und manche beginnen bei den Textagenturen zu sparen. Früher hatte man drei Agenturen abonniert, heute vielleicht nur noch zwei. Damit wird zwar gespart, doch es geht viel Substanz verloren. Denn: die verschiedenen Agenturen schreiben keineswegs immer das gleiche. Sie unterscheiden sich in der Themenauswahl, in der Aufbereitung und in den Quellen sehr deutlich.

Die Textagenturen sind auch die Grundlage für Reportagen – und für Leitartikel. Oft sammelt der Leitartikler einige Agenturmeldungen, macht sich so seine Gedanken, fügt einige Gewürze bei, versucht, etwas zu interpretieren – und fertig ist der Leitartikel.

Da zählt jede Sekunde

Derb ist nicht nur der Konkurrenzkampf der Fernsehagenturen: Fehde herrscht auch bei den Textagenturen. Nicht nur die Inhalte zählen, sondern vor allem die Schnelligkeit. Hier geht es um Sekunden. Welche Agentur meldet das Unglück als erste? Welche hat als erste die Zahl der Toten? Wichtig ist, dass man schnell ist, aber gleichzeitig richtig liegt. Falschmeldungen schaden gerade den Textagenturen am meisten. Agenturleute haben ein Credo: «Lieber langsam, aber richtig. Aber langsam dürfen wir nicht sein.»

AP war die erste, die die südvietnamesische Kapitulation meldete. Sie schlug die damalige Konkurrenzagentur UPI (United Press International) um ewig lange fünf Minuten. Das ging in die Geschichte ein. Dazu der damalige AP-Journalist Peter Arnett: «Kriege mögen ausbrechen oder enden und Politiker aufsteigen oder stürzen, im Nachrichtengeschäft kommt es nur darauf an, die Meldung als erster zu bringen.»

Gerade mit dem Aufkommen von All-News-Kanälen bei Fernsehen und Radio sind Sekunden eine Ewigkeit. Früher gab es Nachrichten zu jeder vollen Stunde. Heute gibt es Sender, die einzig News verbreiten, rund um die Uhr. Da zählt jede Sekunde. Und langsamen Agenturen wird dann vielleicht als ersten das Abonnement gekündigt. Radio und Fernsehen sind die potentesten Kunden der Textagenturen. Diese kommen deshalb den Bedürfnissen der elektronischen Medien immer mehr entgegen. Zu den Hauptbedürfnissen gehört: Schnelligkeit. In Sachseln, einem Städtchen der Zentralschweiz, ging in der Nacht eine Schlammlawine los. Eine Nachrichtenagentur meldete das um 07h05. Gerade als die Radionachrichten zu Ende waren. Hätte die Agentur einige Sekunden schneller gearbeitet, hätte es für die Nachrichten gereicht.

Mondlandung – zu früh gemeldet

Eine Anekdote: Als die Apollo-Raumfähre «Eagle» 1969 auf dem Mond landete, jagte Agence France Press die Landemeldung als erste über die Fernschreiber – zwanzig Sekunden vor der Landung. Man wollte die ersten sein. Der Zwang zur Schnelligkeit prägt den Journalismus seit eh und je. Diese Hast gibt dem Beruf viel seiner Würze.

Die grossen Textagenturen haben ein Alarmsystem. Das verunmöglicht uns, wichtige Meldungen zu verpassen.Geschieht etwas Wichtiges, klingelt und blinkt der Computer. Sofort erfahren wir, was geschehen ist. Bei Reuters nennt man eine solche Top-Meldung «Flash», bei AP «News Alert», bei AFP «Bulletin» oder «Flash» (die allerhöchste Dringlichkeitsstufe). Die Agenturen vermitteln uns die wichtigen News häppchenweise – je nach Informationsstand. Da meldet Reuters um 14h02 «Flash»: «Präsident Bamunga tot.» Dreissig Sekunden später eine zweite Meldung: «Präsident Bamunga ist am Freitag vormittag gestorben. Das melden Regierungskreise.» Vierzig Sekunden später: «Flash: Präsident Bamunga erschossen.» Fünfunddreissig Sekunden später: «Der Präsident des afrikanischen Staates B., Bamunga, ist am Freitag morgen von einem Heckenschützen in seinem Auto beschossen worden. Das melden Regierungskreise. Er soll im Spital seinen Verletzungen erlegen sein.» Manchmal erhalten wir dreissig, vierzig Meldungen, bis wir wissen, was eigentlich vorgeht. Wir erhalten aber nicht nur dreissig, vierzig Meldungen von Reuters, sondern auch von allen andern Nachrichtenagenturen.

Beispiel: «Diana est morte»

Zwanzig Minuten nach Mitternacht hatte Princess Di das Hotel Ritz an der Place Vendôme verlassen – zusammen mit ihrem Freund Dodi Al Fayed. Kurz darauf fuhr Henri Paul, der Chauffeur und Sicherheitsbeauftragte des Hotels, in den Pfosten Nummer 13 des Seine-Tunnels de l'Alma – mit 196 Kilometern und 1,75 Promillen.

Die erste Meldung brachte AFP um 01h34. Es war ein «Bulletin», die zweithöchste Dringlichkeitsstufe, die AFP kennt. Es hiess: «Lady Di wurde am Samstag abend bei einem Verkehrsunfall im Tunnel de l'Alma in Paris schwer verletzt. Das erfuhr man aus Kreisen der Polizeipräfektur.» Von diesem Zeitpunkt an kamen in den folgenden fünfeinhalb Stunden über die drei grossen Weltagenturen insgesamt 139 Meldungen. Bis und mit dem Tag des Begräbnisses von Princess Di gingen über unsere Bildschirme 3240 Meldungen der drei grossen Nachrichtenagenturen.

Sechs Minuten nach dem ersten «Bulletin» kommt AFP mit einer zweiten Meldung. Darin steht, es habe auch einen Toten gegeben. Seine Identität sei nicht bekannt. 16 Minuten nach der ersten Meldung bringt die Schweizerische Depeschenagentur SDA eine Übersetzung der AFP-Meldung. Um 02h03 meldet AFP den Tod von Dodi Al Fayed. Und wo bleiben die andern Weltagenturen? Bei Grossereignissen sind wenige Minuten eine Ewigkeit. Aber AFP hat in Frankreich Heimvorteil. Dann, erst 35 Minuten nach der ersten AFP-Meldung, kommt Reuters. Noch langsamer ist die amerikanische Associated Press. 39 Minuten nach der ersten AFP-Meldung berichtet sie über die Verletzung von Diana, weiss aber, wie Reuters, noch nichts vom Tod von Dodi.

Dann allerdings geht es los. Der Heimvorteil von AFP schmilzt: Reuters und AP legen zu. Reuters bringt dann um 04h16 eine Biografie von Princess Di. Bei den Informationen über die Art der Verletzung von Diana liegt dann AFP wieder vorn. Um 05h12 meldet AFP, der Gesundheitszustand von Lady Di sei «sehr schwerwiegend». Um 05h13 sendet AP einen Nachruf auf Dodi.

Bei der wichtigsten Meldung schwingt AP obenauf. Um 05h44 bringt sie einen News Alert. «Princessin Di ist gestorben.» AP bezieht sich auf eine Meldung der britischen Press Association, eine Inlandagentur. Eine Minute später wiederholt AP die gleiche Meldung. In der gleichen Minute kommt AFP mit einem «Flash». «Diana est morte.» Eine Quelle wird nicht angegeben.

Zwei Minuten später ein neuer News Alert von AP: «Princess Diana ist tot.» Als Quelle wird jetzt der französische Radiosender France Info zitiert. Um 05h47 dann, drei Minuten nach der ersten AP-Todesmeldung, kommt endlich auch Reuters. Die britische Agentur bezieht sich auf einen Fernsehbericht des Privatsender Sky TV. Um 05h50 gibt AFP die erste verlässliche Quelle an. Sie zitiert den französischen Innenminister. Er bestätigt Dianas Tod.

Der Tod der Prinzessin

Am 30. August 1997 ist die britische Prinzessin Diana bei einem Autounfall
in Paris ums Leben gekommen. Hier Ausschnitte aus den Meldungen
der drei grossen Nachrichtenagenturen Associated Press (AP), Reuters und
Agence France Press (AFP). Zwischen 01h34 und 07h00 brachten die
drei 139 Meldungen.

```
TITEL                              DATUM/ZEIT  ORIGIN   LIN. SERVICE
 France-GB-Diana                   Aug 31 01:34 AFPig-b    9  EUA0335
```

0039 FRA /AFP-QX57
BULLETIN

    PARIS, 31 aoÛt (AFP) - Lady Di aété grièvement blessée samedi
soir à Paris dans un accident survenu sous le tunnel de l'Alma,
apprend-on auprès de la préfecture de police.

```
TITEL                              DATUM/ZEIT  ORIGIN   LIN. SERVICE
 France-GB-Diana                   Aug 31 01:40 AFPig-b   13  EUA0336
```

0064 FRA /AFP-QX68
BULLETIN
    Lady Di grièvement blessée dans un accident où il y a eu un
mort

    PARIS, 31 aoÛt (AFP) - La princesse de Galles a été grièvement
blessée samedi soir à Paris dans un accident survenu sous le tunnel
de l'Alma, apprend-on auprès de la préfecture de police.
    Dans cet accident, il y a eu un mort dont on ignore l'identité.

TITEL	DATUM/ZEIT	ORIGIN	LIN.	SERVICE
France-GB-Diana	Aug 31 01:47	AFPig-b	18	EUA0338

0107 FRA /AFP-QX76
URGENT
　　　Lady Di grièvement blessée dans un accident où il y a eu un
mort

　　　PARIS, 31 août [(AFP)] - La princesse de Galles a été grièvement
blessée samedi soir à Paris dans un accident survenu sous le tunnel
de l'Alma, apprend-on auprès de la préfecture de police.
　　　Dans cet accident, il y a eu un mort dont on ignore l'identité.
Lady Di se trouvait aux côtés d'un prince arabe dans cette voiture
accidentée.
　　　Le préfet de police est actuellement sur les lieux. D'après les
premières informations, des paparazzi étaient à sa poursuite en moto
et ce seraient eux les responsables de l'accident.

TITEL	DATUM/ZEIT	ORIGIN	LIN.	SERVICE
FRANKREICH UNFALL LADY DI SCHWERVERLETZT	Aug 31 01:50	SDAvm-u	16	bsd003

62　afd 496
Prinzessin Diana bei Unfall in Paris schwer verletzt =

　　　Paris, 31. Aug. [(sda/afp)] Die britische Prinzessin Diana ist in
der Nacht zum Sonntag bei einem Unfall in Paris schwer verletzt
worden. Wie die Polizei am Sonntag früh mitteilte, wurde auch ihr
Begleiter verletzt.

　　　Beim Unfall soll es auch einen Toten gegeben haben. Laut ersten
Informationen ereignete sich der Unfall beim Alma-Tunnel, als
aufdringliche Reporter per Motorrad die beiden verfolgten. Sie
sollen auch den Unfall verschuldet haben.

TITEL	DATUM/ZEIT	ORIGIN	LIN.	SERVICE
France-GB-Diana	Aug 31 02:03	AFPig-f	9	EUA0002

0031 FRA /AFP-QY05
BULLETIN
　　　Dodi est mort

　　　PARIS, 31 août [(AFP)] - Le milliardaire égyptien Dodi Al Fayed
est décédé au cours de l'accident survenu samedi soir à Paris.
　　　cg/ly　　　t.tmf

TITEL	DATUM/ZEIT	ORIGIN	LIN.	SERVICE
BC-FRANCE-DIANA-URGENT	Aug 31 02:09	RTRovrb	8	RTR6671

22
:BC-FRANCE-DIANA URGENT
Princess Diana seriously injured in crash - police
　　　PARIS, Aug 31 [(Reuter)] - Britain's Princess Diana was
seriously injured in a car crash in Paris early on Sunday,
French police said.
MORE

38

TITEL	DATUM/ZEIT	ORIGIN	LIN.	SERVICE
AP-BC-France-Diana-Crash	Aug 31 02:13	APEiiiu	15	VVV0379

```
00078 -----
BC-France-Diana-Crash
URGENT
Princess of Wales injured in car crash: report
    PARIS (AP) -- Diana, Princess of Wales, was seriously injured in
a car crash in Paris early Sunday, and one person was killed in the
accident, French radio reported.
    The crash occurred in a tunnel along the Seine river at the Pont
de l'Alma bridge, while paparazzi on motorcycles were following
along her car. France Info radio.
```

TITEL	DATUM/ZEIT	ORIGIN	LIN.	SERVICE
France-royauté-Diana	Aug 31 04:11	AFPig-b	11	EUA0019

```
0052 FRA /AFP-RA33
BULLETIN

    PARIS, 31 aoÛt (AFP) - Lady Di victime d'un grave accident de la
circulation dans la nuit de samedi à dimanche à Paris souffre d'un
traumatisme crânien, d'une fracture du bras et de plaies importantes
à la cuisse, apprend-on de bonnes sources.
```

TITEL	DATUM/ZEIT	ORIGIN	LIN.	SERVICE
France-royauté-Diana	Aug 31 05:12	AFPig-u	16	EUA0028

```
0097 FRA /AFP-RB93
URGENT
    Lady Di: "état très grave"

    PARIS, 31 aoÛt (AFP) - Lady Di, blessée dans un accident de
voiture à Paris dans la nuit de samedi à dimanche, est toujours
"dans un état très grave", apprend-on de source informée.
    La princesse a été transportée au service de réanimation de
l'hôpital de la Pitié-Salpêtrière.
    Le ministre de l'intérieur français Jean-Pierre Chevènement, le
préfet de police de Paris, Philippe Massoni et des diplomates de
l'ambassade de Grande-Bretagne sont toujours, tôt dimanche matin, à
l'hôpital.
```

TITEL	DATUM/ZEIT	ORIGIN	LIN.	SERVICE
AP-BC-APNewsAlert	Aug 31 05:44	APEiiib	8	VVV0427

```
00021 -----
AP-BC-APNewsAlert
BC-APNewsAlert
    Press Association says Princess Diana has died, according to
unnamed British sources
```

39

TITEL	DATUM/ZEIT	ORIGIN	LIN.	SERVICE
Flash	Aug 31 05:45	AFPig-f	6	EUA0034

0004 FRA /AFP-RC55

Diana est morte
ly

AFP 310344 GMT AOU 97

TITEL	DATUM/ZEIT	ORIGIN	LIN.	SERVICE
AP-BC-APNewsAlert	Aug 31 05:47	APEiiib	6	VVV0430

00018 -----
BC-APNewsAlert
Princess Diana is dead, Radio France Info says.

TITEL	DATUM/ZEIT	ORIGIN	LIN.	SERVICE
:	Aug 31 05:47	RTRoecf	4	RTR6718

7
PRINCESS DIANA HAS DIED- SKY TELEVISION SAYS

310346 GMT aug 97

TITEL	DATUM/ZEIT	ORIGIN	LIN.	SERVICE
France-royauté-Diana	Aug 31 05:50	AFPig-f	11	EUA0036

0042 FRA /AFP-RC75
BULLETIN

   PARIS, 31 août (AFP) - Lady Di est morte des suites de
l'accident de la route dont elle a été victime dans la nuit de
samedi à dimanche, a confirmé le ministre de l'Intérieur français,
Jean-Pierre Chevènement.

   mfo/ly

TITEL	DATUM/ZEIT	ORIGIN	LIN.	SERVICE
BC-FRANCE-DIANA-SKY	Aug 31 05:50	RTRoecb	9	RTR6720

36
:BC-FRANCE-DIANA-SKY
Princess Diana has died after crash-Sky television
   LONDON, Aug 31 (Reuter) - Princess Diana has died following
a car crash in Paris, Sky Television said on Sunday.
   Sky quoted the Press Association news agency, normally the
conduit of major official news in Britain.

310348 GMT aug 97

Beispiel: Terror auf dem Gemüsemarkt

Auf dem jüdischen Markt Mahane Jehuda in Westjerusalem explodieren zwei Bomben. 16 Menschen kommen ums Leben, unter ihnen die beiden Selbstmordattentäter. Vier Minuten nach den Explosionen kommt über den englischen Dienst der Associated Press (AP) folgende Meldung: «News Alert: Explosion auf jüdischem Marktplatz. Drei Leute verletzt, sagt das israelische Radio.» Wenige Sekunden später die erste Meldung von Agence France Press (AFP). Sie weiss zusätzlich, dass die Explosionen im westlichen Teil Jerusalems stattgefunden haben. Eine Minute später bringt Reuters die gleichen Informationen. Sieben Minuten nach der ersten Meldung meldet AP als erste, dass es «mindestens vier Tote» gab. Zwei Minuten danach meldet das auch AFP – kurz darauf auch Reuters. Zur gleichen Zeit kommt die erste deutsche Meldung von AP.

Sechzehn Minuten nach der ersten Meldung von AP kommt die Schweizerische Depeschenagentur (SDA) mit ihrer ersten Meldung – keine Glanzleistung. Dann, 18 Minuten nach der ersten Meldung von AP, schlägt AFP alle: zehn Tote. Genau 25 Minuten nach den Explosionen laufen bei uns die ersten Bilder ein: schreckliche Szenen. Fleischstücke auf der Strasse, Tote liegen aufeinander, Schwerverletzte. Ein Mann mit zerfetztem Bein heult am Boden. Alle drei Fernsehagenturen senden Material. Bis zur Mittagstagesschau um 13h00 haben wir schon 20 Minuten Bildmaterial erhalten.

Für uns ist es, als ob man live dabei wäre. Die Kameras fahren über Leichen und Blut, über zerfetzte Körper und heulende Menschen. Genau eine Stunde nach der ersten AP-Meldung kommt die deutsche AP als erste mit der Meldung von 18 Toten. Vier Minuten später weiss das auch AFP. Eineinviertel Stunden nach der Explosion liegt wieder AFP vorn: zwei palästinensische Selbstmörder hätten die Anschläge verübt. Und genau zwei Stunden nach der ersten AP-Meldung kommt die deutsche AP als erste mit der Nachrichten von 20 Toten und 151 Verletzten. Später dann wurden die Meldungen nach unten korrigiert. Die Polizei meldete jetzt über die Textagenturen 14 Tote. Später waren es 16.

Geballte Macht

Die internationale Berichterstattung liegt in den Händen weniger. Da verbirgt sich ein enormes Potential an Beeinflussung und Steuerung. Die grossen Bild- und Textagenturen sind immer am gleichen Ort: Sie arbeiten eng zusammen – und sagen das gleiche. Reuters, AP, WTN und AFP bestimmen, was die Welt erfährt. Auch CNN stützt sich auf Informationen der Bild- und Textagenturen. Sie prägen die News. Alle andern sind Nachahmer.

Der Einzelkämpfer-Journalismus ist tot. Nur wenige grosse Blätter erlauben sich, über Themen zu sprechen, über die sonst keiner spricht. Da kommt ein Journalist zurück aus einem fremden Land. Stolz sagt er: «Ich habe eine Reportage, die keiner hat.» Na und? Keiner spricht über dieses Land. «Vergiss deine Reportage.» Verzweifelt sagt er: «Aber da gibt es Tausende von Toten.» Antwort: «Na und?» Im News-Geschäft sind die Zeiten des Abenteuer-Journalismus vorbei. Wer heute nicht dort ist, wo alle sind, kann vom Journalismus nicht leben. Exotische Themen, Aussenseiter-Themen: das funktioniert für Reiseseiten oder die Kulturbeilage, sonst nicht.

27 000 Reportagen pro Jahr – wir ersticken

Seit dem Vorprellen von CNN entwickelt sich das Fernsehgeschäft explosionsartig. Es gibt immer mehr Fernsehsender, es gibt immer mehr News-Sendungen. Diese müssen gefüttert sein. Die Ansprüche sind gestiegen: wir bekommen immer bessere Bilder – und diese immer schneller. Oft wenige Minuten nach einem Unglück laufen die ersten Bilder bei uns ein.

News als Ware. Viele wollen mit Fernseh-News viel Geld verdienen. Das Angebot an Video-Bildern explodiert. Wir ersticken in Bildern. Die Bilderflut aus dem Ausland hat dramatisch zugenommen. Wir erhalten heute zehnmal mehr Bilder als vor zehn Jahren. Pro Jahr zeichnen wir etwa 27 000 ausländische Filmbeiträge auf.

Das kostet nur das kleine Schweizer Fernsehen weit über drei Millionen Franken. Grosse Stationen zahlen bis dreissigmal mehr. Pro Tag zeichnen wir drei bis vier Stunden Video-Material auf. Nur vier bis fünf Prozent davon senden wir. Ein kleiner Teil wird archiviert. Den Rest werfen wir weg.

Jede Fernsehstation im In- und Ausland produziert pro Jahr Hunderte, Tausende eigener Reportagen. Aber nur das wenigste, was wir senden, drehen wir selbst. Das meiste kaufen wir ein. Jede Fernsehstation, und ist sie noch so gross, ist auf andere angewiesen. Alle Fernsehsender der Welt tauschen sich täglich Reportagen aus. Dazu dient ein engvernetztes weltweites Satelliten- und Richtstrahlnetz.

«Man sieht nur die im Lichte»

Über die meisten Länder berichten wir nie

Der Fernsehjournalismus hüpft von Ereignis zu Ereignis. Eine kontinuierliche Berichterstattung gibt es immer weniger. Wir berichten monatelang über Ruanda. Und dann zwei Jahre lang kein einziger Bericht. Die Medien picken wenige Ereignisse auf: aus ihnen machen sie ein Ereignis.

Aber, wo kein Scheinwerferlicht ist, da ist kein Konflikt. Elend im Dunkeln, das sieht man nicht. Wo es keine Kamera gibt, da ist kein Elend. Wo das Fernsehen nicht ist, da ist gar nichts – weder Gutes noch Böses.

Es gibt 175 souveräne Staaten. Regelmässig berichten wir über ein gutes Dutzend. Die Welt, die die Fernsehstationen ihren Zuschauern offerieren, ist eine kleine Welt. Über 61 Prozent aller Staaten berichten wir nie oder fast nie.

Mit Abstand am meisten sprachen wir 1997 über die USA (244 mal). Es folgen an zweiter Stelle Deutschland (174 mal) und Israel (168 mal). Auf Rang vier steht Italien (163 mal), Rang fünf: Frankreich (151 mal), Rang sechs: Grossbritannien, inklusive Nordirland: 128 mal. Auf dem siebten Platz steht Russland (97 mal), achter ist Zaire, die heutige Demokratische Republik Kongo (76 mal), an neunter Stelle die EU-Berichterstattung aus Brüssel (72 mal), zehnter Albanien (68 mal), elfter Bosnien (67 mal), zwölfter Serbien (59 mal), dreizehnter Spanien (51 mal), vierzehnter Algerien (43 mal), fünfzehnter China, inklusive, seit dem 1. Juli, Hongkong (41 mal), und sechzehnter die Türkei (39 mal). Dann kommt lange nichts mehr.

Das heisst: von den 175 Staaten dieser Welt berichten wir über höchstens 16 regelmässig. Über 107 Staaten der Welt berichten wir weniger als fünfmal pro Jahr.

Über mehr als neunzig Prozent aller Staaten gibt es keine kontinuierliche politische oder wirtschaftliche Berichterstattung. Wenn wir über sie reden, dann nur, wenn ein Flugzeug abstürzt, ein Vulkan ausbricht oder El Niño Malaysia und Indonesien erstickt.

Grosse Teile der Welt werden unterschlagen. Seit je wird dem Fernsehen vorgeworfen, es kultiviere ein Nord-Süd-Gefälle und berichte zu wenig über die Dritte Welt. Dieses Gefälle gibt es nicht. Wir sprachen ausführlich über Ruanda, Burundi, Zaire, Kambodscha, Guatemala, Mexiko.

Über viele Drittwelt-Staaten berichten wir häufiger als über grosse Länder der westlichen Welt. Wir sprechen fast nie über Skandinavien, fast nie über die Niederlande, Australien oder Kanada. Schon mal was von Portugal gehört? Ja, wenn eine Disco brennt oder an der Algarve ein Zugsunglück sechs Tote fordert. Schon mal was von Dänemark gehört. Ja, wenn Clinton dort eine Zwischenlandung macht oder ein Schneesturm tobt.

Das Bild, das wir von der dritten Welt prägen, sei ein Bild der Hoffnungslosigkeit. Ein Standard-Vorwurf der Drittwelt-Lobby an die Adresse des Fernsehens. Und er stimmt. Über Entwicklungsländer berichten wir nur, wenn es dort Kriege und Flüchtlinge gibt, Katastrophen und Staatsstreiche. Aber: das widerfährt nicht nur der Dritten Welt. Auch über die meisten westlichen Länder berichten wir nur bei Explosionen und Entführungen, bei Bränden und Überfällen.

Hitparade der Länder

Wie oft sprechen wir über die einzelnen Länder? Die untenstehenden Zahlen beziehen sich auf den Zeitraum vom 1. Januar 1997 bis 31. Dezember 1997. Gezählt wurden Reportagen, Berichte und Kurzmeldungen. Berücksichtigt wurde einzig die Hauptausgabe der Deutschschweizer Tagesschau (um 19h30). Nicht enhalten in den Zahlen sind also die Berichte in der Mittagstagesschau, der Spätausgabe der Tagesschau sowie den Kurzbulletins.

Staat	J	F	M	A	M	J	J	A	S	O	N	D	Total
1 USA	24	21	13	13	22	14	31	29	13	24	23	17	244
2 Deutschland	10	14	21	17	12	16	19	15	13	17	7	13	174
3 Israel	18	12	26	13	11	12	16	16	19	8	9	8	168
4 Italien	8	14	16	11	12	12	15	11	15	22	13	14	163
5 Frankreich	8	11	10	5	21	21	7	17	8	18	13	12	151
6 GB	4	5	2	16	13	3	14	9	29	10	6	17	128
7 Russland	9	8	12	2	7	5	11	11	6	8	8	10	97
8 Zaire		5	11	20	36	1		1		2			76
9 EU	6	2	7	12	5	9	6	·		2	7	10	6	72
10 Albanien	3	13	24	8	2	6	7			2		3	68

Staat	J	F	M	A	M	J	J	A	S	O	N	D	Total
11 Bosnien	5	4	5	4	2	5	9	20	6	1	2	4	67
12 Serbien	24	11	1	1			2	1	4	5		10	59
13 Spanien	2	5	1		1	4	15	1	5	8	4	5	51
14 Algerien	3	2	1	3	1	8	3	6	9	5	1	1	43
15 China	1	10	2	1	1	1	6	1	5	3	5	5	41
16 Türkei	2	4	5	3	4	1	5	1	5	2	4	3	39
17 Ägypten	1			1	2				3	3	20	4	34
18 Südkorea	7	2	1	1				1			1	8	31
19 Österreich	11	3	1	1	1	1	2		3	3	2	2	30
20 Polen		1	3	1	3		2	13		4	1	2	30
21 Irak					1				1	1	23	3	29
22 Belgien	1		5	3		1	3	2	1	5	5	2	28
23 Indien	2	2	3	2		1	1	6	4	1	3	1	26
24 Hongkong	1	1		3	1	18							24
25 Kambodscha			1			4	9	8	1		1		24
26 Iran		2	3		10	1		5			2		23
27 Südafrika	4			1	1	1	1	4	1	4	2	3	22
28 Kenia		2					1	3	7		1	7	21
29 Bulgarien	10	3		3				1	1				18
30 Tschechien				3			9				4	2	18
31 Schweden	2					2		5	5	1	1	1	17
32 Libanon	1	2			3			5	1	2	1	1	16
32 Lichtenstein		2	2	2				2				8	16
34 Japan		1					3		2	5	1	4	16
35 Peru	2	4	1	6	1		2						16
36 Kongo-Brazza.						7	1				7		15
37 Kroatien	2			3	1	5		2			1		14
38 Nordkorea		1	1			1		4	1	1	1	4	14
39 Irland	1					6	2			2		2	13
40 Pakistan	1	5	1					2	1		2	1	13
41 Mexiko					1		4		1	2	1	3	12
42 Thailand		1						1	1	5	3		11
43 Tadschikistan		12											12
44 Tschetschenien	5	2		3	1			1					12
45 Kuba	3							2		3		2	10
46 Norwegen	1	1	1		1					5	1		10

1997 geriet die Schweiz in den internationalen Holocaust-Strudel. Grosse, seriöse Fernsehstationen nahmen sich des sonst vergessenen Landes an. Erstaunlich die Berichterstattung: sie triefte vor Klischees. Wir erschraken. Da kamen der Käse und die Fahnenschwinger, die Schokolade, die Banken und das Matterhorn. Und wir? Wenn wir über Amerika oder Asien berichten – wie viele Klischees tischen wir auf?

Schöne Girls from Ipanema

Zu den vergessenen Kontinenten gehört Lateinamerika. Brasilien – ein Wirtschaftsgigant, ein Kontinent im Kontinent – seit Monaten: kein Wort darüber. Venezuela, Chile, Bolivien, Argentinien – seit Jahren nichts über die politische Lage, über die Wirtschaftsverhältnisse. Wir sind nicht die einzigen. Die ARD leistet sich ein Büro in Buenos Aires. Ihrem Korrespondenten gelingt es nur selten, einen Bericht in die ARD-«Tagesschau» zu hissen. Lateinamerika, ein Kontinent mit fast 400 Millionen Einwohnern. Im Jahre 1997 widmeten wir ihm 63 Berichte. Geiselaffäre in Lima, Vulkanausbruch auf Monserrat, Wirbelsturm in Acapulco. Anzahl der politischen Berichte: vier.

Wolf Achim Wiegand schreibt in der «Zeit»: «Europas Blick auf Lateinamerika ist provinziell und inaktuell geworden.» Aufgetischt werden Klischees, Stereotypen, Drogenkartelle und schöne Girls from Ipanema. «Die Zahl der deutschen Korrespondenten wurde in letzter Zeit verringert. Selbst grosse Zeitungen leisten sich allenfalls noch einen Reporter, der als unablässig Reisender durch die Riesenregion hetzen muss» (Wiegand). «Beim Fernsehen ist das nicht anders, das Privatfernsehen tritt erst gar nicht an.»

Überall in der Dritten Welt werden Korrespondenten abgezogen. Zeitungen und die elektronischen Medien stehen unter wirtschaftlichem Druck und müssen sparen. Als erstes spart man bei der Berichterstattung über die Dritte Welt.

In Europa fiel die Mauer. Das Interesse begann sich auf das östliche Europa zu konzentrieren. Doch das allein erklärt nicht das wachsende Desinteresse an der Dritten Welt. Kern der Entwicklung ist ein erlahmendes Interesse an allem Fernen. Der Mensch hat genug von Flüchtlingen und ewiger Hoffnungslosigkeit. Nur: wie erfahren wir, dass Lateinamerika keineswegs hoffnungslos ist. Es ist «die Boom-Region des 21. Jahrhunderts» (Kinkel), die jährlichen Importe «steigen um 14 Prozent» («Financial Times»).

Auch das gibt es: Länder, über die wir berichten möchten, aber nicht können. Beispiel: Algerien. Dörfer werden überfallen, den Bewohnern die Kehle durchgeschnitten, andere zerstümmelt. Fast täglich geschehen solche Massaker. Und dies anderthalb Flugstunden von Zürich oder Paris. Jede Woche sechzig, siebzig Tote. Dazu nur wenige Worte in der Tagesschau: Kurzmeldungen mit einer Karte. Es fehlen uns die Bilder. Die algerische Regierung verbietet es uns zu drehen, uns und allen andern. Die Massaker sollen vertuscht werden. Die Welt soll nichts davon erfahren. Sonst käme man auf den Gedanken, die Regierung hätte die Situation nicht unter Kontrolle. Oder das Militär sei gar an den Massakern beteiligt. Nach dem Blutbad von Bentalha (über 200 Tote) schoss ein AFP-Journalist ein Foto («Die Madonna von Bentalha», Profil), das um die Welt ging. Zwei Frauen weinten um die Toten. Die algerische Regierung belegte den Journalisten mit einem Berufsverbot.

Weltweit droht die internationale Berichterstattung zu Klischees, zur Folklore zu verkommen. Da tanzt der König von Swaziland. Schon gehört Fidel Castro zur Folklore: er empfängt die Gebeine von Che Guevara. Che Guevaras Tochter sagt: «Victoria o muerte». Wir sind ergriffen. Newsweek widmet dem Ereignis die Cover Story. Die Schweizer Tagesschau beginnt die Sendung damit.

Wir sind keine Volkshochschule

Lateinamerika, Afrika, Südostasien – das interessiert keinen. Das sagen wir, das sagen viele Zeitungen, das sagen die Nachrichtenagenturen. Woher wissen wir das eigentlich? Sind wir wieder die, die alles zu wissen glauben? Sicher ist: wenn niemand darüber berichtet, interessiert es keinen. Wir alle sind es aber, die Interesse schüren könnten.

Aber wir sind keine Volkshochschule. Die Rolle einer Tagesschau ist es, über die wichtigsten aktuellen Ereignisse des Tages zu informieren. Ihre Rolle ist es nicht, kontinuierlich über die politischen Begebenheiten in Paraguay, Usbekistan oder Malawi zu berichten. Hauptnachrichten sind Mehrheitenprogramme. Wir berichten nur dann über Malawi, wenn Aussergewöhnliches geschieht. Sonst fehlt die Sendezeit dazu. Oder sollen wir eine Biografie des malawischen Oppositionsführers senden und dafür nichts über das Fussballspiel Deutschland gegen die Schweiz? Wer sich über die malawische Opposition informieren will, der kann das – per Zeitung.

Frieden – welch schreckliche Zeit

Die Jagd nach Krieg und Elend

Wann wird ein Thema zum Medienereignis? Wer löst das Ereignis aus? Weshalb dieses Thema und nicht jenes? Weshalb die Hungersnot in Somalia und nicht jene im Ogaden? Weshalb der Krieg in Bosnien und nicht jener in der Türkei? Vieles ist Zufall, doch es gibt Kriterien.

Entscheidend ist die Frage: was läuft denn sonst auf der Welt? Läuft schon viel und sind die Programme schon voll, wird man kein neues Thema suchen. Herrscht jedoch News-Flaute, stürzt man sich schon auf kleine Themen.

Grundsätzlich gilt: Ein guter Krieg wird von einem besseren verdrängt. Die Newsprogramme haben pro Abend zehn, fünfzehn Minuten Sendezeit für internationale Berichterstattung. Da ist nicht Platz für alle Kriege und Konflikte. Da nehmen wir die besten. Doch wenn es die besten nicht gibt?

Es gibt immer weniger Kriege. Frieden – schreckliche Zeiten für den internationalen Journalismus. Früher, zu Zeiten des Kalten Krieges, da gab es Spannungen und Ängste, Provokationen und Konflikte. Jetzt ist alles anders. Je mehr Frieden, desto tiefer wird die Latte gelegt. Ruanda oder Burundi: zwei Konfetti auf der afrikanischen Landkarte – zu Zeiten des Kalten Krieges wäres sie kein Thema geworden. Heute stürzt man sich – faute de mieux – schon auf Konfetti-Kriege. Doch selbst die werden immer rarer. Und wie will man Geld verdienen, wenn es keine Kriege mehr gibt?

Gibt es keine «great wars», so herrscht grosse Verwirrung. Die News-journalisten sind in Wartestellung. Alle irren herum, suchen nach Themen. Man tastet sich an mögliche Ereignisse heran. Man schnuppert sich vor. Nordkorea vielleicht? Oder wieder einmal Kambodscha? Tadschikistan verkauft sich schlecht. Man versucht dies und das. Man schaut, wie die Konkurrenz reagiert. Und plötzlich springen alle wie Hyänen auf das gleiche Thema.

In Zeiten, in denen nichts Grosses geschieht, sind die Zuschauer am umfassendsten über das Weltgeschehen informiert. Dann frisst kein Mainstream-Ereignis alle Sendezeit weg. Man hat Platz für dieses und jenes. Plötzlich hat man Raum für Politik – vielleicht sogar für einen Bericht aus Brasilien oder den Tigerstaaten.

Da verliert sich sogar Christiane Amanpour in Kabul. Mit wenig Erfolg. In einem Spital schiesst sie Fotos afghanischer Frauen. Deshalb wird sie von den fundamentalistischen Taliban-Milizen kurzfristig festgenommen.

God bless America

Wenn im Ausland nationale Interessen im Spiel sind, ist das ein Thema. Natürlich berichten die Italiener über ihre Truppen in Albanien und Somalia. Ein sicherer Wert sind die Amerikaner. Wo sie auftauchen, sind alle Medien. Dort ist das Ereignis: Somalia, Haiti, Bosnien. Wenn amerikanische Interessen im Spiel sind, kriegt der Konflikt eine höhere Dimension.

Die meisten amerikanischen Medien interessieren sich nicht für den Konflikt als solchen. Sie interessieren sich für die Amerikaner in diesem Konflikt. Wenn die Amerikaner aufkreuzen, werfen sie so viel Material in die Schlacht, dass alle andern an die Wand gedrückt werden. CNN mietet die besten Hoteldächer der Welt – dort unter freiem Himmel werden Studios aufgebaut – mit der besten Sicht. Tauchen die amerikanischen Medien im Ausland auf, bombardieren sie die Welt mit Informationen und Bildern. Es ist schwer, sich dem zu entziehen.

Das Geschäft mit den Bad Guys

Attraktiv sind Konflikte, in denen es Gute und Böse gibt. Sie bieten sich als Mainstream-Thema an. Vor allem den Bösen braucht man, den Bad Guy. So wie im guten alten Western. Das Publikum muss sich mit dem Guten identifizieren können. Es beteiligt sich emotional am Sturz des Bösen. In Zaire war Mobutu der Böse. Der langsame Sturz des längst-gedienten Despoten – herrlicher Stoff. Ohne Mobutu hätte sich keiner für Zaire interessiert. Abgehandelt wurde die Agonie des Diktators: die Agonie von Zaire interessierte keinen.

Da gab es die ganz Schrecklichen: Nicolae Ceausescu, Saddam Hussein, Radovan Karadzic. Sie servierten uns «great wars». Kambodscha: Kaum ein Mensch interessiert sich für die kambodschanischen Probleme. Aber da gibt es den verwünschten Pol Pot – grusliger als jeder Wildwest-Gangster. Sein Schicksal packt uns, aber nicht jenes von Kambodscha. Es gibt immer weniger mythologische Kollektiv-Killer: auch die Gaudillos sind ausgestorben – trockene Zeiten für Journalisten. Gut liefen früher Strössner in Paraguay und Pinochet in Chile. Noch früher auch Idi Amin in Uganda. Da gibt es noch Benazir Bhutto, die gefallene Schöne aus Pakistan, korrupt und gescheit, blutrünstig und machtversessen. Sie interessiert.

Polarisieren ist gut

Die Angst vor den Kommunisten dominierte im Kalten Krieg die westlichen Medien. Die Polarisierung zwischen Ost und West war für die Journalisten eine ertragreiche Zeit: das Problem wurde so simpel dargestellt, dass es auch der Simpelste verstand. Da gab es ganz einfach die Guten und die Bösen. Alles konnte über den gleichen Leisten geschlagen werden. Sie, die bösen Sowjets, bauten Raketen, Backfires. Und die SS-18 war die stärkste Atomrakete aller Zeiten. Die Bösen mischten in Moçambique mit, sie schickten Truppen nach Angola, sie versuchten es in Äthiopien. Alles, was die Bösen gegen den guten Westen unternahmen oder zu unternehmen schienen, war ein phantastisches Thema. Politik war verständlich, man konnte sich engagieren – auf seiten der Guten natürlich.

Vor allem die Amerikaner sind es, die uns das Freund-Feind-Klischee immer wieder servieren. Der Irak war das Böse schlechthin, Saddam Hussein der Satan. Gegen seine Dämonisierung regt sich wenig Widerstand. Aber die Glorifizierung von Kuwait, dieser «Ölgesellschaft, in Familienbesitz mit eigener Flagge» («New York Times»), gelang nicht ganz so recht.

Heute gibt es wenige solch simpler Konflikte. Die meisten sind schrecklich kompliziert. Man versteht sie nicht, also interessiert man sich nicht dafür. Der Überdruss des Normalzuschauers an Bosnien hat nicht nur mit zuviel Krieg und Leiden zu tun. Die meisten waren überfordert. Es braucht viel Fleiss, um den Balkan-Konflikt zu durchschauen.

Hand aufs Herz: wer versteht den Konflikt in Ruanda? Wer sind die Hutus und die Tutsis? Wer versteht den Konflikt in Afghanistan? Früher war das simpler: da gab es die usurpatorischen Sowjets und die guten Mudjahedin. Heute sind die guten Mudjahedin nicht mehr ganz so gut – und heillos zerstritten.

Der einzige Konflikt, der heute polarisiert und noch immer Interesse weckt, ist der Nahostkonflikt. Er wird von den Medien überdimensioniert dargestellt. Wenn einer in Hebron einen Stein wirft, bringen wir eine Reportage. Wenn in Buenos Aires Hunderttausende Steine werfen – nichts.

Die Angst vor dem Islam ist immer ein Thema. Deshalb das Interesse an der Türkei, Algerien und dem Iran. Nur die Angst vor den fundamentalistischen Taliban-Milizen macht es möglich, dass das ferne Afghanistan ab und zu noch in den News erscheint.

Journalismus ist wie Chemie

Es gibt Dinge, die geschehen. Und es gibt Dinge, die man zum Geschehen bringt. Das wenigste im Journalismus geschieht. Ein Erdbeben geschieht. In Ruanda wird geblutet. Ein Zugszusammenstoss geschieht. Ein Minister tritt zurück. Ein Filmschauspieler stirbt. Wir berichten darüber. Themen dieser Kategorie sind einfach zu handhaben. Die andere Kategorie ist voller Rätsel.

«Gibt es heute mehr Pädophile oder berichtet man häufiger darüber?» Die Frage steht stellvertretend für viele Themen. Plötzlich wird ein Thema aufgebläht, alle sprechen darüber. Dann ist es wieder weg. Da war die Listeriose. Es gibt sie seit tausend Jahren. Es wird sie weitere tausend Jahre geben. Plötzlich war der Medienteufel los. Sondersitzungen der WHO in Genf, der Weltgesundheitsorganisation, Katastrophenszenarien. Weltweit Zehntausende von Reportagen. Das Thema hielt uns in Atem. Und plötzlich war es weg.

Wer spricht heute vom Waldsterben? Der Rinderwahnsinn: er half uns über das Sommerloch. Wer spricht heute davon? Längst kein Mainstream-Thema mehr. Sterbehilfe? Vergessen.

Die Rolle der Schweiz im Zweiten Weltkrieg war längst bekannt. Im Laufe der Jahre wurden viele Artikel veröffentlicht. Das Radio brachte in den achtziger Jahren eine lange Sendung zum Thema. Keiner nahm sie zur Kenntnis. Dann plötzlich. Wann wird ein Ereignis zum Mainstream-Thema? Das ist eines der grossen Rätsel des Journalismus. Es ist wie Chemie. In einem Topf befinden sich mehrere Substanzen. Nichts geschieht. Plötzlich kommt eine weitere Substanz dazu: alles explodiert.

Das klingt gut, sagt konkret aber wenig. Das Spannendste am Boulevard-Journalismus ist seine Jagd auf Themen. Man versucht aufzugreifen, «was in der Luft liegt», «was die Menschen beschäftigt». Man sieht sich als Blitzableiter. Auch das klingt gut und sagt wenig. Was liegt in der Luft? Warum liegt es jetzt in der Luft und nicht schon früher?

Es gibt sieben chemische Grundelemente. Sie lösen immer eine Reaktion aus: Macht, Karriere, Liebe, Sex, Betrug, Scheitern, Schadenfreude. Je mehr dieser Stoffe zusammenkommen, desto mehr braust und sprudelt es im Topf.

Es gibt auch ein «Gesetz der ungewollten Konsequenzen». Plötzlich passen Steinchen zusammen, die eigentlich nicht zusammengehören. Sie haben nichts miteinander zu tun – doch plötzlich geben sie, zusammengefügt, ein Bild. Umberto Ecos «Foucaultsches Pendel» gibt Anschauungsunterricht. Plötzlich decken sich verschiedene Interessen. In Interaktion lösen sie eine Dynamik aus.

Alexander Higgins, Chef des Genfer AP-Büros, versuchte darzustellen, weshalb das Thema der jüdischen Gelder auf Schweizer Banken zum Medienereignis wurde. «Weshalb immer wieder die Schweiz, weshalb nicht Schweden oder der Vatikan?» fragt Higgins. Der Druck der jüdischen Organisationen war da. Er bewirkte zunächst wenig. 1996 entschuldigte sich Bundesrat Villiger bei den Juden. «Das war vielleicht ein Auslöser», sagt Higgins. Doch zunächst geschah nichts. Dann brachte das «Wall Street Journal» eine Geschichte zu den jüdischen Geldern. Auch sie löste wenig aus. Der Besuch von Edgar Bronfman, dem Präsidenten des jüdischen Weltkongresses, in der Schweiz «war ein wichtiger Wendepunkt». Bronfman fühlte sich von den Banken beleidigt. «Sie boten ihm nicht einmal einen Stuhl an», so Higgins. Sie wollten Bronfman mit 30 Millionen abspeisen. «Ein Peanut» – so Bronfman. «Die überhebliche Einstellung der Schweizer Banken hat das Thema angeheizt.»

Dann ein neuer Faktor: Der New Yorker Senator D'Amato kämpfte um seine Wiederwahl. Das Thema kam ihm gelegen. Er attackierte die Schweiz. «Es kostet wenig, jemanden zu beleidigen, der weit weg ist», sagt Higgins. Ein weiterer Faktor kam dazu: Mit der Executive Order 12958 gab Präsident Clinton alle Dokumente der amerikanischen Behörden frei, die älter als 25 Jahre sind. D'Amato fand plötzlich eine Fundgrube. Dann kam das nicht ganz kluge Zeitungsinterview des Schweizer Wirtschaftsministers. Dann kam die nicht ganz kluge Verhaltensweise der Schweizer Banken, dann kam die Geschichte eines Wachmannes, der ausgemusterte Dokumente vor dem Shredder bewahrte.

All das sind einzelne Elemente. Jedes für sich ist kaum interessant. Aber gemeinsam bringen sie etwas zum Schäumen. Vieles kommt zufällig zusammen. Wenn aber der Schäumungsprozess eingesetzt hat, ist er nicht mehr zu bremsen. Chemische Reaktionen können selten rückgängig gemacht werden.

Good news is no news

Journalismus als Chemie. Wir sind schlechte Chemiker; wir wissen nicht genau, welche Substanzen eine chemische Reaktion provozieren. Aber eines wissen wir genau: wir kennen die Substanz, die jede Reaktion verhindert.

Das Gute, das Alltägliche interessiert keinen. Der Journalismus lebt vom Aussergewöhnlichen, vom Unvorhergesehenen. Züge, die zur Zeit ankommen, sind langweilig. Noch immer gilt die ausgelatschte Journalistenweisheit: «Hund beisst Mann» interessiert keinen, weil normal. Aber: «Mann beisst Hund» – steht in jeder Zeitung.

Ted Turner, Gründer von CNN, Bewunderer von Alexander dem Grossen und Napoleon, kämpft seit jeher für eine bessere Welt. Der Missionar, einst Yachtmann und Möchtegernpräsident, wollte mehr Positives senden. «Vielleicht gibt es einmal keine Kriege mehr», sagt Turner, «und CNN hat dazu beigetragen.» Und: «Hitler wäre nie möglich gewesen, hätte es damals CNN gegeben.»

Grosse Worte des grossen Ted

(Zitate von Ted Turner, dem Gründer von CNN)

«Ich bringe das Geld nach Hause, und du tust, was ich dir sage.» Zu seiner ersten Frau Judy Nye.

«Ich habe dir gesagt, Janie. Zuerst kommt das Business. Zweitens kommt meine Segelyacht, und drittens kommst du.» Zu seiner zweiten Frau Jane Shirley Smith.

«CBS, NBC und ABC verschmutzen den Geist des amerikanischen Volkes.»

«Ich habe das Fernsehen neu erfunden.»

«Business ist wie ein Schachspiel. Du musst einige Züge im voraus im Kopf haben. Die meisten Leute können das nicht.» 1992.

«News? Ich kann keine News machen. Wer will denn schon News. News machen uns krank. Mein Motto ist: No News is good News.» 1978.

«Ich hasse News. News sind teuflisch. Sie führen dazu, dass sich die Leute schlecht fühlen. Ich will nichts mit News zu tun haben.» 1978.

«Ich werde der mächtigste Mann Amerikas werden.» 1978.

«Ich sagte (Präsident Carter), seine Regierung sei allzu hart mit Fidel Castro. Castro ist ein sehr interessanter Mann. Es ist schwer zu verstehen, dass wir mit Russland Handel treiben, aber nicht mit ihm.»

«Ich möchte nicht mehr Zeit zum Überlegen haben. Ich bin in so intensive Geschäftsverhandlungen verwickelt, dass ich keine meiner mentalen Kräfte dazu verwenden kann, über etwas nachzudenken.»

«Viel Sex für jedermann ist gut. Das ist eine Lösung für die Probleme dieser Welt. Gewalt im Sport; das wollen die Männer wirklich.»

«Auch im Jahre 2000 wird es Zeitungen geben… Doch gedruckte Zeitungen werden vielleicht zu teuer sein.» Rede vor Zeitungsvertretern, 1990.

«Fragt die Amerikaner, ob sie gut informiert seien. Sie werden das bejahen. Aber ihr werdet als erste zugeben müssen, dass ihr Wissensstand nicht sehr hoch ist.» Rede vor Zeitungsvertretern, 1990.

«Ich hatte geglaubt, jemand würde mich vor meinem 50. Geburtstag erschiessen. Wollt ihr wissen, was ich dem Mörder gesagt hätte? ‹Danke›, hätte ich gesagt, ‹dass du nicht vorher gekommen bist.› Sehr gut, nicht? Der Mörder hätte so gelacht, dass er mich nicht erschossen hätte.»

«Ja, ich hatte mir kurz überlegt, Präsident der USA zu werden. Oder zumindest Vizepräsident.» 1992.

«Ich habe so viele Meilen zurückgelegt wie ein 150 jähriger.»

«Bis zu meinem 30. Lebensjahr hatte ich 300 Frauen.»

«Mein Hauptanliegen ist es, ein Gewinn für die Welt zu sein. Ich will ein weltweites Kommunikationssystem aufbauen, das die Menschheit zusammenbringt, das Geburtenkontrolle fördert, das das Wettrüsten stoppt und die Umwelt schützt.»

«Hitler wäre nicht möglich gewesen, wenn es damals CNN gegeben hätte.»

«Es gibt nichts Schöneres im Leben, als etwas für eine wertvolle Sache zu geben.» 1997, nach seinem Ein-Milliarden-Dollar-Geschenk an die UNO.

Trotz rührender Worte: der Anteil des Schlechten wird immer überwiegen. Journalismus ist Darstellung des Aussergewöhnlichen. Es gehört zum menschlichen Urinstinkt, dass er sich für das Überraschende, das Ungewöhnliche interessiert. Dieses ist aber meist schlecht. Immer werden Unfälle und Kriege, Morde und Explosionen die Nachrichten dominieren. Aber: good news is no news.

«Ihr treibt uns in die Depression», sagte eine Zuschauerin. Doch trotz bad news, trotz Schreckensbildern: Fernsehnachrichten können Erleichterung bringen. Sie bieten Orientierung und Halt. Sie bringen Ordnung ins Chaos der Gefühle. Die Welt ist zwar schrecklich, aber der Schrecken ist fassbar. Er wird am Fernsehen thematisiert. Man sieht die Bemühungen, den Schrecken zu kanalisieren: Friedenskonferenzen, Aufrufe zum Guten. All das Schlechte, das jeden Abend vorgeführt wird, hat auch etwas Therapeutisches. «Den andern geht es schlecht. Uns geht es eigentlich ganz gut.» Leiden und Unglück: das hat auch eine heilende Wirkung. Die Zuschauer sind erleichtert. Sie sind verschont geblieben.

Die Karawane der News-Jäger

Sie sind eine Familie. Sie reisen von Krieg zu Krieg

Nicht nur Christiane Amanpour zieht von Krieg zu Krieg. Hunderte, oft Tausende reisen von einem Konflikt zum andern: Journalisten und Kameraleuten, Tontechniker und Cutter. Zwar konkurrenzieren sie sich. Sie arbeiten für verschiedene Fernsehstationen, verschiedene Agenturen. Doch im Krieg sind sie eine grosse Familie. Gemeinsam reist die Truppe von Krieg zu Krieg, von Elend zu Elend – und berichtet darüber.

«Ach, John, du bist auch hier. Freut mich», sagt der Kameramann von APTV in Kigali, «heute abend trinken wir ein Bier.» John arbeitet für die amerikanische Fernsehstation ABC. Er ist soeben in Kigali angekommen. Gemeinsam werden sie über diesen Krieg berichten. Dann fällt das Thema aus den News. Ihre Wege trennen sich. Einige Monate später treffen sie sich wieder – beim Bier in einem andern Krieg.

Bei Johnnie Walker und Chivas
Man kann die Route der News-Jäger nachzeichnen. Januar 1991: Der Golfkrieg. Fast dreitausend Journalisten berichten aus der Region. Sie stehen sich auf den Füssen herum: in den Scheichtümern am Golf, in Amman und Israel. Gier nach Bildern.

9. Dezember 1992: 1800 amerikanische Marineinfanteristen landen in Somalia. Dabei auch zweitausend Journalisten. Gegenseitig schaukeln sie sich hoch. Dann wird Somalia langweilig: alle ziehen ab. Wohin geht der Tross?

Der Bosnien-Krieg beginnt. Alle drängen auf den Balkan, nach Sarajevo. Das Hotel Holiday Inn nehmen sie im Sturm. Dort richten sie Schnittplätze und Studios ein. Mehrmals wird das Hotel beschossen. Fast alle Scheiben gehen in Brüche. Mehrmals gibt es Verletzte. Man klebt die Fenster mit Plastikblachen zu. Das UNHCR, das UNO-Hochkommissariat für das Flüchtlingswesen, stellt sie zur Verfügung. Strom gibt es selten. Im Winter ist es kalt im Hotelturm. Die Bar liegt in der Eingangshalle. Dort trifft man sich abends bei Kerzenschein. Das verbindet, das schweisst die Familie zusammen. Whiskey gibt es in jedem Krieg, Johnnie Walker und Chivas.

Ewige Bosnienberichterstattung. Der Krieg auf dem Balkan dauert zu lange. So lange hält man keinen Zuschauer am Sender. Man braucht einen neuen Krieg. Von Bosnien geht's in die Karibik. Dort gibt es neuen Stoff, frische Ware.

September 1994. Wieder landen amerikanische Truppen. Diesmal auf der Karibikinsel Haiti. Und wieder stehen Kamerateams am Strand. Sie filmen die Ankunft der amerikanischen Retter. Die Landung auf Haiti hätte – vom Bild her – ein zweites Somalia werden sollen: Luftkissenboote, die im Morgenrot auf den Sand auffahren. Doch Somalia blieb unübertroffen. Die Haitilandung war schäbiges Hollywood. Es fehlte Farbe und somalisches Morgenrot. Marktanteil auf CNN: magere drei Prozent. Zwar gab es auch dort Gute und Böse. Das Böse war «das schrecklichste Regime der westlichen Hemisphäre» (Bill Clinton). Der Gute war ein Geistlicher: Jean-Bertrand Aristide, der abgesetzte Präsident.

Die grossen Networks dramatisierten. Natürlich war auch Peter Arnett dort. Doch Amerikas Fernsehzuschauer kümmerte das alles wenig. Haiti war ein medialer Blindgänger.

Frieden – kein tolles Wort

Wieder kam Langeweile auf. Was tun? Ein Abstecher nach Kuba? Dort gab es plötzlich einige Boat People. Als ob die Regimegegner von der Medienpräsenz im nahen Haiti profitieren wollten. Plötzlich redete uns die amerikanische Regierung ein, Fidel Castro könnte stürzten. Doch Fidel Castro mochte nicht stürzen. So flog die Journalistentruppe zurück nach Somalia. Ausgebuchte Flugzeuge. In Somalia fand man einen neuen Bad Guy: Mohammed Aidid, ein Kriegslord. Amerikanische Truppen stürmten Aidids Hauptquartier. Sie wollten ihn töten. CNN übertrug die Aktion live. Gute Bilder, grosse Blamage: Aidid war nicht im Haus. Demütigung. Das Interesse an Somalia sackte ab. Also wieder nach Bosnien zu Johnnie Walker und Chivas.

Schliesslich stürzte im tiefen Afrika ein Flugzeug ab. An Bord der ruandische und der burundische Präsident. Jetzt ging es los. Alle zogen nach Ruanda. Die Welt wurde überschwemmt mit Hungerbildern, mit Massakern, mit Leichenbergen, mit Massengräbern. Auch Ruanda nützte sich ab.

Das Nachbarland Burundi lief schlecht: das Interesse kam nicht auf Touren. Einzig die Schweiz zeigte Anteilnahme. Zwei Delegierte des IKRK, des Internationalen Komitees vom Roten Kreuz, waren erschossen worden. Das Rudel der Journalisten aber ging zurück nach Bosnien, zurück ins Holiday Inn. Dann kam das Dayton-Abkommen. Der Frieden brach aus: schrecklich für die News-Jäger. Jetzt begannen magere Zeiten. Kein grösserer Konflikt in Sicht. 1996 standen sie da, arbeitslos. Frieden – für Newshunter kein tolles Wort.

1997: Albanien: Ein Sparsystem geht pleite, Aufstände, Strassenschlachten. Plötzlich erhalten wir pro Tag dreissig, vierzig Reportagen aus Tirana, Vlore und Saranda. Und natürlich schicken wir eigene Journalisten hin. Parabolantennen werden aufgestellt. Wieder fand sich die Familie. Doch wer interessiert sich schon für Albanien? Da bringt man keinen an den Bildschirm. Ein Verlegenheitskonflikt.

Dann kommt Laurent-Désiré Kabila, Rebellenführer und Retter der Medien. Drei Monate lang hatten wir ein Thema. Und Christiane Amanpour war schon dort. Auch Peter Arnett ging hin. Beim Krieg in Zaire stimmte die Chemie. Vieles kam zusammen, was eine chemische Reaktion auslöste. Das Medienereignis war da.

Da war Mobutu, der dienstälteste Despot. Er war das Böse schlechthin. Seine Gegner liess er umbringen (Bad Guy). Er lebte im Luxus an der Côte d'Azur (Diktator in feudaler Umgebung). Er hatte Bankkonten in der Schweiz (Beziehung zum Nahen). Er hatte Krebs (Human Touch) und liess sich in Lausanne (Beziehung zum Nahen) operieren. Der langsame, täglich nachgezeichnete Niedergang eines Despoten löst glückliche Gefühle aus: man freut sich über den Sieg über das Böse. Späte, aber gerechte Strafe.

Auch in Kinshasa traf sich die Familie: 300 Journalisten brichteten über den langsamen Sturz des grossen Diktators. Dazu ein Heer von Kameraleuten und Tontechnikern. Auf dem Dach des Hotels Memling wurden Kameras aufgestellt – mit Blick auf die ankommenden Rebellen.

Die Frontschweine

Es gibt zweierlei Journalisten. Es gibt die beamtete Klasse: festangestellte Journalisten und Kameraleute. Ihren Frauen zahlt man im Todesfall Witwenrente. Deshalb geht man vorsichtig mit ihnen um. Selten werden gut bezahlte Kameraleute an die Front geschickt.

Immer grösser wird die Klasse der «Frontschweine». Sie haben selten Verträge. Ihre Frauen kriegen keine Witwenrente. Sie werden an die vorderste Front beordert. Nur wenn sie frische Ware zurückbringen, dramatische Bilder, dann werden sie bezahlt. Das bedeutet Risiko. Nur wer sich den Gefahren aussetzt, macht das Geschäft. Frontschweine sind billig. Der Fernsehjournalismus lebt von ihnen.

Oft schickt man mehrere Teams gleichzeitig los. Wer die besten Bilder heimbringt, erhält das Geld – die andern gehen leer aus. Wer sein Leben nicht aufs Spiel setzt, wird nicht bezahlt. Da werden unter der Hand dramatische Bilder verkauft. Oft findet eine Art Versteigerung statt. «Ich habe eine Explosion im Bild, wer bietet am meisten.»

Die Auftraggeber verlangen immer bessere Bilder – und das immer schneller. Die Teams müssen immer näher an die Front vorrücken, immer grässlichere Bilder liefern. Viele gehen ein zu grosses Risiko ein. Immer wieder sterben Kameraleute und Journalisten. Innerhalb von zehn Jahren, von 1987 bis 1996, sind 600 Journalisten umgekommen in Ausübung ihres Berufes. Das besagt eine Statistik von Reportères sans frontières. Einige lieben die Gefahr. Sie sind scharf auf den Gefahrenthrill. Es ist wie ein Rausch. Sie drängen an die vorderste Front. So wie andere in die Eigernordwand steigen. Haben sie die Gefahr überwunden, fühlen sie sich gestärkt.

50 Dollar für den Totengräber

Immer lauert Gefahr. Reporter sind wie Katzen: sie haben sieben Leben. Oder eben nicht. Fernsehanstalten und Fernsehagenturen stellen zunehmend Ansprüche. Da kann es zu Verzweiflungstaten kommen: ein Kameramann zahlt einer Truppeneinheit ein paar Dollar. Diese feuert vor der Kamera los. Ein Angriff wird vorgetäuscht. Die Bilder sind gut. Der Kameramann kann sie verkaufen. Er kann davon einige Tage leben.

Wer heute filmen will, muss immer häufiger bezahlen. Experten und Ex-Politiker wissen um ihren Wert: längst geben sie keine Gratis-Interviews mehr. Elderly Statesmen wie Gorbatschow oder Kissinger verlangen mehrere tausend Dollar pro Interview. Auch britische Parlamentarier wollen für Interviews ausländischer Journalisten Geld. Auch für Lappalien wird bezahlt. Eva B. («ich bin ein doppelter Skorpion»), eine 22jährige Frau, lebt im kroatischen Split. Im Bosnien-Krieg zog sie nach Sarajevo. Sie vermittelte den Journalisten Interviews mit Politikern, Polizisten, Witwen und Totengräbern.

Ein Kamerateam trifft in Sarajevo ein. Es kam über den Igman-Pass. «Was möchten Sie», fragt Eva, «einen Totengräber oder einen Mann, dessen Bruder von einem Sniper erschossen wurde?» Kein Problem, Eva richtet es. 50 Dollar für den Totengräber, 50 Dollar für den Mann mit dem gesnipten Bruder. Fernsehteams arbeiten immer unter Zeitnot. Viele sind froh, wenn es Evas gibt. Egal, ob der Totengräber schon im australischen, mexikanischen oder norwegischen Fernsehen lief.

Vor allem die Dritte Welt saugt Journalisten aus. Verlangt wird Geld für Drehbewilligungen, Honorare für Aufpasser, Spesen für Beamte. Da gibt es diese Geschichte: ein Journalist reist nach Nigeria – mit einem gültigen Visum. Passkontrolle: der Beamte reisst die Seite mit dem Visum aus dem Pass – vor den Augen des Journalisten. Der Beamte sagt: «Sie brauchen ein Visum für Nigeria.» Der Journalist: «Sie haben es soeben herausgerissen.» Der Passbeamte: «Was denn, rausgerissen? Wollen Sie einen Beamten beleidigen? Das kommt Sie teuer zu stehen.» Der Journalist faucht. Der Passbeamte sagt: «Ich kann Ihnen ein Visum geben für 500 Dollar.» Der Journalist bezahlt 500 Dollar, cash. Der Passbeamte klebt die herausgerissene Seite in den Pass. Er stempelt die Seite. Freundlich sagt er: «Ich wünsche schönen Aufenthalt in unserem herrlichen Land.»

Schlachtenbummler ohne Schlachten

In Vietnam sassen sie auf der Terrasse des Hotels Continental (heute Pizzeria Guido) oder im gegenüberliegenden Café Givral Pâtisserie. Sie tranken viel Johnnie Walker und rauchten viel. Sie, die Zeitungsjournalisten, hörten sich an, was die andern erzählten – jene, die von der Front zurückkehrten. Dann schrieben sie ihre Artikel, ihre Analysen, ihre Kommentare. Sie fügten etwas Sauce bei. Alles las sich spannend. Selbst gesehen hatten sie nichts. Trittbrettfahrer gibt es immer. Sie, die Schlachtenbummler, die kopieren und interpretieren. Schlachtenbummler, die nie eine Schlacht erlebten.

Die «Frontschweine» bleiben unbekannt, aber Analytiker und Leitartikler kennt jeder. Das gehört zu diesem Beruf. Peter Handke nennt sie «Rotten der Fernfuchtler, welche ihren Schreiberberuf mit dem eines Richters oder gar mit der Rolle eines Demagogen verwechseln». Die braucht es auch.

Das Fernsehen kann nicht Trittbrett fahren. Wir können nicht im «Continental» warten. Wir brauchen das Bild zum Ereignis. Haben wir es nicht, haben wir gar nichts. Aufstand in Nairobi, Schlägereien, wüste Ausschreitungen: Der Zeitungsjournalist hört davon, als die Unruhen schon vorbei sind. Er lässt sich die Szene beschreiben: von andern Journalisten. Ein Polizeigeneral gibt eine Pressekonferenz. Mit diesen Angaben schreibt sich eine farbige Geschichte.

Der Fernsehjournalist hat es schwerer: hat er die Ausschreitungen nicht im Bild, stand er an der falschen Strassenkreuzung, nicht dort, wo die Polizei schoss – dann hat er gar nichts. Das Fernsehteam muss immer ganz vorne sein – gerade dort, wo etwas passiert. Das mag ein Grund sein, weshalb Fernsehleute aggressiver auftreten als andere. Auf der Jagd nach dem richtigen Bild werden Kameraleute zu Hyänen. Fernsehen ist immer nur so gut wie seine Bilder. Jede Reportage steht und fällt mit dem Bild. Wir müssen das Geschehen zeigen. Wir wollen keine Pressekonferenzen mit tristen Figuren.

«Blut ist immer gut»

Die Welt hat genug von Kriegen und Katastrophen. Genug von Genoziden und Hungernöten. Die Fernsehzuschauer sind mit Gruselstoff übersättigt. Kriegsreporter haben es immer schwerer. Ihre blutige Ware findet kaum mehr Abnehmer.

Die Zuschauer kommen nach Hause. Sie sind müde. Endlich Feierabend. Sie öffnen eine Packung Pommes-Chips, sie trinken ein kühles Bier. Sie stellen den Fernseher an. Was sehen sie? Leichen auf dem Markt von Sarajevo, Verhungerte in einem Flüchtlingslager in Goma, Gehängte auf einem Platz in Kabul, Gelynchte in einem westalgerischen Dorf.

Die Fernsehgemeinde rebelliert. Zuschauerinnen und Zuschauer haben zu viele Kriege gesehen, zuviel Elend. Immer wieder Anrufe nach der Sendung: hört auf mit diesen Kriegen, mit diesem Elend. Was ihr tut, ist kontraproduktiv.

Blut und Tränen – die will man sehen: im Krimi, im Abenteuerfilm, im historischen Spektakel. Da herrschen Gewalt und Terror. Da trieft das Blut. Das französische Nachrichtenmagazin «Marianne» kreierte den Ausdruck TV = Télé-Violence. Da wird geschossen und gemordet, gefoltert und mas-sakriert. Apocalypse now – and ever. «Das Fernsehen, ein Superphönix, ein schneller Brüter der Gewalt» («Marianne»). Diese inszenierte Verrohung wollen viele sehen: gut ausgeleuchtet, vom Drehbuch vorgezeichnet, fiktive Gewalt. Ketchup-Rambos, aufgeschlitzte Schurken, mediengerecht präpariert.

Aber im echten Leben will man Blut nicht sehen. Die richtigen Kriege verdrängt man. Was man nicht sieht, das gibt es nicht. Es ist nicht nur Widerwille: es ist auch Ohnmacht. Man sieht täglich diese Bilder und kann nichts tun.

Die Tagesschau wird täglich bewertet. In der Schweiz werden 850 Haushalte erfasst. Etwa zweitausend Personen geben der Sendung täglich Noten. Diese wird per Fernbedienung einer Zentrale übermittelt. Die Eins ist ganz schlecht, die Sechs ist hervorragend. Die Schwankungen sind minim: im Normalfall erhalten wir Noten von 4,5 bis 5,0. In Deutschland sind es 4400 Fernsehhaushalte, die täglich ihre Bewertung abgeben.

Statt Blut: Mini-Games und Maxi-Brüste

Die Note drückt selten unsere Leistung aus. Ist die vermittelte Nachricht schlecht, kriegen wir eine schlechte Note. Man schlägt den Briefträger, der die schlechte Nachricht überbringt. Fussballübertragungen werden negativ bewertet – wenn die eigene Mannschaft verliert. Ist das Wetter schlecht, gibt es schlechte Noten. Eine Tendenz ist klar: Sendungen mit viel Krieg und Elend werden schlecht bewertet. Der Zuschauer will keine richtigen Kriege mehr sehen. Vor allem ältere Leute verabscheuen Gewalt. Vor vielen Jahren hatte Peter Arnett, der CNN-Crack, von einem Fernsehprofi einen Rat gekriegt: «Denken Sie einfach daran, Blut ist immer gut» («If it bleeds, it leads»). Das ist längst vorbei. Blut vertreibt die Zuschauer. Nie zuvor gab es so viele negative Reaktionen, wie während des Krieges in Bosnien. «Nur die Japaner lieben blutige, dramatische Bilder», sagt Suzanne Andrade von Reuters. Die Lateinamerikaner auch. Sie sind noch die einzigen.

Im Vietnam-Krieg wurden wenig Tote gezeigt. Viele der Schlachten wurden nachgestellt. Im Golfkrieg durfte man die Toten nicht zeigen. Im Bosnien-Krieg war alles anders. Erstmals bluteten die Bildschirme. Tote zuhauf. Das war sich der Fernsehzuschauer nicht gewohnt. Deshalb der Aufschrei.

Die Serben mordeten in Srebrenica. Die Tagesschau erhielt dafür eine schlechte Note. Wir wissen längst: mit Blut und Tränen holen wir uns keine Zuschauer. Im Gegenteil: wir treiben sie zur Konkurrenz, zu Mini-Games und Maxi-Brüsten. Weggezappte Kriege, weggezappte Wirklichkeit.

Auch der Fotojournalismus spürt die Tendenz. Fotos aus Kriegsgebieten werden kaum noch veröffentlicht. Das stürzt die ganze Branche in die Krise. Patrick Robert von der Foto-Agentur Sygma sagt: Seit zwei, drei Jahren interessieren sich die Zeitungen nicht mehr für Kriege und Leiden. «Wir stellen gute Bilder zusammen, niemand will sie.» Patrick Chauvet war in Bosnien: «Sarajevo ist zum Abfalleimer für Fotos geworden.» Patrick Robert: «Die Kriegsbilder werden ersetzt durch Könige und Prinzessinnen.» Jon Jones (Agentur Sygma) erhält für ein Kriegsbild einige Francs. Aber: «Ein Bild von Lady Di brachte bis zu 460 000 Francs.» Oder viel mehr. Der italienische Paparazzo Mario Brenna erhielt für den Kuss von Princess Di und Dodi Al Fayed drei Millionen britische Pfund. Ein dreimonatiger Einsatz in Tschetschenien bringt einem Fotoreporter fünftausend Franken.

Die dänische Krankenschwester in Kabul hat sich geirrt. Die Bilder, die wir drehen, rütteln keinen mehr wach. Sie stossen nur an. Sie erzeugen nur Widerwillen. Zur Konfliktlösung tragen wir schon längst nichts mehr bei. Vietnam, ja, das war einmal. Damals hatte die Fernsehberichterstattung noch etwas bewirkt. Wenn auch weniger als behauptet. Heute bewirkt sie kaum etwas.

Auszug aus Sodom und Gomorrha

So passen wir uns denn an – wir und alle andern Sender. Weltweit werden die Nachrichtensendungen appetitlicher. Die Bildschirme werden hygienisiert. Dies ist eine der Konzessionen, die der Nachrichtenjournalismus macht, um die Zuschauer an den Bildschirmen zu halten.

Im Lager Biaro im Osten von Zaire spielten sich schreckliche Szenen ab. Die Agentur Reuters TV übermittelte allen Fernsehstationen Bilder. Da starben Tausende von Hutus. Flüchtlinge, denen ein Teil des Schädels abgeschlagen wurde. Sie krochen vor laufenden Kameras. Halbtote trugen Tote. Kaum jemand erfuhr etwas vom Elend dieser 50 000. Kaum eine Fernsehstation zeigte diese Szenen.

Wir haben sie, die Bilder über das Elend in Ruanda, über die Massaker im damaligen Zaire. Wir haben die Informationen. Wir wissen, was dort geschieht. Aber wir geben es nicht weiter, weil es nur abstösst. Der Zuschauer will das allabendliche Sodom und Gomorrah nicht mehr sehen.

CNN ist noch immer Trendsetter. Jetzt hat der Sender entschieden, vermehrt positive Nachrichten zu bringen. Ted Turner sagt: «Wir konzentrieren uns immer auf das, was falsch ist. Wir reihen nur Schlechtes aneinander. Wir zeigen nicht viel Positives... Das gibt den Leuten das Gefühl der Hoffnungslosigkeit.» Das soll jetzt anders werden. Turner will «eine gute

Balance» finden zwischen positiven und negativen Stories. Kriege, mit Weichspüler gewaschen.

Fast alle Fernsehsender tun das. Es gibt einen klaren Trend: die News-Sendungen zeigen weniger Schrecken, weniger Krieg. Rund um die Welt werden Fernsehnachrichten gesäubert. Auch die privaten Sender tun das. Sie hatten blutig begonnen. Sie zeigten jeden Toten in Grosseinstellung. Ihr Leitspruch war: Jede Leiche erhöht die Einschaltquote. Das ist längst vorbei. Auch die Kommerzsender halten sich zurück. Vielleicht zeigen wir einige Symbolbilder des Schreckens, «ein stilisiertes Gemetzel» (Patrick Chauvet, Fotoreporter): schwarze Wolken, zugedeckte Leichen, eine alte Frau mit Tränen auf dem zerfurchten Gesicht. Chauvet entrüstet sich über dieses Reinemachen der Kriege: Richtige Kriege «stinken nach Scheisse, Pisse und Tod» (zitiert nach «Le Monde»).

Jetzt hat CNN einen neuen Leitspruch: «Wir zeigen keine Leichen.» Ein neuer Terror herrscht heute an den Bildschirmen: der Gute-Laune-Terror. Man darf den Zuschauern den Abend nicht verderben.

Am Anfang war CNN...

Mehrmals schrieb CNN Fernsehgeschichte. Erstmals 1989: auf dem Pekinger Tienanmen-Platz werden Studenten massakriert. CNN berichtet live. Das brachte der Station erste internationale Reputation. Im Golfkrieg (1991) gelang CNN ein Meisterstück. Peter Arnett und Bernie Show berichteten als einzige über den Bombenhagel auf Bagdad – live vom Hotel El-Rashid. Marktanteil: 15 Prozent. Eine Milliarde Menschen in 108 Staaten schauten während des Golfkrieges CNN. Der internationale Durchbruch war da. CNN wurde zum Denkmal.

Der Sender berichtete kritisch über den Golfkrieg. Das brachte der Station Ärger. NBC, das grosse amerikanische Network, gab sich als schlechter Verlierer. NBC wollte CNN vor Gericht zu bringen – wegen Landesverrats. Was tat die Konkurrenz von CBS während des Golfkrieges?. Michael Dugan war ein Militärfachmann bei CBS. Er sagte: «Wir schauten CNN.»

Höchste Einschaltquoten erzielte der Hosenträgermann Larry King. In seiner Talk Show tritt alles auf, was in Amerika verehrt und berüchtigt ist – von

König Hussein bis zu penisschneidenden Frauen. Larry King war Radio-Interviewer. Ted Turner holte ihn zu sich. 1993 moderierte King eine Debatte über die nordamerikanische Wirtschaftszone Nafta. Die Sendung brachte einen Marktanteil von 25,1 Prozent – ein historisches Hoch.

CNN ist der Sender der internationalen Crème. Zum Stammpublikum gehören Staatschefs und Könige, Minister und Diktatoren. Die Marktanteile von CNN betragen selten mehr als vier bis fünf Prozent. Der Sender lebt von grossen Ereignissen. Monatelang dümpeln die Quoten bei ein bis zwei Prozent. Spitzenwerte gab es beim Bombenanschlag in Oklahoma (1995): sieben Prozent. Die Vernehmung von O.J. Simpson brachte sechs Prozent und Princess Di's Tod fünf Prozent. In den USA schauen pro Tag im Durchschnitt 300 000 Personen CNN. In der Schweiz kann CNN International von 86 Prozent aller Haushalte empfangen werden. Der Marktanteil in der Prime Time beträgt 0,1 Prozent.

CNN ist eine Familie mit mehreren Sendern. Hauptsitz ist ein 14stöckiges Gebäude in Downtown Atlanta, Georgia. Neben CNN International gibt es jenes CNN-Programm, das einzig für die USA bestimmt ist. Daneben sendet CNN Headline News: jede halbe Stunde das Neueste aus Politik und Wirtschaft, aus Sport und Entertainment.

CNN unterhält auch einen Wirtschaftskanal: Financial Network (CNNfn). Er liefert, von Minute zu Minute, die neuesten Business News. Ebenso schnell ist CNN/SI, der Sportkanal. In diesen werden enorme Summen investiert.

Seit 1997 sendet CNN en Español. Das Programm richtet sich an die 266 Millionen spanisch sprechender Menschen, in erster Linie jener in Lateinamerika. CNN en Español wird von Lateinamerikanern für Lateinamerikaner gemacht.

Daneben unterhält Ted Turner seinen eigenen CNN Airport Network. In vielen Flughäfen, von Bangkok bis Los Angeles, stehen Bildschirme. Der wartende Fluggast verfolgt die neuesten News – übermittelt per Satellit. Sogar einen Better Health Network gibt es: im Wartezimmer des Arztes erfährt der Patient das Neueste.

Ende 1996 hat Turner CNN für 7,5 Milliarden Dollar an Time Warner verkauft. Damit entstand der grösste Medienkonzern der Welt. Umsatz: über 20 Milliarden Dollar. Zweitgrösster Medienkonzern ist Disney/ABC. Umsatz: knapp 20 Milliarden.

Wieviel Horror muss man zeigen?

Die Hygienisierung der Bildschirme, die Selbstzensur, birgt Gefahren in sich. Sie wirft moralische Fragen auf. Denn die Greuel dieser Welt sind da. Ob das den Zuschauern passt oder nicht. Sollen wir sie nicht zeigen, um dem Publikum den Abend nicht zu vergällen? Zeigen wir nichts, verfälschen wir die Ereignisse.

Was man nicht sieht, das gibt es nicht. Zeigen wir den Horror nicht, glaubt der Zuschauer, es gebe ihn nicht. «Gar nicht so schlimm, was da in Afrika geschieht, hast du die Bilder gesehen?» Was die Zuschauer aber nicht wissen: die schrecklichsten Bilder hatten wir weggeschnitten. Zeigen wir zuviel, ist das kontraproduktiv. Zeigen wir zuwenig, verfälschen wir die Tatsachen. Wieviel Horror muss man zeigen?

Der 28. August 1995. Früher Nachmittag. Auf dem Markale-Markt in Sarajevo tummeln sich Leute. Plötzlich schlagen Granaten ein. Wenige Augenblicke später ist das Fernsehen zur Stelle. 20 Minuten später erhalten alle Fernsehstationen erste Bilder. Sie drehen den Magen um – auch dem dickfelligen News-Profi. Auf den langen Holztischen, zwischen Gemüse und Kartoffeln, zwischen Tomaten und Salaten, liegen Leichenteile: abgerissene Köpfe, aufgerissene Leiber, ein verkohltes Bein, ein zerfetzter Arm mit Armbanduhr. Der Anschlag fordert 41 Tote und 85 Verletzte. Was soll man zeigen? Gar nichts, nur weil die Zuschauer kein Blut sehen wollen? Dann betreiben wir Geschichtsfälschung.

Berichten die Medien nicht über Kriegsverbrechen und Greueltaten, spielen sie das Spiel der Kriegsverbrecher. Diese können dann – unter Ausschluss der Öffentlichkeit – weiter bomben und morden. Also muss man berichten: über die Attentate in Sarajevo und Srebrenica, in Kabul und Grosny, in Algier und Jerusalem. Doch wie berichtet man?

Wir müssen nicht das Schrecklichste vom Schrecklichen zeigen: Grosseinstellungen von abgerissenen Köpfen und aufgeschlitzten Leibern – das ist ohne Informationswert. Doch das Ausmass der Katastrophe muss deutlich werden. Hygienisieren wir aber alles, sagt der Fernsehzuschauer: «Schau doch, so schrecklich ist Karadzic nun auch wieder nicht.» Wir haben die Pflicht, klarzumachen, wo Kriegsverbrecher am Werk sind. Keiner soll sagen können: wir haben nichts gewusst, ihr habt es uns ja nicht gezeigt.

Das ist unser Dilemma. Wir wissen: die Zuschauer wollen keine Kriege sehen. Blut und Pulver drücken die Einschaltquoten. Andererseits müssen wir über die Leiden der Welt berichten: über Kriege und Katastrophen – auch wenn es der Zuschauer nicht mag.

Weniger Appetit auf News?

Übersättigung mit Krieg und Elend

Blutverschmierte Bildschirme – sind sie einer der Gründe, weshalb News-Sendungen weniger Zuschauer finden? Die weltweite Hygienisierung der Bildschirme ist eines der Mittel, um Zuschauer zu gewinnen. Zurückzugewinnen. Denn es gibt Anzeichen, dass Fernsehnachrichten weniger Beachtung finden – rund um die Welt. Als ob eine Übersättigung mit Krieg und Elend da wäre. Eine Übersättigung mit Informationen allgemein.

Tagesschau und andere News-Sendungen waren lange Zeit verpönt. Dann setzte eine News-Euphorie ein. Mitte der neunziger Jahre hatten auch die privaten Sender die News entdeckt. «Plötzlich wird Information, bislang als Quotenkiller verschrien, zum Trumpf im harten Konkurrenzkampf auf dem Fernsehmarkt» («Spiegel»). Die Informationsoffensive der Privaten war eine Prestigesache. Nur wer Nachrichten sendet, wird zum vollwertigen Sender. Anderseits sind Nachrichten ein Mittel, um den Zuschauer an den Sender zu binden. News-Sendungen erhielten mehr und mehr Zuspruch.

Die Nachrichtensendungen sind eine Lokomotive für das Programm. Viele Zuschauer stellen um halb acht den Fernseher ein – und bleiben dann dran. Immer häufiger aber ist es umgekehrt. Das Programm vor der Tagesschau ist entscheidend. Je beliebter es ist, desto grösser die Einschaltquote der Tagesschau. Weshalb schauen um 20h00 40 Prozent der Franzosen den Kommerzsender TF1? Nur 25 Prozent sehen France 2. Die Sendungen gleichen sich. Beide sind gut. Der Grund für die riesige Differenz: vor den Nachrichten sendet TF1 ein attraktives Magazin. Jenes von France 2 ist langweilig.

Man schaut wieder fern

Die Deutschen schauten 1995 pro Werktag 2 Stunden und 25 Minuten lang fern. Das sind zwanzig Minuten mehr als zwanzig Jahre zuvor. Mitte der achtziger Jahre war der Fernsehkonsum leicht zurückgegangen. Dann ging's bergauf – bis 1996, und zwar in allen Alterskategorien. 1997 ging der tägliche Fernsehkonsum laut Media Analyse um elf Minuten zurück.

Nutzung des Fernsehens 1974–1995
pro Ø Werktag (Mo – Sa), alte Bundesländer

	Zeitaufwand in Minuten				
Geburtsjahrgänge	1974	1980	1985	1990	1995
bis 1914	153	171	159	171	174
1915 bis 1924	138	157	159	176	196
1925 bis 1934	135	132	141	157	185
1935 bis 1944	112	121	135	130	148
1945 bis 1954	106	107	112	114	132
1955 bis 1964	88	75	91	119	125
1965 bis 1974	–	100	68	111	117
1975 und später	–	–	–	–	136
Gesamtbevölkerung	125	125	121	133	145

(Quelle: Marie-Luise Kiefer, Schwindende Chancen für anspruchsvolle Medien? in Media Perspektiven II / 96)

Kein Medium verzeichnete in den letzten Jahren solche Zuwachsraten wie das Fernsehen. 1997 gab es dann, auf sehr hohem Niveau, in verschiedenen westlichen Ländern eine minime Abflachung. In der Schweiz ging der tägliche Fernsehkonsum 1997 um zwei Minuten auf 127 zurück. In Deutschland ging 1997 das tägliche Zeitbudget für das Fernsehen um elf Minuten auf 168 Minuten zurück.

Newsmüde

News-Sendungen werden da und dort seltener gesehen. Der Trend ist uneinheitlich. Aber weltweit zeichnet sich News-Müdigkeit ab. Trösten können sich die Fernsehsender nur damit, dass es den Zeitungen noch schlechter geht.

Vor allem die «heute»-Sendung des ZDF, die Hauptnachrichtensendung um 19h00, hat dramatische Einbussen zu verzeichnen. Der Marktanteil fiel seit 1992 um 12,3 Prozent auf 22,5 Prozent (im ersten Halbjahr 1997). Innerhalb von fünf Jahren verlor die Sendung 2,5 Millionen Zuschauer.

Etwas weniger schlecht, wenn auch schlecht, geht es der «Tagesschau» der ARD. Auch sie liess in den letzten fünf Jahren Federn und Marktanteile: allerdings weniger spektakulär als das ZDF – und weniger linear. Innerhalb von fünf Jahren verlor die ARD 1,8 Prozent Marktanteil und 160 000 Zuschauer. Doch die Statistik trügt. Sie verbirgt weit grössere Einbrüche.

Enthalten in der ARD-Statistik sind auch die Zuschauerzahlen vieler Dritter Programme. Diese schalten um 20h00 die ARD-Tagesschau auf. So, seit Januar 1997, der WDR, der Westdeutsche Rundfunk. Dies bringt der Statistik einen erheblichen Zulauf von Zuschauern. Würde man Gleiches mit Gleichem vergleichen, das Jahr 1992 und das Jahr 1996, so ergäbe sich ein Zuschauerschwund von 640 000 Personen.

Doch die Privaten haben wenig Grund zum Jubilieren. Die Goldgräber-Stimmung bei den Kommerzsendern ist vorbei. Ihre Einschaltquoten bei den Nachrichtensendungen stagnieren oder sinken. RTL hat im ersten Halbjahr 1997 erstmals Rückgänge zu verzeichnen. Und Sat1 klebt und klebt auf seinen 1,8 Millionen Zuschauern.

Auch in Österreich ist ein Rückgang zu verzeichnen. «Zeit im Bild», die 19h30-Nachrichtensendung des ORF, erreichte 1992 einen Marktanteil von 86 Prozent. 1996 waren es zehn Prozent weniger. Nur die Tagesschau des Schweizer Fernsehens konnte 1997 ihren hohen Marktanteil noch leicht verbessern: auf 65,3 Prozent.

Newsmüde?

In Deutschland schauen jeden Abend über 21 Millionen Menschen die Hauptnachrichten-Sendungen. Die starken Verluste von ZDF und die leichten Verluste der ARD sind von den privaten Sendern mehr als kompensiert worden. Aber: in jüngster Zeit scheint sich eine News-Müdigkeit bemerkbar zu machen. Sie greift auch auf die Privaten über. RTL aktuell verlor im ersten Halbjahr 1997 erstmals Zuschauer.

Zahlen in Millionen

	ARD-Tagesschau* (20h00)	ZDF-«heute» (19h00)	RTL aktuell (18h45)	Sat1 (18h30)	Pro 7 (19h30)
1992	9,10	7,42	2,89		
1993	8,52	7,07	3,58		
1994	9,25	6,39	3,67		
1995	8,35	5,19	4,05		
1996	8,46	5,16	4,63	1,80	
1997	8,94 *	4,92	4,52	1,81	1,07

*Enthalten in den Zahlen der ARD-Tagesschau sind die Zuschauer einiger Dritter Programme. Sie haben in den letzten Jahren begonnen, die Tagesschau um 20h00 aufzuschalten. Damit sind Vergleiche schwierig.

Marktanteile

	ARD-Tagesschau (20h00)	ZDF-«heute» (19h00)	RTL aktuell (18h45)	Sat1 (18h30)	Pro 7 (19h30)
1992	33,8	34,8	15,5		
1993	30,1	31,7	18,4		
1994	33,5	29,9	19,5		
1995	31,4	24,4	20,9		
1996	30,6	23,7	23,4	10,1	
1997	32,0	22,5	23,0	10,9	4,8

Bei den 14–49jährigen ist RTL aktuell die führende Nachrichtensendung in Deutschland. Die Nachrichten von Pro7 haben vor allem bei den 14–49jährigen Erfolg. Ihre Quoten liegen in dieser Altersklasse bei knapp zehn Prozent (bei den 14–29jährigen sogar über zehn Prozent).

Selbst das stolze CNN vermeldet starke Rückschläge. In den USA sahen 1995 täglich 572 000 Personen CNN. 1996 waren es noch 320 000. Die kleine Schweizer Tagesschau hat dreimal mehr Zuschauer als CNN. Auch die vier grossen Networks, NBC, ABC, CBS und Fox, verzeichnen Einbrüche. Ebenso fast alle britischen Nachrichtensendungen, allen voran die BBC.

In Frankreich, dem europäischen Trendsetter-Land, ist die Tendenz uneinheitlich. TF1 ist der grösste Kommerzsender Europas. Seine Hauptnachrichtensendung hat innerhalb eines Jahres eine halbe Million Zuschauer gewonnen. Auch die Regionalprogramme legen zu. Dagegen verliert die öffentlich-rechtliche Station France 2 unaufhaltsam.

Die letzten Jahre waren weltpolitisch ruhig. Zwar gab es Konflikte und Kriege. Aber sie beschäftigen die westliche Welt nicht unmittelbar. Ein internationaler Flächenbrand ist nicht abzusehen. Das mag einer der Gründe sein, weshalb die News weniger Publikum anlocken. Sie sind zu wenig spannend, wenig steht auf dem Spiel.

Gibt es andere Gründe für die sinkenden Quoten? Ist man übersättigt mit Elendsbildern? Sind die Nachrichtensendungen müde fabriziert? Wird zu kompliziert gesprochen? Sind die Reportagen langweilig inszeniert? Werden Themen angesprochen, die keinen interessieren?

Fast alle verlieren Geld

Im News-Geschäft herrscht Tumult wie in keinem andern Geschäft. Alles geht drunter und drüber. Die aufkommende News-Müdigkeit verschärft die Lage dramatisch. Die Konkurrenten schrecken vor nichts zurück. Für News-Sendungen werden weltweit jährlich 60 Milliarden Dollar investiert. Doch die Verluste sind gewaltig. Ausser in der Computerwelt wird nirgends soviel investiert – und nirgends soviel verloren.

News – ein Geschäft mit riesigen Kosten und riesigen Verlusten. Sogar edle Häuser wie Reuters verlieren: ihr eigentliches Nachrichtengeschäft ist defizitär. Reuters TV verliert pro Jahr schätzungsweise zehn bis zwanzig Millionen Dollar. Wettgemacht werden diese Verluste mit dem Verkauf von Wirtschaftsinformationen.

Auch APTV verliert Geld. Die Konkurrenz spricht von «vielen Dutzend Millionen Dollar». Das dementiert APTV, gibt aber keine Zahlen. Auch bei WTN (Worldwide Television News) ist das eigentliche Nachrichtengeschäft defizitär. Trotzdem verdient WTN ein ganz klein wenig Geld: drei Millionen Dollar pro Jahr. Doch der Gewinn stammt nicht aus dem

News-Geschäft. WTN dreht für die UNO und andere Unternehmen PR-Berichte.

Die meisten Fernsehsender müssen sparen. Viele sparen bei den Fernsehagenturen. Wächst der Fernsehmarkt überhaupt noch? Im Westen ist eine Sättigung eingetreten. «Ende des Jahrhunderts wird es nur noch zwei Fernsehagenturen geben», sagt Tim Arlott, Contract Manager von Reuters, «und wir werden sicher noch da sein.» Einig sind sich alle nur darin: längerfristig ist kein Platz für drei Agenturkolosse.

Der Verdrängungskampf ist grausam. «Viel Blut wird spritzen», heisst es am Hauptsitz von WTN. Auch dort gibt man sich kampfbereit: «Es wird nicht unser Blut sein.» Jede Agentur prophezeit den baldigen Sturz der andern. Geld verlieren im TV-News-Geschäft fast alle. Doch nicht nur die Fernsehagenturen machen Verluste: auch die meisten News-Sender. Viele sind schon angezählt.

... und keiner schaut hin

Viele wollen mit News das grosse Geschäft machen. Und fast alle fahren Verluste ein. Es wirkt masochistisch. Es gibt immer mehr Fernsehkanäle, die einzig News senden – rund um die Uhr. Man nennt sie All-News-Kanäle. Alle kopieren CNN. Doch alle neuen operieren jenseits des Paradieses. Sie investieren Milliarden – und verlieren Milliarden. Es gibt zu viele News-Kanäle. Sender ohne Publikum. Und immer neue stossen auf den Markt. Immer mehr Sender für ein newsmüdes Publikum. Nur wenige werden überleben.

News, News, News: Die Investoren bekämpfen sich aufs Messer. Die ganz Grossen jedenfalls glauben ans News-Geschäft. Würde sich sonst ein Rupert Murdoch, ein schlauer Finanzmann, ins Nachrichtenbusiness wagen? Allein mit seinen Soap Operas verdient er schon Milliarden. Wenn Bill Gates, der reichste Mann der Welt, ins Geschäft einsteigt, muss etwas zu holen sein.

Alle sind darauf vorbereitet, zunächst jahrelange Verluste zu schreiben. Bis sich der asiatische Markt auftut? Bis man in Osteuropa Geld verdient? Bis die News-Müdigkeit wieder abnimmt? Vor allem wartet man, bis die Konkurrenz auffliegt. Es ist, als wollten die ganz Grossen Terrain besetzen, um die Konkurrenz nicht zum Zuge kommen zu lassen – um in vielen Jahren vielleicht phantastische Gewinne zu schreiben.

Einen Verdrängungskampf im News-Geschäft gibt es nicht nur auf Erden. Auch oben, auf den Satellitenbahnen, wird gekämpft, wird um Kunden gerungen. Dort wird die betagte Generation der geostationären Satelliten ausgemustert. An ihre Stelle treteten ganze Horden kleiner Satelliten. Sie, die Leos (Low Earth Orbit), sind nicht mehr über dem Äquator parkiert. Die neue Satellitengeneration kreist wieder um die Erde. Investiert werden 150 Milliarden Dollar. Nicht alle, die heute gross einsteigen, werden überleben: weder hoch oben noch auf Erden.

Zuwenig Werbung für zu viele Sender

In den Kabelnetzen sind die Plätze ausgebucht. Die neue Digitaltechnik schafft Abhilfe. Pro Kabel können mehrere Stationen senden. Deshalb werden bald Hunderte von Sendern in unsere Wohnzimmer flimmern. Doch manche der TV-Stationen, die jetzt aus dem Boden schiessen, werden bald kapitulieren. Es gibt zuwenig Werbung für zu viele Sender. Vor allem in Deutschland.

Der Boom bei der Fernsehwerbung ist vorbei. Jährlich werden in Deutschland 1,4 Millionen Spots gesendet. Diese bringen den Fernsehsendern fast sieben Milliarden Mark. Das genügt nicht, damit alle überleben können. Jahrelang notierten die Fernsehanstalten bei der Werbung zweistellige Zuwachsraten. Das ist vorbei. Auch in der Schweiz stagniert die Fernsehwerbung. Zwischen 1993 bis 1995 legte sie (inklusive Sponsoring) um 40 Prozent zu. Zwischen 1995 und 1996 um 1,2 Prozent. Damit liegt die Schweiz im Trend. Beim französischen Privatgiganten TF1 sind die Werbeeinnahmen 1996 um bescheidene 3,5 Prozent gestiegen, 1996 waren es sogar nur 1,1 Prozent. Bei vielen Sendern gehen die Werbeeinnahmen schon zurück.

Einzig in Asien mit seinen drei Milliarden Menschen dürfte die Fernsehwerbung weiter anschwellen. Im Jahre 2005 könnte sie sechzig Milliarden US-Dollar erreichen.

«Der Schurke ist die Quote»

Früher war alles besser, vor allem in Amerika. Die siebziger Jahre brachten das Goldene Newszeitalter. Die grossen Networks lebten im Überfluss. Selbst die untersten Angestellten der grossen Sender flogen in der ersten Klasse. Allein CBS Evening News erwirtschaftete 1980 einen Gewinn von hundert Millionen Dollar pro Jahr. Das ist längst vorbei.

Fernsehmachen ist teuer. Jede Station braucht Werbeeinnahmen. Je höher die Einschaltquoten, desto höher die Werbeeinnahmen. Um überleben zu können, braucht man hohe Einschaltquoten. Keine Station kann unter Ausschluss der Öffentlichkeit senden. Sonst geht sie unter. Alle Fernsehstationen rund um die Welt buhlen um das Publikum, machen Konzessionen. Jede Zeitung tut das auch. Das ist ein Selbsterhaltungstrieb. Die Puristen zeigen mit dem Finger auf uns. Sie schreien uns an. «Ihr wollt nur hohe Quoten.» Aber sicher. Oder sollen wir teure Sendungen machen – und keiner schaut hin? Welche Veschwendung.

Jede Nachrichtensendung ist ein Mehrheiten-Programm. In 15, 20 oder 30 Minuten behandeln wir die wichtigste Aktualität: vom Krieg in Afrika bis zum Sieg der Springreiter in Aachen. Da ist kein Platz für Elitäres und Ausgefallenes, für Sonderthemen und pädagogischen Mief. Jede Tagesschau, jede Nachrichtensendung richtet sich an ein breites Publikum. Für Elitäres gibt es Spezialprogramme oder andere Medien. Sollen wir auf der Titanic tanzen und in die Wellen schreien, wie herrlich intellektuell und elitär wir sind? Und keiner sieht hin. «Der Schurke ist die Quote» («Sonntags Zeitung»).

Weniger Publikum, mehr Sender. Weniger Werbeeinnahmen, keine spektakulären Kriege. Harte Zeiten. Der Kampf um Quoten und Marktanteile war noch nie so barbarisch.

CNN – keine Gefahr

Milliarden werden für internationale News-Sender investiert. Bald können wir ein Dutzend von ihnen empfangen. Dennoch: der traditionellen Tagesschau werden sie nur wenig Zuschauer abjagen. Die All-News-Stationen haben ein Handicap: die meisten senden auf Englisch. Die Erfahrung zeigt jedoch: bei grossen internationalen Ereignissen haben die All-News-Kanäle Zulauf. Auch in den USA. Doch weniger als früher. Bei Grossereignissen sind heute alle Kanäle präsent – schneller als früher. Princess Di ist ein Beispiel. Bei ihrem Tod verzeichnete CNN einen Marktanteil von nur fünf Prozent. Alle andern amerikanischen Networks waren eben auch dabei. Doch noch immer gilt: je grösser das Ereignis, desto mehr Zuschauer für CNN. Im Alltag ist CNN keine Konkurrenz, weder für die europäischen noch für die amerikanischen Stationen. Doch Zeit zum Schlummern ist nicht. Bei vielen traditionellen Stationen herrscht Aufruhr, überall lauern Gefahren.

Die News-Sendungen der grossen amerikanischen Networks verlieren Millionen von Zuschauern – nicht an CNN, sondern an regionale Kabelstationen. Allein ABC hat innerhalb von sechs Jahren vier Millionen Zuschauer verloren. Andererseits setzt der französische Privatsender TF 1 wieder auf substantiellere News – und gewinnt innerhalb eines Jahres eine halbe Million Zuschauer. Mehr Regionales? Wieder mehr Substantielles? Weniger Gequatsche gescheiter Politiker?

Das Fernsehen von morgen wird nicht das Fernsehen von heute sein. Wer sich im Fernsehbusiness nicht bewegt, ertrinkt in den Wellen. Wer keine neuen Ideen hat, geht unter. Vor allem eines gilt: Fernsehleute haben nicht das Recht, die Zuschauer zu langweilen. Man kann attraktiv sein – und gleichzeitig seriös.

Ende der Leichenstarre

Die News-Sendungen werden attraktiver

Die Fernsehnachrichten aller Welt hatten bis vor kurzem eins gemein: sie waren schrecklich langweilig. Da sprach ein Journalist drei Minuten lang über die dritte Lesung der vierten Gesetzesvorlage zur Ladenschlusszeit für homöopathische Läden. Da ging es zwei Minuten lang um die Eintretensdebatte zur Verordnung über den Verkauf von Maikäfervernichtungspulver. Da gab es zweieinhalb Minuten über den drohenden Machtkampf in Tadschikistan. Wo ist Tadschikistan?

Weshalb sinken da und dort die Einschaltquoten? Weil der Verlautbarungsjournlismus aus den Bundeshauptstädten keinen interessiert? Weil die Grimassen unserer Politiker keine kollektive Berauschung auslösen? Weil ihre Sprechblasen keiner mehr ernst nimmt? Weil wir bei fernen Konflikten tief ins Detail steigen? Oder werden uns die Zuschauer untreu, weil sie die ewigen Belehrungen des pädagogischen Journalismus satt haben?

Weshalb laufen der BBC die Leute davon? Weil der «Rhythmus der Sendung langsam ist»? Weil die Moderatoren «steif und humorlos» («Le Monde») sind? Weil es «an Punch und Phantasie fehlt»? Weil die Sprache «steif und obsolet» ist (Peter Fiddick, Medienberater)?

Dem Nachrichtenjournalismus stand bisher die Maxime zugrunde: was langweilig ist, ist seriös und intellektuell. Seriös und intellektuell wollten alle sein. Gescheite Medienexperten, vor allem deutsche, lehrten das professorale Fernsehen mit pädagogischem Anspruch. Ergebnis: Die News-Sendungen waren fad und eintönig, monoton und einschläfernd. Diagnose: eintretende Leichenstarre.

Man war weit weg von den Alltagsproblemen der Zuschauer. Man sprach kompliziert – und gebildet natürlich. Die ARD-Tagesschau, dieser blutleere Saurier, pflegt heute noch diesen Stil – mit erodierendem Erfolg. «So würde kein protestantischer Pfarrer zum Ende der neunziger Jahre seine Konfirmandenstunde herunterbeten» («Spiegel»). Oder die katholische Version: «Lange Zeit noch», schreibt Thomas Kreyes von RTL, «hätte der

Tagesschau-Sprecher die Nachrichten auch in Latein und vor zwei brennenden Kerzen verlesen können.» Und keiner hätte es gemerkt.

Das Paläozoikum der Fernsehnachrichten dauerte bis Anfang der neunziger Jahre. Als erste wagten die Österreicher die geistige Entrümpelung. Heute heisst die Devise weltweit: mehr Attraktivität und Tempo, mehr Rhythmus und weniger langweilige Politik, mehr Bürgernahes und mehr live. Der Zuschauer hat einen Zapper in der Hand. Ein wenig Langeweile – und zapp.

Weniger müde Politiker

Alle News-Programme wollen eins: weniger schlaffe Politiker. Jahrelang haben wir die Zuschauer gelangweilt mit den Selbstdarstellungen unserer Volksvertreter. Allzu lange hingen wir am Rockschoss der Politiker. Das ist vorbei. Nicht alles, was Politik ist, ist wichtig. Nicht alles, was Politiker von sich geben, verdient es, vor Millionen von Zuschauern ausgebreitet zu werden. Die Latte für die Auftritte der Politiker wird höher gelegt. Sie müssen künftig mehr bieten, um in die Fernsehnachrichten zu kommen. Sie müssen substantieller sein, damit sie ins Scheinwerferlicht gerückt werden. Nichtssagende Statements – weg damit. Diplomatische Floskeln – weg damit. Offizielle Verlautbarungspolitik, nein. Die Zeit der Zuschauer ist allzu kostbar, um ihnen die Rhetorik müder Politiker zuzumuten. Es zeugt von Respekt für die Zuschauer, wenn wir die politische «langue de bois» eliminieren.

Alain Peyrefitte, der frühere französische Informationsminister, forderte vom Fernsehen: «Mehr Bilder, weniger Geschwätz.» Weniger schwatzhafte Politiker. Albert du Roy von France 2: «Wir wollen nicht mehr wie bisher nur Entscheidungsträger und Experten einladen. Wir wollen künftig auch Leute, die Erfahrung mit einer Situation und einem Problem haben.»

Für viele Politiker ist das Fernsehen eine Tribüne, eine Wahlkampfplattform. Ihr Diskurs bringt selten Informationen. Viele sprechen doppelzüngig: in Vorgesprächen oder im Schminkraum erzählen sie Spannendes. Am Bildschirm dann die grosse Enttäuschung: vorsichtiges, diplomatisches Geschwätz.

Auch das Publikum hält wenig von Politikern. In Frankreich führte 1997 «Le Nouvel Observateur» eine Meinungsumfrage durch. Am besten schnitten die Wissenschafter ab. 83 Prozent der Befragten haben Vertrauen in sie. Am schlechtesten taxiert wurden die Politiker. Nur 29 Prozent vertrauen ihnen. Die Journalisten schnitten weit besser ab: sie kommen immerhin auf 41 Prozent.

Verantwortlich für die Langeweile sind die Politiker nicht allein: auch die Journalisten sind es. Sie sind es, die die Politiker bestürmen und ihnen Erklärungen abringen. Auch wenn es nichts zu erklären gibt. Und wenn es nichts zu sagen gibt, dann sind Erklärungen eben nichtssagend. Pro Tag und Sender gibt es immer mehr Nachrichtensendungen. Und für jede Sendung will man neue Erklärungen. Auch wenn es nichts Neues gibt. Diese Inflation der Sendungen fördert die Leere der politischen Statements.

Manche Journalisten hausen in politischen Elfenbeintürmen. Ihre Berichte sind Balladen aus dem Polit-Ghetto. Ihr Leben besteht aus Bundesrat und Bundestag, aus Nationalrat und Ministerien. «Haben wir nicht eine allzu politische Vision der Politik?» fragte Gérard Carreyrou in «Presse Actualité». «Wir kennen alle Politiker, verbringen einen Teil unseres Lebens mit ihnen, wir essen ständig mit ihnen: das führt dazu, dass ihre kleinen Familiengeschichten auch die unsern werden.»

Die Gefahr besteht, dass diese Journalisten nicht mehr zum Publikum sprechen. Sie verfassen Berichte für ihre kleine Welt, für ihre Copains, die Minister, für ihre Freunde, die Abgeordneten. Edwy Plenel von «Le Monde» nennt das «journalisme de fréquentation».

Keiner legt ein Ei

Nichts ist unattraktiver als Berichte aus den Regierungshauptstädten. Bildgewordene Eintönigkeit. Ein Schwenk über das Parlament von links nach rechts. Ein Schwenk von rechts nach links. Trocken, belanglos. Zwischenschnitt auf schreibende Politiker. Zwischenschnitt auf Zuschauer. Halbtotale einiger Oppositionspolitiker. Im Bosnien-Krieg bewegten sich immerhin einige Panzer, in Kinshasa marschierten Rebellen ein und schossen in die Luft. Aber in den Bundeshauptstädten?

Da wird kenntnisreich gesprochen. Jeder gackert, und keiner legt ein Ei. Urs Meier beschreibt die Hauptstadt-Berichterstattung in «Medium» so: «Oberflächlich dramatisierte und unnötig dynamisierte Bilder, Füllbilder ohne Informationswert, hektische Schnittfolgen, Text-Bild-Scheren, komplizierte Sprache, Konfusion der Aussageebenen und Voice-over-Übersetzungen.»

Ob Bundesrat oder Bundestag, ob National- oder Ständerat: für die Journalisten ist jede Regierungsberichterstattung eine ewige Herausforderung, ein ewiger Kampf gegen das Wegzappen der Zuschauer. «Nirgends liegen die schlechten Bilder näher als die guten ferner», sagt der frühere RTL-Mann Dieter Lesche. Nichts ist schwerer, als politische Entwicklungen fernsehgerecht darzustellen. Nur wenn Politik Kampf und Spektakel ist, kommt sie über den Bildschirm. Das kann im deutschen Bundestag der Fall sein. Seine kabarettistischen Blitz-und-Donner-Einlagen sind oft verzückend; im schweizerischen Nationalrat geht es weniger toll zu. Wie präsentiert man die Verwaltungsreform des Bundespersonals in telegener Attraktivität?

Die Italiener haben solche Sorgen nicht. Da steht ein RAI-Journalist vor dem Montecittorio-Palast. Er spricht viereinhalb Minuten in die Kamera. Einmal fällt ihm ein Blatt aus der Hand. So spannend kann politische Berichterstattung sein.

Die Hauptnachrichten-Sendungen haben einen Nachteil: im Gegensatz zu den Magazin-Sendungen haben sie Pflichtstoff. Die Fernsehkonzession schreibt vor: die Hauptnachrichten müssen über die wichtigen politischen Ereignisse berichten. Was wichtig ist, kann aber unattraktiv sein – vom Bild her.

Politische Hofberichterstattung ist mehr und mehr verpönt. Die Tendenz ist klar: mengenmässig senden wir weniger Politik. Aber die neuen Fernsehnachrichten sind nicht unpolitisch geworden. Wir wollen nur das senden, was Substanz hat. Kein Gegacker und kein Gewäsch. Wir wollen Politik kontradiktorisch abhandeln. Der Minister hat nicht mehr das letzte Wort. Wir gehen zu den Betroffenen, den kleinen Leuten, den Arbeitslosen. Auch das ist Demokratie.

Die Kommerzsender haben es als erste gemerkt: in den USA und in Frankreich. Dann auch in Deutschland. Sie berichten nur noch über die grossen politischen Themen. Der französische Sender TF1 hatte als erste die Politberichterstattung gestutzt: mit riesigem Erfolg. Trotzdem kommt die Politik nicht zu kurz.

In Deutschland ist RTL aktuell die unpolitischste aller Prime-Time-Sendungen, das ZDF die politischste. Verliert das ZDF deshalb so viele Zuschauer? Bei RTL aktuell betreffen 47 Prozent aller Themen die Politik. Bei der ARD sind es 61, beim ZDF 65 Prozent. Auch in der Schweizer Tagesschau ist der Anteil der politischen Berichterstattung drastisch zurückgegangen.

ZDF – fast nur Politik

Themenstruktur der wichtigsten Nachrichtensendungen Deutschlands. Welchen Anteil hat die Politik? ZDF und ARD sind die Sender mit dem höchsten politischen Anteil. Am wenigsten politisch ist RTL aktuell. Folgende Zahlen geben den prozentualen Anteil der Themen an der Gesamtsendung.

	Tagesschau 20 Uhr	Tages-themen	heute 19 Uhr	heute Journal	RTL aktuell	Sat 1 18:30	Gesamt
Politik im weiteren Sinne	79	73	80	78	53	62	72
Innenpolitik	21	21	24	22	15	17	20
Internationale Politik	38	30	35	34	22	27	31
Wirtschaft	11	11	10	10	5	5	9
Gesellschaft	9	11	11	12	11	13	11
Nichtpolitische Themen	21	27	20	22	47	38	28
Sachgebiete	3	7	5	5	7	3	5
Kriminalität/Katastrophen	6	8	9	7	15	17	10
Human interest/Unterhaltung	2	5	4	7	11	11	6
Sonstiges	10	7	2	3	14	6	7
Gesamt	100	100	100	100	100	100	100

(Quelle: Udo Michael Krüger in Media Perspektiven 5/97)

«Ungewaschene Analphabeten»

In allen Ländern richten sich die News-Programme nicht in erster Linie an Meinungsmacher, an Entscheidungsträger. Die sitzen um 19h30 an der Arbeit oder stehen an der Cocktailparty. Das Publikum, das wir ansprechen, kommt aus tiefen Landen. Oft aber tun wir so, als hätte jeder Zuschauer eine ökonomische oder juristische Bildung, als kapiere er jede polit-diplomatische Finesse. Oft sprechen wir am Publikum vorbei. Nachrichtensendungen sind keine Sendungen für höhere Wirtschaftsberichterstattung, für langweilige Politik, die nur Politiker interessiert, für verstaubte Kultur, die nur Verstaubte begeistert.

Niemand wollte in den USA so recht zugeben, schreibt Porter Bibb überspitzt, dass unsere eigentlichen Zuschauer «das ungewaschene, ungebildete, des Lesens und Schreibens kaum kundige Publikum war». Ein Publikum, das «keinen andern Zugang zu News oder Informationen hatte und deshalb von den TV-News abhing».

Niemand macht News für ungewaschene Analphabeten. Aber wir machen nicht nur News für hochgebildete Schichten. Wir wollen News für alle machen. Wir wollen für alle verständlich sein.

«Was interessiert mich Turkmenistan?»

Ferne Konflikte und Probleme bewegen schon längst nicht mehr. «Was interessieren mich die Wahlen auf den Falklands? Was geht mich die Opposition in Bolivien an?» Es gibt einen klaren Trend: man zeigt zunehmend das, was vor der Haustür stattfindet. Nicht nur das Fernsehen folgt dieser Entwicklung: Presse und Radio fahren auf der gleichen Schiene – mit wenigen Ausnahmen. Der Mensch lebt in einem Lebensraum: darüber will er informiert sein.

Die Hinwendung zum Nahen hat verschiedene Gründe: das Nahe ist heute wichtiger als früher – und das Ferne weniger wichtig. In der Nachkriegszeit war die internationale Politik wichtig: der Kalte Krieg und der Kalte Frieden lasteten auf der Welt. Überall Spannungen. Sie hätten neue regionale Kriege auslösen können – oder gar weltumspannende.

Der Kalte Krieg ist vorbei. Kein Konflikt, kein regionaler Krieg ist heute eine internationale Bedrohung. Also berichtet man weniger über das Internationale. Anderseits: die westlichen Staaten befinden sich in einer Wirtschaftskrise.

Betriebsschliessungen, Umstrukturierungen, Arbeitslosigkeit lastet auf allen. Neue Modelle werden getestet. Nicht nur die 35-Stunden-Woche. Entwicklungen, die uns direkt betreffen: unsere Finanzlage, unser Leben. Wenn es ums eigene Wohl geht – was interessiert da die Oppositionsbewegung in Turkmenistan?

Jede Nachrichtensendung hat eine vorgegebene Länge: fünfzehn Minuten, zwanzig Minuten, dreissig Minuten. Je mehr man über die eigenen Probleme berichtet, desto weniger Platz für internationale Themen, für internationale Politik. Zwar berichten alle deutschen Fernsehstationen noch immer häufiger über internationale Politik als über nationale. Auch die Kommerzsender, auch RTL. Aber: bei allen Sendern ging der Anteil der Auslandberichterstattung zurück. Er stagniert jetzt auf hohem Niveau.

Bei der ARD-Tagesschau befassen sich 38 Prozent der politischen Themen mit Aussenpolitik; 21 Prozent mit Innenpolitik. Bei RTL aktuell, der Prime-Time-Sendung um 18h45, gibt es 22 Prozent Aussenpolitik und 15 Prozent Innenpolitik. Betrachtet man aber alle Themen, nicht nur die politischen, so ist ein klarer Vormarsch der nationalen Berichterstattung festzustellen.

Früher fragte man bei einem Unglück, einer Katastrophe: wie viele Opfer gibt es? Gab es viele Opfer, wurde daraus eine Fernsehmeldung. «Heute ist die Zahl der Verunglückten unwichtig», sagt Robert Burke, der Präsident von WTN (Worldwide Television News). «Heute fragt man: welcher Nationalität sind die Opfer?» Gibt es zwei tote Amerikaner, macht man eine Geschichte. Gibt es vierhundert tote Liberianer, macht man nichts. Alle funktionieren so, auch wir: drei Tote auf der Autobahn Zürich–Bern: eine Meldung. Dreihundert Tote in Burundi: nichts. Es gibt eben Tote und Tote.

«Less rubbish, more news»

Weniger Internationales, mehr Nationales. Die Entwicklung geht noch weiter. Vor allem in grossen Ländern nimmt das Interesse an der nationalen Politik ab. Die Maxime lautet: mehr Regionales. «Die Amerikaner schauen weniger nationale und internationale Nachrichten», sagt Steve Haworth von CNN. Sie wollen Regionales.

In Amerika, dem Nabel der Welt, hat noch nie Interesse für das Fremde bestanden. Kein Land hat einen so engen Horizont wie die USA. Jeder Bantu-Neger mit Primarschule weiss mehr von der Welt als ein High-school-Girl. Internationale Themen interessieren nur, wenn eigene Boys am Werken sind. Wie in Vietnam oder am Golf. In den USA brachte das Massaker auf dem Tienanmen-Platz CNN einen Marktanteil von nur zwei Prozent. Der Putsch gegen Gorbatschow (1991) immerhin drei Prozent. Der Fall der Berliner Mauer, eines der spektakulärsten Nachkriegsereignisse, verfolgten bei CNN zwei Prozent.

Associated Press, die grösste Nachrichtenagentur der Welt, hat in jedem amerikanischen Staat einen ausgebauten Regionaldienst. In allen europäischen Ländern wünschen sich die Zuschauer «mehr regionale Berichterstattung». Das zeigen Meinungsumfragen.

In Frankreich hat France 3, «la chaîne de la proximité» (der Kanal des Nahbereichs), die regionale Berichterstattung energisch ausgebaut. Mit spektakulärem Erfolg. Alle andern Sender wurden in den Schatten gestellt. Das französischsprachige Schweizer Fernsehen ist dabei, regionale Redaktionen aufzubauen – ein teures Unternehmen.

Auch die privaten Regionalsender sehen ihre Chance immer mehr in den News. In den USA fressen sie den grossen Networks Millionen von Zuschauern weg. Auch in Europa versuchen sie es. Das Kabelfernsehen Channel One in London hat eine neue Philosophie: «Less rubbish and more news» (weniger Mist und mehr News).

Bei allen Sendern hängt man die Latte tiefer. Selbst Lokales kommt heute in die Hauptnachrichten: Unfälle mit zwei Toten, der Brand eines Bauernhauses, der Absturz eines Kleinflugzeuges. Vor wenigen Jahren noch undenkbar.

Auch die grossen internationalen Nachrichtenkanäle fördern die regionale Berichterstattung. CNN International – das ist längst kein Programm mehr für die ganze Welt. Es gibt regionale Ausgaben: für Europa und Asien, für Lateinamerika und Afrika. «We are regional now», heisst der neue Leitspruch von CNN. Auch BBC World folgt jetzt diesem Trend. Bloomberg TV sendet sowohl aus den USA als auch aus Lateinamerika, dem Fernen Osten und Europa.

Lieber schlechte Bilder als keine

Vorbei die Zeiten der Hochglanzreportagen. Wir wollen rasch Bilder vom Geschehen. Auch wenn es hastige Bilder sind. Ob sie ideal ausgeleuchtet sind, ist zweitrangig. Ob der Ton stimmt, ist drittrangig. Die Devise heisst: Lieber Bilder, deren Qualität zu 70 Prozent befriedigt – als gar keine Bilder.

Da stürzt ein Flugzeug ab. Es ist Abend. Ein Journalist rast zum Unfallort. Mit einer Video-Kamera dreht er erste Bilder. Er fährt zurück in die Zentrale. Die Bilder sind etwas fad, zum Teil gar unscharf. Doch man sieht alles: die Trümmer, die Verletzten. Es reicht gerade für die Tagesschau.

Inzwischen ist auch ein professionelles Team vor Ort: Kameramann, Tontechniker, eine teure Kamera. Die Bilder sind qualitativ bestechend. Doch für die Tagesschau ist es zu spät. Und am nächsten Tag sind die Bilder alt. Morgen ist immer zu spät. Das gehört zu unserem Beruf. Besser heute schlechte Bilder als morgen gute.

Die Traditionalisten heulen auf: «Ihr treibt das Medium in den Ruin, ihr seid die Todesengel des Berufes, ihr vergiftet die Qualität.» Aber

Nachrichtensendungen sind kein Kunstwerk. Zuerst zählt die Information. Erst dann das perfekte Bild, der professionelle Schnitt.

Schnell sein bedeutet alles. Die Konkurrenz lauert. Es wird mehr und mehr regionale News-Sender geben. Auch das Radio wird irgendwann zur Konkurrenz. Auch bei uns werden Radiostationen entstehen, die nur News senden – rund um die Uhr. Von ihnen wird Druck auf uns erzeugt. Eine Nachrichtensendung darf nie im Ruf stehen, etwas zu verpassen.

Das Tempo der neuen Nachrichtensendungen stellte hohe Ansprüche an die Infrastruktur. Kamerateams und Journalisten müssen abrufbereit sein wie Feuerwehrkommandos. Auch grosse Fernsehstationen setzen immer häufiger Veejays ein. Veejays, von V.J., sind Video-Journalisten, Einzelkämpfer. Sie sind flexibel und billig und tun alles: Kamera und Ton, sie schreiben und schneiden.

Immer mehr bieten uns Privatpersonen Bilder an. Private sind unsere besten und billigsten Reporter. Da gibt es nicht nur das Hochzeitspaar am Strand der Komoren. Immer wieder kriegen wir Anrufe: wir haben dieses oder jenes gefilmt. Im Berner Oberland stürzte ein Ballon ab – gefilmt von einem amerikanischen Touristen.

O.J. Simpson – 1400 Stunden live

Ein Hotelturm brennt. Früher waren Fernsehstationen glücklich, wenn sie Bilder von rauchenden Trümmern hatten. Heute will man Flammen, die Rettungsaktion – alles live. Mit dieser Philosophie hatte Reese Schonfeld, der erste Präsident von CNN, das Fernsehen revolutioniert. Schonfeld: «Wir brauchen mehr Breaking News (von: «to break», unterbrechen, News, die das Programm unterbrechen). Geschieht Grosses, geht man sofort auf Sendung damit. Das vermittelt dem Zuschauer den Eindruck von Aussergewöhnlichem. Das ist ein Riesengeschäft, denn die Werbung purzelt.

Auf der Autobahn wird nach O.J. Simpson gejagt. Stundenlang sind die Kameras dabei. Helikopter überfliegen die Autobahn und filmen den sinnlos Enteilenden. Die PR-Firmen entschlossen sich kurzfristig, Werbezeit zu kaufen. Live – das erhöht die Einschaltquoten. Live bringt Überraschung. Es gibt den Zuschauern das Gefühl, mit dabeizusein.

Den Prozess gegen O.J. Simpson übertrugen die amerikanischen Fernsehstationen live – während 1400 Stunden. Unterbrochen von Werbespots. Auch die Urteilsverkündung wurde live verkündet – verfolgt von 100 Millionen Amerikanern und weiteren hundert Millionen Nicht-Amerikanern.

Die ersten Spots nach der Urteilsverkündung sanierten CBS für drei Monate. Im Fall des belgischen Kinderschänders Dutroux wurde eine Verhandlung live übertragen – zu mitternächtlicher Stunde. Nie zuvor sassen so viele Belgier vor dem Bildschirm. Noch nie wurde so viel Werbezeit gekauft.

Am Vierwaldstättersee drohte 1992 eine riesige Felsmasse abzubrechen. An einem Nachmittag im April wurde der Fels gesprengt – vom Fernsehen live übertragen. 83,6 Prozent sahen zu. Der grösste Marktanteil in der Geschichte des Schweizer Fernsehens. Und wenn die Urteilsverkündung im Zwahlen-Prozess live gesendet worden wäre? Der Schweizer Bruno Zwahlen war vom Vorwurf freigesprochen worden, seine Frau getötet und in einer Tiefkühltruhe gelagert zu haben. Man bräuchte Zwahlen-Prozesse, eingepackt mit Werbung.

Nachrichtenkanäle lechzen nach Breaking News. Sie erhöhen die Einschaltquoten. Bei traditionellen Sendern stellen sich Probleme. Will man den Spielfilm unterbrechen, weil ein Hotel brennt? Ist das Ereignis gross genug? Immer mehr werden jetzt Kanäle bereitgestellt, um schnell Breaking News zu senden. In Deutschland gibt es Phönix, den Live-Kanal von ARD und ZDF. In der Schweiz übernimmt SF2 dieses Rolle. In Frankreich geht La Chaîne Info (LCI) immer häufiger live an den Stoff.

Früher wurde der Staatspräsident ermordet, und der Fernsehzuschauer erfuhr es nicht. Oder viel später. Es gehörte zur Tradition vieler Sender, dass sie reaktionsfaul waren. Programme wurden selten unterbrochen. Man war nicht fähig dazu. Nach der Ermordung des Staatspräsidenten sah der Zuschauer noch eine halbe Stunde lang, wie Lassie seinen Meister suchte. Als er ihn gefunden hatte, gab es – im besten Fall – ein kurzes Nachrichtenbulletin oder einen Rolltitel.

Weltuntergang – zur Prime Time

Heute ist das anders. Breaking News: Da stehen Helikopter mit Teams bereit, Techniker, die in wenigen Minuten eine Satellitenverbindung hinkriegen.

Nicht nur die ganz grossen, auch die regionalen Fernsehanstalten pushen Ereignisse, machen sie zum Medienspektakel. In New York springt ein Selbstmörder aus dem zwölften Stock. Zehn Minuten später geht New York One auf Sendung, vom Ort des Geschehens aus. Noch ist der Arzt da, die Leiche wird abtransportiert, Interviews mit Augenzeugen, die Suche nach der Familie – das Ganze eine ganze Sendestunde lang.

Die All-News-Networks haben alle herausgefordert. Auch in Europa schiessen Live-Übertragungen aus dem Boden. Nach dem Tod von Princess Di wurden an der Place de l'Alma sieben Live-Kameras aufgebaut. Auch vom Spital aus wurde live gesendet. Beim Hochwasser im Oderbruch hatte jeder deutsche Fernsehsender ein mobiles Studio aufgebaut, bei Hohenwutzen oder anderswo. Journalisten stehen in Kinshasa oder London, in Paris oder Belfast: alle erzählen, was man weiss, gerade jetzt. Es gibt nichts Aktuelleres als live.

Die Zuschauer wollen dabei sein – gerade jetzt, da es passiert. Live ist intensives Miterleben. Das Fernsehen, auch die Fernsehnachrichten, werden zur Reality Show. Fernsehstationen sind ehrgeizig geworden. Sie wollen eigene Journalisten am Ort des Geschehen zeigen und befragen. Live vermittelt den Eindruck von Authentizität. Was live ist, kann nicht manipuliert werden. Reporter vor Ort wissen (oft) mehr, als über die Nachrichtenagenturen gemeldet wird. Alle wollen ihre Reporter in Aktion zeigen.

Auch Poliker und politische Parteien wissen um die Attraktivität des Live. Viele Ereignisse lässt man geschehen – exakt zur Zeit der Nachrichtensendungen. Staatspräsidenten sprechen live zur Zeit der Tagesschau. Parteikongresse planen ihre Höhepunkte für die Zeit der Nachrichtensendungen. Wann wird der amerikanische Präsidentschaftskandidat erkoren? Live während der Hauptnachrichtenzeit. Und wann hat der Golfkrieg begonnen? Exakt während den amerikanischen Hauptnachrichten um 18h30. Selbst Pablo Escobar, der kolumbianische Drogenchef, liess seine Geiseln «rechtzeitig für die Sieben-Uhr-Nachrichten» frei (Gabriel Garcia Marques). Und wenn die Welt untergeht, wird es zur Prime Time geschehen.

Bis vor kurzem waren Live-Übertragungen schwerfällig. Da fuhr ein riesiger Übertragungswagen mit viel Personal an den Ort eines Geschehens. Mühsam peilte man eine Richtstrahlantenne oder einen Satelliten an. Die Anlaufzeit war so lang, dass spontane Einsätze kaum möglich waren. So war das Live lange Zeit ein Privileg des Sportes. Doch Sportereignisse sind planbar. Im Gegensatz zu Breaking News.

Viel hat sich geändert. Die Übertragungswagen sind winzig geworden. Die Übertragungstechnik ist leicht zu handhaben. Mit wenig Personal sind schnelle Kurzeinsätze möglich. Man peilt Satelliten an, auch für die Inlandberichterstattung. Das bedeutet: man kann von (fast) überall aus problemlos senden. Ein Live-Bericht von Niederglatt ins zehn Kilometer entfernte Fernsehstudio kann über einen geostationären Satelliten gehen. Dieser hängt 36 000 Kilometer über dem Äquator. Für zehn Kilometer fast 80 000 Kilometer Umweg. In der Schweiz gehen etwa die Hälfte der Fernsehverbindungen über Satellit, die andere Hälfte über Richtstrahl.

Spontane Einsätze häufen sich. Geht um neun Uhr früh im Berner Oberland eine Lawine nieder, so können wir um 13h00 die Mittagstagesschau damit beginnen. Da steht ein Reporter am Ort des Geschehens. Er berichtet über die Zahl der Verschütteten.

Vom Himmel hoch… : Geos und Leos

Eine Satellitenschüssel (Parabolantenne) bringt rund 30 Stationen in die Wohnstube. Die Fernsehsender schicken ihre Programme zu einem geostationären Satelliten. Dieser strahlt die Programme zurück auf unsere Parabolantenne. So gelangen sie in die Wohnstube.

Die geostationären Satelliten, die Geos, befinden sich über dem Äquator: auf einer Höhe von knapp 36 000 Kilometern. Dort gleichen sich Anziehungskraft der Erde und Fliehkraft aus. Die Geos fliegen gleich schnell, wie die Erde sich dreht. Deshalb hängen sie über dem gleichen Punkt über dem Äquator. Es ist, als wären sie parkiert, als würden sie sich nicht bewegen. Die Satelliten für Europa sind über dem westlichen Afrika parkiert.

1965 war der erste kommerziell genutzte Nachrichtensatellit auf eine Umlaufbahn gebracht worden: Intelsat 1, genannt Early Bird. Er stellte die ersten Fernseh- und Telefonverbindungen über den Atlantik her. Die Zeit der transatlantischen Seekabel ging zu Ende.

Jetzt taucht eine neue Satellitengeneration auf. 1700 Satelliten sollen bis zum Jahr 2008 ins All geschossen werden. Sie kosten 150 Milliarden Dollar. Sie, die Leos (Low Earth Orbit), sind leistungsstärker und billiger als die geostationären Satelliten. Früher kostete ein Satellit 150 Millionen Dollar. Heute sind sie für einen Drittel zu haben.

Die Leos sind nicht über dem Äquator parkiert: sie kreisen um die Erdkugel mit 25 000 Kilometern die Stunde. Sie können nur kleine Gebiete der Erde bestrahlen. Deshalb muss am Himmel ein Satellitennetz aufgebaut werden. Die Signale werden dann von Satellit zu Satellit weitergereicht.

Die neue Satellitengeneration fliegt weniger hoch als die Geostationären.
Die Umlaufbahn der Leos liegt auf einer Höhe von 500 bis 1300 Kilometern.
Da sie niedriger fliegen als die Geos, ist die Signalverzögerung geringer. Bei
den Geostationären hatte sie eine halbe Sekunde betragen. Auf Erden braucht
es kleinere Parabolantennen.

Auch Live-Einsätze im Ausland sind immer einfacher. Der Himmel
hängt voller Satelliten. Da werden mitten im Urwald Parabolspiegel aufgebaut und Satelliten angestrahlt. Und schon steht die Verbindung mit Kisangani und dem Studio in Europa. Da steht unsere Journalistin im Flüchtlingslager und berichtet.

Neuer Beruf für Draufgänger

Die Live-Euphorie schafft einen neuen Beruf: Private bieten den Fernsehstationen Satellitenverbindungen an. «Ich organisiere ihnen die Verbindung
zwischen dem Tagungszentrum in Madrid und dem Fernsehstudio in
Zürich. Preis pro Tag: dreitausend Franken, Kamera und Schnitt inbegrif-
fen.» Da reist der Private mit einem Renault Espace an. Auf dem Dach
einen Parabolteller. Der Wagen verfügt über Kamera, Ton und Schnittplatz.
Ein Satellitensucher, eine kleine Maschine, peilt einen geostationären Satelliten an. Ein einziger Mann tut alles: er richtet die Satellitenverbindung ein,
er ist Kameramann und Cutter in einem.

Viele Draufgänger und Abenteurer sind heute im Geschäft. Das Aufkommen dieser neuen Gattung von Freelancern bringt die staatlichen Tele-
com-Betriebe in Bedrängnis. Die privaten Herausforderer sind oft billiger
als Telecom. Überall schiessen private Unternehmen aus dem Boden. In
England gibt es zum Beispiel die Firma Solo. «Wenn ich», so der Firmen-
inhaber, «einen Dreitagesvertrag erhalte, so reise ich mit meinem News-Van
auch nach Sizilien.»

Die News-Sender des Radios pflegen das Live schon lange. Da mar-
schieren die Protestanten des Orange Ordens durch Belfast – im Umzug
befindet sich ein Reporter von News Direct, einem Londoner Nachrichtenkanal auf der Frequenz 97,3. Alle halbe Stunde gibt es – per Mobiltelefon –
live einen Bericht. Wie ein Fussballmatch kommentiert der Journalist

nwürfe und Unruhen. Durch die Gran Via in Madrid zieht ein Demonstionszug von Zehntausenden. Man manifestierte gegen die Ermordung eines Lokalpolitikers. Mireille L., Reporterin von France Info, berichtet jede halbe Stunde – live per Handy. Aktueller kann man nicht sein. Das Radio hat riesige Trümpfe. Dass es sie ausspiele...

Der Zuschauer auf der Bühne

Das neue Fernsehen will näher an die Zuschauer. Es will nicht nur Politiker und Experten interviewen. Es will die Zuschauer einbeziehen: Augenzeugen, direkt Betroffene. Brennt ein Hotel, dreht man eine Reportage. Man zeigt die Bilder der Brandruine, die Verletzten. Dann aber schaltet man an den Ort des Geschehens – live. Man befragt einen Feuerwehrmann oder den Besitzer der Kneipe von nebenan. Er hat alles gesehen. Er erzählt, wie es war. Die Information wird noch aktueller, noch glaubhafter. Man schafft einen Bezug zum Zuschauer. Er, oder einer von ihnen, tritt immer auf. Es gibt Theaterstücke, da holt man Zuschauer auf die Bühne, bezieht sie ein, gibt ihnen eine Rolle. Heute gibt es News à la Pirandello.

Begonnen hat es in lateinischen Ländern. Vor vielen Jahren. Der italienische Schriftsteller Umberto Eco («Der Name der Rose») hat den Begriff der Neotelevision geschaffen (zusammen mit Francesco Casetti und Roger Odin). Grundsatz: man berichtet über das, «was die Leute interessiert». Und: die direkt Betroffenen werden dazu befragt. Der Mann und die Frau auf der Strasse. Nadelgestreifte Notablen haben ausgeredet. So familiarisiert man die Zuschauer mit dem Sender, baut Distanzen ab.

Erstmals Sex mit 74

Leute erzählen von Liebe und Gewichtsproblemen. Ein Mann sitzt da. Mit 74 hat er zum ersten Mal Sex. Dann eine Aids-kranke Mutter im Studio. Ihr Sohn hat eine Bank überfallen. Ihre Tochter ist Prostituierte mit einer Niere. Deren Sohn ist mit 15 Alkoholiker. Je misslicher, desto besser. «Einmalige Stücke von Sozialpornographie», schreibt das österreichische Nachrichtenmagazin «Profil». Man weint in die Kamera. Tränenreiches Eintauchen in menschliche Unzulänglichkeiten. Der Moderator hilft weiter. Das Genre wurde zum Spitzenrenner. Dann schwappte es auf deutsche Lande über. Auch in Britannien verzeichnet das Genre Höhenflüge. Von Italien weiss man: viele Leute erfinden ihre qualvollen Geschichten. Nur damit sie im Fernsehen kommen.

Talkshows dieser Gattung bringen dem Sender Reputation: er setzt sich ein fürs Gute. «Kurier»-Chefredaktor Peter Rabl sieht es anders. Er spricht von «widerlicher Ausbeute von Leuten, die ja gar nicht wissen, in was sie sich da hineinbegeben». Der Moderator kämpft dafür, dass Familien zusammenfinden. Er wehrt sich gegen das Unrecht, kämpft gegen Bürokratie und Schicksal. Vor allem haben diese Sendungen eine therapeutische Wirkung.

Seit die Bilder laufen lernten, wurde selten so in Emotionen falscher Anteilnahme gestochert. Die Fernsehnachrichten haben von der Neotelevision zwei Grundsätze übernommen: sie wollen nicht nur sterile, abgehobene Themen behandeln, sondern auch Sujets, die den Alltag betreffen. Und: sie beziehen die Normalbürger in die Sendung ein. Sie treten immer häufiger live in der Tagesschau auf: Minister immer weniger.

Strassenumfragen haben Inflation. Die Franzosen nennen das Micro-Trottoir. Doch es genügt nicht, auf dem Trottoir das Mikrophon einigen Passanten oder Konzertbesuchern vor die Nase zu halten. Das Ergebnis ist oft bescheiden. Da sagt einer «Es war klasse.» Eine andere sagt «super». Ein dritter meint: «Herrlich.»

Der Draht in die weite Welt

Jeder Sender will zeigen, wie wichtig er ist. International wollen sie alle sein. Zwar interessiert man sich für regionale News. Doch den Draht zur weiten Welt will man behalten.

Immer mehr schalten Sender wild in der Welt herum. Überall Korrespondenten, die für diesen, unseren, Sender arbeiten. In Hongkong oder Mexiko, in Washington oder Amman. Von der Zentrale aus führen wir Gespräche mit ihnen. Man nennt das Schaltgespräch oder Duplex.

Vielen Sendern genügt ein Schaltgespräch pro Sendung längst nicht mehr. Es lebe der Multiplex. Der Moderator in der Zentrale ist dann mit mehreren Korrespondenten gleichzeitig verbunden. «Und ich frage in Moskau nach, was man von diesem Ereignis hält.» «Danke U.T. in Moskau und jetzt schnell nach Jerusalem: A.K. wie beurteilt man dort die Lage.» Und so weiter. Während der Parlamentswahlen in Frankreich gelang France 2 ein technisches und journalistisches Glanzstück. Die Moderatoren im Studio waren mit gleichzeitig zwölf Aussenstationen verbunden.

Gorbatschow, unser Gast

Wichtig für das Image der Sendung sind die Interviewpartner. Man versucht, wichtige Leute vor die Kamera zu kriegen. Das wertet den Sender auf. Da spricht Netanjahu mit dem Moderator «unseres» Senders. Da gewährt Arafat «unserer» Tagesschau ein Interview.

Besser noch sind Gäste. Da kommt Gorbatschow «zu uns» ins Studio. «Unser» Sender muss ein wichtiger Sender sein, wenn Gorbatschow kommt. Amerikaner und Franzosen haben das Talent, solche Auftritte mit viel Traritrara zu vermarkten. Der Gast sitzt im Studio und schaut sich die ganze Sendung an. Immer wieder wird er dann zu dieser oder jener Aktualität befragt. «Herr Kissinger, wir haben soeben Bilder des neuen Massakers in Algerien gesehen. Sehen Sie da keinen Ausweg?» Oder: «Herr Kissinger, Tony Blair hat soeben von echten Friedenschancen in Nordirland gesprochen. Was sagen Sie zu dieser Rede?» Wir Deutschsprachigen sind noch prüde, wir vermarkten uns schlecht. Sich gut vermarkten heisst nicht unseriös sein.

Unsere magischen Kräfte

Endlich hat das Fernsehen begonnen, sich auf seine Stärken zu besinnen. Endlich werden diese Stärken ausgespielt. Fernsehen ist nicht bebildertes Radio. Fernsehen ist nicht gefilmte Redseligkeiten. Fernsehen – das ist ein Bilderbuch der wichtigen Ereignisse, das sind bildstarke Momente.

Mit einem gut eingesetzten Bild kann man mehr ausdrücken als mit tausend Worten. Das macht die magische Kraft des Fernsehens auch. Da kommt Angst auf, man sei dem Medium mit seinen mystischen Kräften ausgeliefert. Da kommt der Verdacht auf, die Fernsehleute könnten Gefühle manipulieren, könnten Einfluss ausüben. Als würden sie einen Zaubertrunk verabreichen. Manipulieren und keiner merkt's. Das Fernsehbild ist nie neutral. Es enthält immer Emotionen. Das Fernsehen – das meistbewunderte und meistgehasste Medium. Man steht ihm mit Faszination und Ohnmacht gegenüber. Man fürchtet sich, ihm ausgeliefert zu sein. John Hohenberg von der Columbia University schreibt: «Es ist das meist untersuchte, meist kritisierte und meist gesehene Newsmedium.»

Auch Fernsehleute hatten lange Zeit Mühe mit dem Bild. Vor allem bei den News stand man dem Bild oft hilflos gegenüber. Das lag daran, dass das Medium neu war. Viele Fernsehjournalisten kamen von Radio und Zeitungen. Sie mussten den Umgang mit dem Bild erst lernen. Es war die

Angst des Zauberlehrlings: selbst Fernsehleute wollten starke Bilder nicht einsetzen, wollten keine Emotionen abrufen, weil sie Angst vor den Folgen hatten, weil sie nicht wussten, was sie mit ihrem Zaubertrunk anrichteten.

Das Bild beeinflusst mehr als der Inhalt. An starke Texte erinnert sich kaum einer: an starke Bilder erinnert sich jeder. Wir wissen: je stärker ein Bild, desto weniger dicht sollte der Text sein. Gefangen vom starken Bild, hört keiner auf den Text. Unsere Regel ist: je langweiliger das Bild, desto intensiver darf der Text sein. Je emotionaler das Bild, desto weniger dicht. Da zeigen wir eine Strassenschlacht in Ankara oder die grässlich-phantastische Eruption des Vulkans auf Montserrat. Oder ein Flugzeug, das vor der Kamera abstürzt: das Bild fesselt. Keiner hört hin, was wir dazu sagen.

Bild und Text rufen verschiedenartige Einschätzungen ab. Nixon und Kennedy führten während ihres Wahlkampfes ein Streitgespräch. Die Mehrheit jener Amerikaner, die das Duell am Radio hörten, sprachen sich für Nixon aus. Die Mehrheit jener, die Fernseh schauten, votierten für Kennedy. Da mehr Leute Fernsehen schauten, wurde Kennedy gewählt.

In den Fernsehredaktionen grassiert ein Modewort: Magic Moments. Von diesen magischen Momenten will man heute mehr. Die Fernsehleute haben die Angst vor dem Bild verloren. Jetzt wird es eingesetzt, das starke Bild, das emotionale Bild, das voyeuristische Bild. Vorbei die Angst des Zauberlehrlings.

Magische Momente, das sind Ikonen, das sind Symbolbilder. Das Fernsehen lebt von ihnen. Die Kroaten haben die Krajina-Hauptstadt Knin von den Serben zurückerobert. Der kroatische Präsident Franjo Tudjman steigt auf die Zitadelle von Knin. Vor den Fernsehkameras hisst er die kroatische Flagge. Dieses Bild sagt mehr als ein halbes Jahr Kriegsberichterstattung. Tudjman ballt die Faust, küsst die Fahne. In seinem Gesicht stehen Hass und Triumph. Die Kamera fährt hin – Magic Moment.

Auf der Strasse nach Kigali geht ein kleines Mädchen. An ihm ziehen Zehntausende von Flüchtlingen vorbei. Die Kamera bleibt auf dem Mädchen im weissen Röckchen. Es betrachtet einige Leichen am Strassenrand und geht weiter. Ein Bild, das mehr ausdrückt als jeder Leitartikel.

Bei der Beerdigung von Yitzhak Rabin trat seine Nichte ans Mikrophon. Mit Tränen in den Augen und bebender Stimme sprach sie über ihren Onkel. Die Zuschauer kriegten Gänsehaut.

Magic Moments – das sind auch Fotos, Kriegsfotos. Porträts. Die alte Bosnierin, geflüchtet aus Srebrenica, die Hände vor dem zerfurchten

Gesicht – ein Foto von David Turnley. 1996 erhielt es den World-Press-Preis. Ein Bild, das mehr sagt als lange Kriegsberichte.

Magic Moments – das soll nicht billiges Augenfutter sein. Nicht Spektakel um des Spektakels willen. Effekthascherei will keiner. Das Bild appelliert an das Gefühl, der Text an den Verstand. Das richtig eingesetzte Bild kann mehr vermitteln als gescheite Texte.

Das Fernsehen beginnt, seine Trümpfe auszuspielen. Das heisst auch: das Fernsehen will nicht mehr dort mithalten, wo es schwach ist. Lassen wir die tiefe politische Analyse den Zeitungen und dem Radio. Das sind ihre Stärken. Doch gerade neue Print-Magazine kopieren das Fernsehen: sie machen geschriebenes Fernsehen. Einige Symbolbilder, Magic Moments, einige Textfetzen dazu.

Paparazzi sind wir alle

Das Teleobjektiv ist ein Phallus, der in die Intimsphäre der andern eindringt. Das sagt Salman Rushdie. Weniger freudianisch: Das Fernsehen ist immer voyeuristisch. Es ist immer obszön. Das optische Zeitalter ist ein obszönes Zeitalter. Und voyeuristisch sind wir alle. Wie immer bietet das Fernsehen vom Besten und vom Schlechtesten.

Das Fernsehen hat den andern Medien etwas Grossartigs voraus: es kann Gesichter zeigen, Mimik, Gestik. Das löst Gefühle aus. Die Kamera fährt nah hin. Hat der Parteipräsident schlaffe Gesichtszüge? Hat der Politiker langweilige Augen oder leuchten sie? Der Blick ins Gesicht schafft Meinungen, bestimmt Sympathiewerte. Nichts drückt so viel aus wie ein Gesicht.

Man will sie sehen, die Grossen dieser Welt: der Papst, der sich dahinschleppt. Jelzin nach der Operation. Man will es sehen, das Höhensonnen-Gesicht jenes Mannes, der Princess Diana in den Tod raste. Gefilmt von einer voyeuristischen Hotelkamera.

Der Mensch ist von Natur aus neugierig. Voyeurismus ist das Stillen von Neugier. Das ist moralisch verpönt. Sitzt aber der Zuschauer allein vor dem Fernseher, kann er diese Neugier ausleben – ohne beobachtet zu werden. Seit je interessiert sich der Mensch für Situationen, in denen es um Tod und Leben geht. Seit je interessiert er sich für das Aussergewöhnliche.

Im thailändischen Seebad Pattaya brennt ein Hotelturm. In den Fenstern schreien Menschen. Per Handy telefoniert jemand um Hilfe. Das Fernsehen filmt. Hoch oben wird ein Mädchen an ein Seil gebunden und per Helikopter evakuiert. Die Menge klatscht. 78 Menschen sterben vor laufender Kamera. Katastrophe als Spektakel: Grusel-Voyeurismus. Solche Bilder sind Tagesgespräch. Ab und zu schläft jeder im Hotel – in irgendeinem Pattaya.

Voyeurismus ist auch dies: Mike Tyson, Boxer im Schwergewicht, beisst Evander Holyfield ins Ohr. Ein Schrei im Ring zu Las Vegas, ein schmerzzerrissenes Gesicht. Unschlagbares Fernsehen. Ein schlechtes Zeitungsthema. Voyeurismus pur.

Scham kennt das Fernsehen schon längst nicht mehr. Es ist überall. Wo gestorben und geweint wird, in Spitälern und auf Friedhöfen. Immer mehr dringt es in die Privatsphären ein. Vor Long Island stürzt die TWA 800 ab. Auf dem Pariser Flughafen Charles de Gaulle warten Angehörige vergebens. Zwei junge Frauen irren durch die Halle – bestürmt von Dutzenden von Journalisten. Die Kamera fährt gross auf die schluchzenden Gesichter. Unendlich lang. Die Frauen drehen sich im Kreis, überall Reporter. Ein unerträgliches Bild.

Sommer 1997: Absturz eines Jumbo der Korean Airlines. In Guam werden Listen mit den Namen der Toten aufgehängt. Angehörige suchen auf den Listen – und brechen zusammen. Eingefangen von Dutzenden von Kameras. Schamlos und dennoch: nur solche Bilder können das Ausmass der Katastrophe einfangen. Im November 1985 gehen Bilder einer 13jährigen Kolumbianerin um die Welt. Nach einem Erdrutsch agonisiert sie 60 Stunden lang in einer Schlammlawine. Dann stirbt sie – live. Unnötige Fernsehbilder. Unendlicher Diskussionsstoff.

Das Zeigen von Leid und Schmerz ist immer obszön. Es ist immer ein Eindringen in die Privatsphäre des einzelnen. Vielleicht will jene Frau nicht, dass wir zeigen, wie sie weint. Vielleicht hätte jener Mann nicht gewollt, dass wir seinen verstümmelten Körper filmen. Doch Tote haben nichts zu sagen. Wer verletzt ist, verliert jede Möglichkeit, sich zu wehren. Und wer tot ist, hat sie ohnehin verloren. Weshalb ist es erlaubt, in Spitälern zu filmen? Es ist edel, sich über die Obszönität des Fernsehens seine Gedanken zu machen. Man wird die Obszönität nicht eliminieren können. Man kann sich dem nicht entziehen. Man muss lernen, damit zu leben.

Paparazzi sind auch wir, die Fernsehleute. Spätestens seit dem Tod von Princess Di sind die Paparazzi die Galionsfiguren des gierigen Voyeur-Journalismus. Die Paparazzi verdienen Geld mit Leuten, deren Beruf es ist, berühmt zu sein. Mit Leuten, die nur via Hochglanzbilder existieren. Selten wurde so geheuchelt. Die bildgeile Klientel, die plötzlich moralische Entrü-

nstriert. Die Kritik am Voyeur-Journalismus kommt von jenen,
ten Tag am Kiosk die Berichte über den Tod im Tunnel kauf-
den weltweit so viele Zeitungen verkauft wie nach dem Tod
e wurde ein Begräbnis von so vielen Fernsehzuschauern gese-
wie jenes von Diana. Paparazzi sind wir alle.

Heuchelei ohne Grenzen. Auch damit wird Geld verdient. Nach dem Tod
von Princess Di schrieb Madeleine Chapsal das Buch: «Sie haben sie getötet»
(Stock-Verlag). Fünf Paparazzi haben Klage gegen die Autorin eingelegt.

Schon Botticelli war ein Paparazzo. Sonst hätte er die aus einer Muschel
geborene Venus nicht nackt gemalt. Er hätte gewartet, bis sie sich gekleidet
hat.

Boulevard – o Schreck

Boulevard – der Ausdruck lässt die kulturkritischen Fundamentalisten erschaudern. Da nehmen sie ihren moralischen Knüppel aus dem Sack. Doch
unter Boulevard versteht jeder etwas anderes. Schon der Ausdruck ist töricht.
Er spricht Themen an, die man auf der Strasse, auf dem Boulevard, bespricht.
Gemeint sind Klatsch und Tratsch. Als ob man auf der Strasse nichts Seriöses bespräche. Für viele ist Boulevard Synonym für unseriösen Journalismus.
Den wollen wir nicht. Aber Boulevard ist nicht nur Klatsch und Tratsch.

Vieles riecht nach Boulevard. Doch dahinter stecken oft gesellschaftlich
relevante Themen. Wir haben die Aufgabe, gesellschaftliche Entwicklungen
aufzuzeigen. Jede seriöse Zeitung tut das. Wir müssen die Fieberkurve der
Gesellschaft aufzeigen. In einer Zürcher Vorstadt lässt eine drogenabhän-
gige Frau ihr Kind verhungern. Den Hund sperrt sie auf den Balkon. Auch
der verhungert. Keiner hat's gemerkt. Ist das ein fait divers, ist das Boulevard? Es ist Ausdruck von Verzweiflung. Der Fall ist kein Einzelschicksal; er
steht für vieles.

Erschiesst ein Mann einen andern, ist das Mord. Schriller Boulevard.
Da erfährt man, der Mann habe sich mit Brutalo-Videos in einen Gewalt-
rausch versetzt. Tagelang. Dann habe er gemordet. Jetzt ist es mehr als
Mord, jetzt stellen sich gesellschaftliche Fragen.

Der oberste Personalchef der Schweizerischen PTT bringt sich um. Er
hätte fünftausend Personen entlassen sollen. Er war diesem Druck nicht
gewachsen. Ein Boulevardthema? Ein gewöhnlicher Selbstmord? Sicher
nicht. Ein Tod, der für vieles steht. Wir hätten das Thema behandeln sollen.
Wir taten es nicht. Ein Fehler.

Die Nachrichtensendungen sollen nicht nur politische und wirtschaftliche News vermitteln. Auch relevante gesellschaftliche Themen gehören in die Sendung.

Das Recht auf Emotionen

Daneben gibt es eigentliche Boulevardthemen: ohne jede gesellschaftliche Wichtigkeit, ohne politische und kulturelle Bedeutung. Und wir berichten trotzdem darüber. Früher schämten wir uns dafür. Wir schämen uns nicht mehr. Früher gehörte nur Politisches, Steriles und Gescheites in eine Tagesschau. Nichts Profanes. Weshalb eigentlich nicht? Jede gescheite Zeitung berichtet über Profanes.

Der Mensch hat ein Anrecht auf emotionale Themen, auf etwas Crime and Sex, auf Farbe und Skurriles. Niemand ist so intellektuell verbrämt, dass er diese menschliche Ur-Regung in die Besenkammer schliesst. Kriminalität interessiert den Menschen seit jeher. Unfälle auch. In Boulogne-sur-Mer werden vier junge Frauen vergewaltigt und erdrosselt. Alle sprechen davon. Tagesgespräch in ganz Europa. Und wir sollen von der Opposition in Paraguay sprechen?

Der Mensch hat ein Recht auf Emotionales, auf Farbiges, auf Leichtes. Das Leben besteht nicht aus Nato-Osterweiterung und Euro-Gerangel. Es besteht nicht aus Terror in Jerusalem und Hunger in Afrika. Wir zeigen die wichtigen Themen des Tages. Wir berichten über Kriege und Arbeitslosigkeit, über Politik und Katastrophen.

Aber: wir wollen auch Themen aus dem Alltagsleben. Themen zum Schmunzeln auch. Farbiges Verpackungmaterial einer sonst seriösen Sendung. Eine Prise Klatsch, auch etwas Sex und Crime. Vorausgesetzt, wir haben Platz dafür. Staatspräsident Mitterrand las jeden Morgen die Klatschspalten. Dann widmete er sich der Politik. Was Mitterrand recht ist, kann uns gut sein. Ab und zu. Alles ist eine Frage des Masses. Die Nachrichtensendungen werden auch künftig über Wichtiges und Ernstes berichten. Aber ein Tropfen Boulevard tut gut.

Zum Boulevard gehören Modeschauen. Sie liegen im Trend bei allen Sendern. Modeschauen – das sind längst rauschende Inszenierungen: Spektakel auf dem Laufsteg: mit Lichtspielen und eigens komponierter Musik. Holde Frauen, meist sparsam betucht. CNN lässt keine Modeschau aus. Oft ist die Mode zweitrangig. Für manche seriöse Sender sind solche Defilees eine verkappte erotische Berauschung.

Boulevard – o Schreck. Sich über den Boulevard empören: das ist auch ein Geschäft. Seriöse Blätter tun das. Das funktioniert so: man verflucht diesen oder jenen Boulevard-Journalisten. Man kritisiert diesen oder jenen Boulevard-Bericht. Dazu muss man beschreiben, über was man sich empört. Man muss erzählen, was die Boulevard-Presse da wieder auftischt. So können auch seriöse Blätter die ganze Geschichte bringen – unter dem Deckmantel der Empörung über die Boulevard-Medien. Die Leser haben den gleichen Stoff: bei den Seriösen und den Boulvardisten.

Das gleiche geschieht mit Gerüchten. Seriöse Blätter denunzieren eine gewisse Presse, weil sie dieses oder jenes Gerücht verbreitet hat. Aber indem man das Gerücht beschreibt, trägt man zu seiner Verbreitung bei. Auch wenn man es denunziert. Kein Rauch ohne Feuer, sagt man.

Ja, Boulevard ist kein Tabu mehr. Werden die News boulevardisiert? Manche behaupten es. «Ihr bringt nur noch Quatsch und Tratsch.» Die Gefahr der Boulevardisierung hat tatsächlich bestanden. Mit dem Aufkommen privater Sender griff da und dort Panik um sich. Doch die Gefahr ist längst gebannt. Weltweit gibt es eine Renaissance des ehrenhaften Journalismus. All jene, die zu seriösen Nachrichten zurückkehren, haben Erfolg. Die Infotainment-News aber sind längst gescheitert. Seriös heisst aber nicht stur und phantasielos. Farbtupfer sind erlaubt. Attraktivität ist gefordert.

Köche und Komponisten

Wie man eine Tagesschau anrichtet

Wir müssen glaubhaft und seriös sein. Aber wir müssen auch attraktiv sein. Wir sind wie Köche: diese suchen das zarteste Fleisch, den frischesten Fisch, das beste Gemüse. Doch gutes Rohmaterial allein genügt nicht. Wichtig ist, wie man es zubereitet. Man kann es zuviel oder zuwenig kochen, versalzen oder fad anrichten. So auch bei uns: wir suchen die besten Stories, die frischesten Informationen, das beste Rohmaterial – doch wie bereiten wir alles zu? Davon hängt unser Erfolg ab.

Allabendlich richten Ausgabeleiter und Produzenten ein Menu an. Da gibt es eine Vorspeise, einen Hauptgang, ein Sorbet du Milieu, ein zweiter Hauptgang, eine Nachspeise. Da gibt es Salz und Pfeffer, Kräuter und Sauce. Von der Art und Weise, wie wir die Ingredienzen mischen, hängt der Erfolg der Sendung ab. Das Produkt soll Rhythmus haben, Tempo, Spannung. Vor allem soll es nicht einschläfern. Die Tempi sollen wechseln, schnelle Elemente werden mit langsameren kombiniert. Die Franzosen nennen ihre Tagesschau «la grande messe». Und jede grosse Messe wird nach dramaturgischen Überlegungen zelebriert.

Eine Tagesschau soll als packendes Ganzes inszeniert werden. Sie soll Momente der Spannung haben, Momente der Verwunderung und Betroffenheit, ein verlockender Anfang, ein fesselndes Finale. Die Tagesschau darf nicht zu einem Ritual verkommen, zu einem Hochamt, das täglich gleich abläuft. Das schläfert ein.

News-Programme haben eine vorgegebene Länge. Sie haben ein Anfangs- und ein Schlusssignet. Alles, was sich innerhalb dieses Rahmens befindet, soll täglich neu gebaut werden – nach inhaltlichen und dramaturgischen Kriterien. Einmal beginnen wir die Sendung mit drei Reportagen zum gleichen Thema. Ein andermal beginnen wir mit einer 40-Sekunden-Kurzmeldung. Einmal befindet sich ein Gast im Studio, einmal senden wir zwei Blöcke mit Kurzmeldungen, einmal gar keinen. Das Tagesgeschehen bestimmt, wie die Grosse Messe abläuft.

Eine Tagesschau kann mit der Front-Page einer Zeitung verglichen werden. Auch sie hat einen Rahmen (Titelzeile, das Wetter rechts unten, ein Kommentar links oben, der Börsenbericht links unten). Doch innerhalb dieses Rahmens sieht die Front-Page der gleichen Zeitung immer anders aus. Einmal ein Dreispalter als Aufmacher, einmal nur ein Einspalter. Einmal ein grosses Foto. Oder heute gar kein Foto. Was der «Herald Tribune» gut ist, soll uns recht sein.

Verführen und entführen

Zu Beginn jeder Sendung stehen die Schlagzeilen. Das sind vier oder fünf bebilderte Titel. Sie weisen auf das Wichtigste vom Tag hin. Schlagzeilen können nicht hoch genug eingeschätzt werden. Sie entscheiden wesentlich über den Erfolg einer Sendung. Offerieren wir ermüdende Schlagzeilen, sagt sich der Zuschauer: «Heute ist nichts los.» Zapp, und schon ist er bei den Blondinen vom Sender nebenan.

Schlagzeilen sollten nicht immer alles verraten. So behalten wir den Zuschauer am Sender. Sie sollten Spannung erzeugen, das Interesse für ein Thema steigern. Oft sprechen wir in den Schlagzeilen ein ergreifendes, farbiges Thema an – und bringen es zum Schluss der Sendung. Wir wissen: ein grosser Teil der Zuschauer wartet auf diesen Bericht, bleibt unser Gast.

Schlagzeilen sind das Aushängeschild der Sendung, die Visitenkarte. Sie sollten hart und spannend getextet sein. Eigentlich sollten sie von Werbetextern verfasst werden. Denn mit den Schlagzeilen verkaufen wir unser Produkt. Mit ihnen verpacken wir die Sendung. Mit den Schlagzeilen wollen wir die Zuschauer entführen. Entführen in unsere Tagesschau-Welt. Entführen und verführen. Verführen, dass sie bei uns bleiben.

Das ist oft schöne Theorie. Geschieht Plattes und Ödes, gelingen keine fesselnden Schlagzeilen. Der Nationalrat vertagt den Beschluss über die Milchkontingentierung. Wie verführt man da den Zuschauer?

Liebe auf den ersten Blick

«Aufmacher» – so nennen wir das erste Thema der Sendung. Der Aufmacher ist, zusammen mit dem letzten Beitrag, das A und O jeder Sendung. Mit dem letzten Sujet entlässt man das Publikum in den Abend. Ist der letzte Eindruck gut, wirkt sich das positiv auf die ganze Sendung aus. Ist der letzte Eindruck negativ, wird die ganze Sendung negativ taxiert. Diese

Tendenz kann jede Station belegen. Meist hat der letzte Beitrag den grössten Einfluss auf die Benotung der Gesamt-Sendung.

Der Chefredaktor einer grossen Nachrichtenagentur vermittelte seinen Zöglingen einst diesen Rat: Das Wichtigste an einem Artikel sind der erste und der letzte Abschnitt. Sie machen 80 Prozent einer Geschichte aus. Was dazwischen kommt, sind 20 Prozent. Ähnlich vielleicht beim Fernsehen.

Früher war es üblich, die Sendung mit einem politischen Thema zu eröffnen. In Deutschland ist das heute noch so. Das kann nur mit Gewohnheit erklärt werden. Das ist «journalisme de fréquentation» der öffentlich-rechtlichen deutschen Sender.

Nicht immer sind die politischen Aufmacher relevant. Oft sind sie nicht so wichtig, dass sie an die Spitze der Sendung gehörten. Höchst selten beginnen ARD und ZDF mit nicht-politischen Themen: mit gesellschaftlichen Fragen, mit Kriminalität, Affären, Skandalen oder Katastrophen. Bei RTL ist das anders, wenn auch nicht eklatant. Auch RTL beginnt überwiegend mit politischen Themen. Nur jeder vierte RTL-Aufmacher befasst sich mit Kriminalität und Katastrophen. Deutsche Fernseh-Uhren gehen eben anders.

Sollen News-Sendungen mit emotionalen Themen begonnen werden? In den USA und den lateinischen Ländern besteht dieser Trend. Die Politik folgt dann später – es sei denn, sie sei an diesem Tag besonders wichtig. TF1 tut das seit langem. Der private französische Trendsetter setzt meist Human-Touch-Berichte an die Spitze der Hauptnachrichten: gesellschaftliche Themen, die berühren, die Tagesgepräch sind oder werden. Auch France 2, der öffentlich-rechtliche Sender, tut das zunehmend. Selbst die stolze BBC wagt sich in diese Gefilde.

Auch die Schweizer Tagesschau tut es immer häufiger. Heute sind die Hälfte unserer Aufmacher unpolitische Themen. Wichtig ist das Umfeld. Bei flauer News-Lage kann man eine Sendung mit einem Postraub beginnen – oder dem kaputten Knie der Martina Hingis. Geschieht aber politisch Wichtiges, geschieht Spektakuläres oder Trauriges, denkt keiner an Martinas Knie.

Wir sind nicht unpolitischer geworden. Die wichtigen politischen Themen kommen vor. Auch dann, wenn sie wenig attraktiv sind. Die Politik fährt immer mit, aber nicht automatisch in der Pole-Position.

Wie in der Oper

Der Rhythmus bestimmt, ob das Publikum dran bleibt. Es braucht Abwechslung zwischen langen und kurzen Themen. Es braucht ein Wechselbad zwischen spannenden und abgegriffenen Bildern. Wir wollen nicht das Beste mit einer Salve verschiessen: wir wollen es dosiert geben, häppchenweise. Es ist wie in der Oper. Dort gibt es ein Wechselspiel zwischen schnellen und langsamen Passagen, zwischen Dichtem und weniger Dichtem, zwischen Lautem und Leisem. Keine Oper ist zehn Minuten lang laut und dann zehn Minuten lang leise.

Da werden Zuschauer durch Kriege und Regierungspaläste gehetzt. Wir wissen: nach zehn Minuten lässt die Aufmerksamkeit nach. Deshalb bringen wir nach zehn Minuten ein leichteres Thema. So können die Zuschauer durchatmen.

Alles wird schneller und kürzer

Die Reklame schafft neue Sehgewohnheiten. Alles ist schneller geworden. Die News-Programme passen sich dem neuen Tempo an. Der Schnitt ist schneller. Früher waren Reportagen bis drei Minuten lang. Heute sind zwei Minuten eine Ewigkeit.

Moderatorinnen und Moderatoren befragen unsere Korrespondenten in Israel oder Kinshasa, in Moskau oder Washington. Diese Live-Gespräche dauerten früher zwei, drei Minuten. «Allzu lang», sagen wir heute, «allzu einschläfernd.» Jetzt soll ein Gespräch eine Minute und zwanzig Sekunden dauern. Nicht mehr.

Und die Minister. Früher redeten sie zweieinhalb Minuten in die Kamera. Heute finden wir: zwei Sätze sind genug. Also: Schnitt. Das gibt der Sendung mehr Tempo. Es rettet die Minister auch vor dem Vorwurf, langweilig zu sein. Der Grundsatz, je länger, desto mehr Tiefgang, ist falsch. Man kann kurz und intelligent sein. Intellektuelle Tiefe lässt sich nicht mit der Stoppuhr messen. Man kann mit wenigen Sätzen viel sagen – wenn man kann. Natürlich zählt nicht die Länge einer Reportage. Eine langweilige Minute dauert eine Ewigkeit. Drei spannende Minuten verfliegen im Nu.

Experten hatten 1996 die Wahlkampagne zwischen Präsident Clinton und seinem Herausforderer Bob Dole untersucht. Geprüft wurden alle Fernsehauftritte. Mit der Stoppuhr wurden die Redeausschnitte gemessen. Ergebnis: auch Spitzenpolitiker lässt man immer weniger lang zu Worte kommen. Die gesendeten Redefetzen von Clinton und Dole betrugen im

Durchschnitt acht Sekunden. Dann Schnitt. Vier Jahre zuvor kämpften Clinton und Bush um die Präsidentschaft. Damals durften die beiden Kandidaten fast doppelt so lange sprechen: je fünfzehn Sekunden.

Der Star – ganz menschlich

Früher sah das so aus: da sassen die Moderatoren im Studio. Man sah ihre Blätter, ihre Hände, den Tisch, an dem sie sassen. Man sah viel Studio und wenig Mensch. Die Kamera rückte die Moderatoren weit weg – als ob sie viele Meter von uns entfernt sässen. Wie der Lehrer in der Schule, wie der Professor im Hörsaal. So wirkten die Moderatoren fern und unnahbar, lehrerhaft und überheblich. Bei ARD und ZDF sind sie das noch heute. Bei den anderen ist es anders.

Das neue Fernsehen will Distanzen abbauen. Es will nicht überheblich sein. Es will nicht ein ferner Tempel der Götter sein und die alleingültige Wahrheit verkünden. Zwischen Moderator und Zuschauer wird Vertrauen aufgebaut. Ein Sympathiefeld soll geschaffen werden. Um das zu erreichen, werden Moderatorin und Moderator vermenschlicht.

Führen zwei Personen ein Gespräch, rücken sie nahe zusammen. Sie schreien sich nicht Sätze zu – über eine Distanz von fünf Metern. Nein, sie kommen sich näher: auf anderthalb bis zwei Meter. Das Fernsehen kann Distanzen abbauen – mit einem einfachen Trick. Die Kamera holt die Moderatoren näher heran. Sitzt aber ein Moderator so im Bild, dass man Tisch, Hände und viel Studio sieht, so wirkt es, als sässe er viele Meter von mir entfernt. Setzt man ihn aber nah ins Bild, in Grosseinstellung, so wirkt es, als sässe er mir nahe gegenüber: anderthalb Meter. Das schafft Vertraulichkeit, menschliche Nähe.

Immer mehr zeigen Moderatorinnen und Moderatoren menschliche Re-gungen. Nur bei der ARD sind sie noch Sprechmaschinen. Sie wirken wie Mumien, denen man Stromstösse verpasst. Das sieht dann aus, als sprächen sie. Selbst beim kühlen CNN wird gelächelt, geschmunzelt und gar gewitzelt.

Es gibt Symbole der Vermenschlichung. Katja Stauber ist Moderatorin der Deutschschweizer Tagesschau. Zum Schluss jeder Sendung sagt sie auf Schweizerdeutsch: «Uf Wiederluege». Das mag banal klingen. Genau solches aber fördert die Vermenschlichung. A.L. aus Zug schrieb ihr: «Ich warte jeden Abend auf diesen herzlichen Gruss.» Charles Clerc, auch von der Deutschschweizer Tagesschau, erzählt zum Schluss jeder Sendung eine

Kürzestgeschichte mit Pointe. Humor steht über Ideologien und sozialen Schichten. Humor verbindet alle.

Fernsehen ohne Stars gibt es nicht: Fernsehen – das sind in erster Linie jene, die am Fernsehen erscheinen: auch wenn sie nur zehn Prozent aller Arbeit verrichten. Das Fernsehen will sie zu Vertrauten der Zuschauer machen, zu Kumpels, die allabendlich in die Stube kommen. Deshalb das Bestreben der grossen Sender, die Zahl der Moderatorinnen und Moderatoren klein zu halten. Man soll ihnen oft begegnen. Bei den meisten grossen Fernsehkanälen gibt es zwei Hauptpräsentatoren. Allabendlich kommen sie ins Wohnzimmer. Man gewöhnt sich an sie: an ihre Talente und ihre Macken. Moderiert einer dann nicht mehr, so ist es, als würde man ein Familienmitglied verlieren. Man trauert. Doch die Trauerzeit ist meist kurz.

Stilistische Tricks

Näher an die Zuschauer – das funktioniert auch über die Sprache. Schwerfällige Schachtelsätze, Beamtendeutsch, Verlautbarungsjournalismus, gescheite Diktion, Bildungsdünkel: so vertrieb man die Zuschauer – jahrelang mit Erfolg. Doch die Fernsehsprache hat sich geändert.

Mit stilistischen Tricks kann man die Zuschauer einbeziehen, die Aufmerksamkeit steigern. Früher sagte man: «Ab morgen wird in der Schweiz der Kaffeee teurer.» Sagt der Moderator aber: «Ab morgen müssen Sie mehr für den Kaffee bezahlen», dann fühlt sich der Zuschauer direkt angesprochen. Noch besser: «Ab morgen bezahlen Sie und ich mehr für den Kaffee.» Dann sitzt der Moderator in der Stube.

Trotz Zappermanie: die Zuschauer sind treu, vor allem den Nachrichtensendungen. Das zeigen Untersuchungen. Diese allabendliche Treue will man pflegen. Man versucht, die Zuschauer mit dem Sender zu familiarisieren. Die Botschaft ist die: «Sie sind ein treuer Zuschauer, wir schätzen, dass Sie jeden Abend mit uns sind. Wir gehören zusammen. Wir sind eine grosse Familie.»

Da sagt die Moderatorin: «Wie wir ihnen gestern berichtet haben, sind die amerikanischen Truppen an der burmesischen Grenze gelandet. Heute erfuhren wir, dass diese Truppen…» (Sie haben uns ja gestern zugeschaut, sie gehören ja zur Familie.) Zum Schluss dankt man dem Publikum, dass es die Sendung gesehen hat. Man kündigt an, dass man morgen wieder kommt. «Ich hoffe, Sie werden wieder dabeisein.»

Ein Präsentator des französischen Fernsehens interviewt den Korrespondenten in London. «Und jetzt sind wir in Kontakt avec notre ami Etienne Duval.» «Notre ami», das wirkt nicht nur menschlich. Es vermittelt dem Zuschauer den Eindruck, dass ein eingespieltes Team für ihn arbeitet, weltweit.

Oder der Moderator sagt: «Wir haben phantastische Bilder erhalten, schauen Sie sich das mal an.» Das steigert die Aufmerksamkeit. Man versucht, den Zuschauer einzubinden. Man sagt: «Schauen wir uns gemeinsam diese Erklärung an.» Sonja Ruseler von CNN: «Wir haben für Sie folgenden Bericht zusammengestellt.» John Snow von der BBC: «Das sind die Themen, die wir für Sie ausgewählt haben.» Massimo Lorenzi von der Westschweizer Tagesschau: «Morgen dann zeigen wir Ihnen eine weitere Reportage, die wir in Algerien für Sie gedreht haben. Also bis morgen.»

Das mag unwichtig erscheinen, floskelhaft wirken. Untersuchungen zeigen aber die gewaltige Wirkung solcher Formulierungen. Sie bauen Distanz ab. Die Zuschauer bekommen das Gefühl, dass man sie ernst nimmt, dass man Fernsehen für sie macht. Auch beim Fernsehen können kleine Komplimente Grosses bewirken.

Zwölf Worte pro Satz – und nicht mehr

Fernseh-News brauchen eine neue Sprache. Wir wollen eine gesprochene Sprache, ohne Nebensätze. Jedes Komma ist zuviel. Wir brauchen kurze Hauptsätze. Sätze bis zwölf Worte sind gut verständlich. Das zeigen Tests mit Zuschauern. Ab zwölf Worten sinkt die Aufnahmefähigkeit. Wir wollen keine literarische Sprache, keine Beamtensprache. Vorbei die Zeit der exaltierten Sprachkombinationen.

Die gesprochene deutsche Sprache hat ein Handicap: sie ist schwerer verständlich als lateinische Sprachen. Der Grund: im Deutschen steht das Verb am Schluss. Man muss den Inhalt des ganzen Satzes im Kopf behalten. Erst am Schluss erfährt man, worum es geht. Gerade in einem Medium, in dem das Bild dominiert, gibt es Probleme. Man wird vom Bild gefangen, abgelenkt. Gleichzeitig aber sollte man den Text im Kopf speichern.

«Die Europäische Union hat 50 000 Tonnen Mais, 30 000 Tonnen Milchpulver, 40 000 Wolldecken sowie medizinisches Material wie Verbandstoff und Medikamente ins Katastrophengebiet nach Ruanda geliefert.» Die Zuschauer müssen sieben Informationen im Kopf behalten, bis sie erfahren, um was es geht. Keiner weiss da noch, was geliefert wurde. Dazu laufen schreckliche Hungerbilder, die einen emotional einfangen.

Die deutsche Fernsehsprache strebt eine Art Lateinisierung an. Mit Tricks versucht man, das Verb vorzuziehen. Dann erfährt man schnell, um was es geht. Alle andern Informationen werden dann nachgestellt. Vor dem Verb aber sollen möglichst wenige Informationen stehen. Je mehr Informationen vor dem Verb, desto unverständlicher die gesprochene Sprache. Vor allem versucht man, die Sätze aufzusplittern.

Früher sagte man: «Die Inflation ist in Argentinien in den Jahren 1992 bis 1997 wegen der restriktiven Geldpolitik von 7000 Prozent auf 57 Prozent zurückgeschraubt worden.» Sechs Informationen muss man im Kopf behalten, bevor man weiss, um was es geht – «zurückgeschraubt worden». All das, während man von Bildern abgelenkt wird. Heute sagt man: «In Argentinien ist die Inflation zurückgeschraubt worden, und zwar massiv. Grund dafür ist die restriktive Geldpolitik. 1992 hatte die Inflation 7000 Prozent betragen. Heute beträgt sie noch 52 Prozent.»

Die Verständlichkeit unserer Sprache entscheidet, ob uns die Zuschauer treu bleiben. Wenn man uns nicht versteht, schaltet man ab: im Kopf – oder man schaltet um: auf dem Fernseher. Auch in der Sprache sind Symbole wichtig. Wir brauchen griffige, farbige Formulierungen. Gefühle sollen angesprochen werden: Patrick Poivre d'Arvor, der Star aller französischen Nachrichtenstars, sagt: «Man spricht leichter zu den Herzen der Leute, zu ihren ersten Instinkten. Es ist schwieriger, an ihren Verstand zu appellieren.»

Kein Journalist hat das Recht, kompliziert zu schreiben. Auch Zeitungsjournalisten nicht. Schwer verständliche Sätze – das ist Ausdruck journalistischer Arroganz. Der Autor missbraucht die Zeit des Medienkonsumenten. Jene Zeit nämlich, die dieser braucht, um den Satz zu verstehen. Selbst komplizierteste Sachverhalte kann man in einfachen Sätzen darstellen. Auch Wissenschaftler sollten das wissen: Materie wird nicht intellektueller, wenn sie schwer verständlich beschrieben wird.

Prüde Deutsche

In deutschen Landen bleibt man prüde. Das deutsche Fernsehen ist noch immer mittelmässig. Selten gaben die Deutschen der Fernsehwelt fruchtbare Impulse. Man kopiert. Deutschland ist noch immer «ein Fernsehentwicklungsland», sagt Thomas Kreyes von RTL. Deutsche Sender bescheren ihrem Publikum ziemlich unoriginelle Nachrichtenkost. Sie verlesen Nachrichten wie den Börsenbericht von Reuters. Kurios sind die Italiener. Im Lande des Fellini und Visconti fuchtelt die Kamera durch das Weltgeschehen, sowohl bei der RAI als auch in der Berlusconi-Küche. In den Nachrichten gibt es nur Schwenks und Zooms. Nie steht die Kamera still. Selten passen Bild und Text zusammen.

Die Schweizer und die Österreicher sind holpriger, aber origineller und verspielter. Sie nehmen sich weniger ernst als die Aristokraten von ARD und ZDF. Trendsetter im Fernsehgeschäft sind noch immer die Franzosen und die Amerikaner. Auch die Briten experimentieren.

Die neue Welle: farbig und gescheit

Kein Infotainment für die News

Rund um die Welt sind die Fernsehnachrichten schneller, schriller, emotionaler geworden.

Die Puristen schreien auf. Wieder einmal prophezeihen sie die kulturelle Apokalypse – ausgelöst vom Fernsehen natürlich. Nur noch hastige Bilder, kein Tiefgang. Nur noch sinnlose Emotionen, kein Verstehen mehr. Optische Umweltverschmutzung. Links- und Rechtsintellektuelle blasen zur Hexenjagd. Und die Hexen sind wir. Als ob man mit einem langweiligen Fernsehen die Kultur retten könnte.

Die scharfe Kritik der Pharisäer lässt darauf schliessen, dass sie dem Fernsehen phantastische Macht zubilligen, einen unermesslichen Einfluss. So viel Macht und Einfluss, dass wir das Abendland in den Abgrund stürzen können.

Wir wollen farbiger und schneller werden. Attraktiver und weniger dem Alltag entrückt. Wir wollen auch Themen behandeln, die Tagesgespräch sind – selbst wenn sie Eintagsfliegen sind und nichts bewegen. Geändert hat sich die Verpackung. Sie ist anregender geworden.

Das bedeutet nicht, dass die neuen News-Programme unseriös sind. Auch die erlauchte «New York Times» hat sich neu angezogen. Die «graue Lady» (gray lady) ist plötzlich farbig geworden, nach hundert Jahren. Das kostet das Referenz-Blatt 800 Millionen Dollar (über zehn Jahre). Die Gestaltung ist verlockender geworden. Aber der Inhalt bleibt seriös.

Wir wissen: Seriosität ist unser Trumpf. Den haben wir den Kommerzsendern voraus. Die Nachrichten der Privaten haben ein deutliches Seriositätsdefizit. Jeder vierte Zuschauer kritisiert, dass RTL und Sat1 ab und zu übertreiben, «um den Sensationswert einer Meldung zu steigern». Das ergab eine Untersuchung in Deutschland. Glaubwürdigkeit muss erworben werden. Das ist ein jahrelanger Kampf. RTL ist dabei, es zu versuchen. Deshalb fährt der Sender um 18h45 eine klassische Linie. Lieber einen Scoop zuwenig als einen falschen.

Die Zuschauer wollen uns glauben. Sie wollen Vertrauen in die Richtigkeit der Informationen haben. Jedes Boulevardblatt kann sich Falschmeldungen leisten; man kauft es trotzdem. Das Fernsehen hat es schwerer. Falschmeldungen lasten lange auf dem Sender. Die meisten Zuschauer glauben an die Seriosität der Fernsehnachrichten. Für die meisten Leute sind sie, zusammen mit den Radio-News, die wichtigste und glaubwürdigste Informationsquelle.

Seriös sein – und attraktiv. Das verlangt intellektuelle Arbeit. Es ist nicht einfach, Informationen zu reduzieren, und zwar so, dass sie noch immer stimmen. Wir müssen komplizierte Sachverhalte verständlich machen. Das ist die Arbeit, die wir leisten müssen, um es den Zuschauern einfacher zu machen. Ein Journalist, der spannend schreiben kann, ist noch längst kein Boulevardist. Man kann spannend und seriös sein, farbig und seriös, rhythmisch und seriös, unterhaltend und seriös.

«Hängt die Nigger auf»

Publizistik-Wissenschaft und Journalisten haben die Tendenz, das Publikum für dumm zu verkaufen. Zugegeben: viele Briefe von Zuschauern sind erschreckend. Auch viele Anrufe nach der Sendung lassen erschaudern. «Hängt doch all die Nigger auf, bringt mehr Sport.»

Aber es gibt nicht nur ein einziges Publikum. Bei jedem Sender treffen sich viele Zuschauerschichten. Sie reichen von den Intelligentesten bis zu den Dümmsten, von den Feinsten bis zu den Gröbsten. Alle versammeln sich zur Prime-Zeit.

Keine Sendung richtet sich an so unterschiedliche Leute wie eine Tagesschau. Niemand hat ein so vielfältiges Publikum. Wir sprechen zu allen: zu den Reichen und den Dummen, zu den Armen und den Intelligenten, zu Jung und Alt. Nur die Kirche kennt dieses Phänomen: alle sitzen sie in den Bänken, alle sozialen Schichten, alle Alterklassen. Pfarrer und Priester sprechen zu allen. Pfarrer und Priester sind wir nicht. Aber auch wir sprechen zu allen. Die Vielschichtigkeit des Publikums ist eine stetige Herausforderung.

Wir müssen alle ansprechen. Wir müssen bei allen ankommen. Wir dürfen nicht überfordern und nicht unterfordern. Wir dürfen nicht zuviel voraussetzen und nicht zuwenig. Wir müssen für jene verständlich sein, die zu einem Thema noch fast nichts wissen. Aber wir dürfen nicht allzu banal sein. Sonst sagt die gebildete Schicht: die senden für Analphabeten.

Kampf ums gebildete Publikum

«Eure einzige Sorge ist die Einschaltquote.» Der Vorwurf hat Tradition. «Für hohe Quoten tut ihr alles. Ihr verleugnet euch, ihr prostituiert euch, ihr steuert auf ein oberflächliches Fernsehen hin – wenn ihr nur Zuschauer gewinnt.» Zu Ende gedacht ist der Vorwurf nicht.

Jedes Programm braucht hohe Einschaltquoten. Aber gerade deshalb dürfen wir das gebildete Publikum nicht verlieren. Denn dieses macht einen grossen Teil unserer Zuschauerschaft aus. Gebildete sind es, die sich für News interessieren. Auch Ältere mit Wissen und Lebenserfahrung. Diese Schichten dürfen wir nicht abschrecken. Schrecken wir sie ab, brechen die Quoten ein.

Gerade weil wir hohe Einschaltquoten wollen, dürfen wir nicht zur Boulevardtagesschau werden. Bringen wir zu viele Boulevardthemen, wandert uns die Hälfte der Zuschauer ab. Diese sind uns dann verloren – für immer. Das andere Publikum aber, jenes, das nur Boulevard will, ist uns längst nicht sicher. Auf diesem Gebiet haben die Kommerzsender die Nase vorn.

News light funktioniert nicht

1986 wurde der französische Fernsehmammut TF 1 privatisiert. Die meisten ahnten Schlimmes. Jetzt, so wurde vorausgesagt, würde die Nachrichtenvermittlung endgültig banalisiert. Jetzt gelten nur noch Gesetze der Unterhaltung. Weit gefehlt. Die Fernsehwelt staunte: TF 1, der Quotenjäger par excellence, vermittelt seriöse, attraktiv verpackte Nachrichten.

Ähnlich in Grossbritannien. Die Privatsender ITN und Channel 4 bringen klassisch gemachte Informationsprogramme. «News at ten» von ITN ist jeden Abend für acht Millionen Zuschauer ein Referenzprogramm.

Die grossen Kommerzsender haben es längst gemerkt: News light funktioniert nicht. Der Zuschauer will bei den Nachrichten Kompetenz und Glaubwürdigkeit. So sind bei den grossen Fernsehstationen in den USA, Grossbritannien und Frankreich die meisten Moderatoren wieder graumelierte Herren und bestandene News-Frauen. Zum Beispiel der soeben von CNN eingekaufte ABC-Star Rick Kaplan.

In Deutschland gewannen die Privaten mit ihrer frivolen Art, die News zu präsentieren, Anfang der neunziger Jahre zwar Publikum. Da wurden Hauptnachrichten infotainisiert. Vermischung von Information und Unterhaltung, sweet and sour. Der Versuch scheiterte. Mit Infotainment lockt man keine Zuschauer zu den Hauptnachrichten. Man kann Kriege nicht mit Unterhaltung mischen. Zuviel Show bei den Nachrichten ist kontraproduktiv. Manche Sender mussten das schmerzhaft erleben. Ihre Einschaltquoten stagnieren. Manche gehen zurück.

Etwas Spektakuläres trat ein. Entgegen allen Unkenrufen passten sich nicht die Öffentlich-Rechtlichen dem schreierischen Action-Fernsehen an. Sondern umgekehrt. Bei den Nachrichten passten sich die Privaten den Öffentlich-Rechtlichen an. In Deutschland haben sich die Nachrichten der Öffentlich-Rechtlichen und der Privaten «weitgehend angeglichen». Dies bestätigt eine Studie des Duisburger Rhein-Ruhr-Instituts für Sozialforschung und Politikberatung (RfSP). RTL ist für manch Konservative ein Schreckenswort. Doch RTL aktuell, die Nachrichtensendung der Prime Time, fährt ein seriöses Programm.

Schrille Magazine kommen an. Aber schrille Nachrichten nicht. Die Zuschauer wollen nicht brausende, laute News, die dann doch nicht stimmen. Zwar bauen die Privaten freche und gierige Magazine. Provokation und Farbe. Gesendet werden sie vor oder nach den Nachrichten. Aber die Nachrichten selbst: die bleiben ehrenhaft und sauber.

Hauptsache, es zappelt

Die Kommerzsender haben die traditionellen Stationen aufgeschreckt. Wieder einmal stand das Fernsehen an einem Scheideweg. In den Redaktionen rund um die Welt fanden hitzige Diskussionen statt. Welchen Kurs steuern wir? Wieder einmal war das Fernsehen gespalten «zwischen dem Glitzer des Showbusiness und dem professionellen Anspruch eines guten Journalismus» (John Hohenberg).

Die Ayathollas im Journalismus sahen das Ende schon nahe. Da wurde das CNN-Programm unterbrochen, um die Scheidung von Michael Jackson bekanntzugeben. Und wenn das so weitergeht? Wo treiben wir da hin? Werden Klatsch und Tratsch dominieren? Mutet man den Zuschauern keinen seriösen Stoff mehr zu?

Jedes Medium hat Stärken und Schwächen. Fernsehen «ist das Amalgam vom Besten und Schlechtesten» (John Hohenberg). Auch wir kennen einige Schwächen des Fernsehens.

Die Zuschauer werden von News-Sendung zu News-Sendung gehetzt. Sie werden überspült mit Informationen. Doch verstehen sie auch alles? Der Krieg in Ex-Jugoslawien war ein Beispiel: je mehr wir sehen, je mehr Einzelheiten auf uns niederprasseln, desto weniger begreifen wir. Telefonanrufe nach den Sendungen machten klar: die meisten Zuschauer wussten nicht, um was es in Bosnien ging. Philippe Breton untersuchte die Informationsflut zum Sturz von Nicolae Ceausescu in Rumänien. Breton bezweifelt, dass der Medienkonsument etwas verstanden hat. Es wurde «Information vermittelt, aber nicht Wissen».

Das Tempo, das wir einschlagen, stellt hohe Ansprüche. Wir bombardieren die Zuschauer mit News. Ein Feuerwerk geht los. Alles gesehen, nichts verstanden. Eine Tagesschau dauert fünfzehn, zwanzig oder dreissig Minuten. In dieser kurzen Zeit wird das Weltgeschehen durchgepeitscht. Ein Bild verjagt das andere. Jede neue Emotion löscht die vorhergegangene. Jeder News-Beitrag vergewaltigt die Zuschauer.

Die Bildfolge ist so schnell, dass der kritische Verstand überfordert ist. Man hat nicht Zeit, die Bilder einzuordnen, zu analysieren, zu kritisieren. Es überkommt einen. Aber: das Fernsehbild erscheint immer als wahr. Der französische Fernsehhasser Thierry Saussez schreibt. «Wir lassen es zu, dass uns das Fernsehbild buchstäblich erobert.» Das Fernsehbild wird auch nie dementiert, man hat es ja gesehen. Was kann man da schon dementieren?

Manchen Fernsehmachern ist die Wirklichkeit egal. Hauptsache, sie haben ein gutes Bild. «Möglichst nah ran, bunt, und zappeln muss es auch» (Claudia Siebert, Ex-ZDF-Korrespondentin in Moskau). Es muss knallen und donnern.

Der Wind hat gedreht

Immer schneller, immer aktueller. Viele beklagen das. Auch bestandene Fernsehleute. Christine Ockrent, der erste weibliche Star des französischen Fernsehens, kritisiert die sprachliche Oberflächlichkeit des neuen Fernsehens. Früher widmete man in einer halbstündigen Nachrichtensendung «fünf oder sechs Minuten dem gleichen Thema, um es zu vertiefen». Man brachte dazu «etwas Historisches, ein Experten-Gespräch». Man konnte auch «ein Vocabulaire benutzen, das mehr als 300 Wörter enthält».

Nur noch Schnellschüsse? Nur noch Oberflächliches? Nur noch Ruckzuck-Reportagen? Diese Gefahr hatte bestanden. Doch der Wind hat gedreht. Die Zappelnews haben ausgezappelt.

Es gibt eine neue Tendenz zum attraktiven, informativen Journalismus. Es gibt Anzeichen, dass ein grosser Teil des Publikums gut gemachte, seriöse Berichte sehen will – nationale und internationale. Keine Leichenstarre, sondern attraktive Seriosität. Wer heute Boulevard predigt, hat den Zug schon wieder verpasst. Die meisten amerikanischen Networks bringen wieder vertiefte Information. Darin sehen sie eine Chance, Zuschauer zurückzugewinnen. Das neue Credo von NBC heisst: längere Reportagen, mehr Erklärung.

In Frankreich tobt ein Konkurrenzkampf zwischen dem Privatsender TF1 und der öffentlich-rechtlichen Station France 2. Innerhalb eines Jahres (1997) hat TF1 eine halbe Million Zuschauer dazugewonnen. Weltweit verzeichnet kein Sender solche Zuwachsraten. Dies in einer Zeit, in der fast alle verlieren. Auch der Konkurrent France 2 verliert seit Jahren. Noch nie war der Abstand zwischen TF1 und France 2 so gross wie heute. 7,7 Millionen Franzosen schauen TF1: 2,8 Millionen mehr als France 2.

Und mit welchem Rezept erzielte TF1 dieses spektakuläre Ergebnis? Mit Boulevard? Mit Schnellschüssen? Mit Zappelnews? Mit Billigem und Seichtem? Im Gegenteil: TF1 ist zurückgekehrt zu einem vertiefenden Journalismus. Ausgerechnet TF1, der Kommerzriese, der bloss hohe Quoten und hohe Einnahmen will.

«Die Informationsflut ist so gross, dass der Zuschauer Erklärungen braucht.» Das sagt Robert Namias, der Informationschef von TF1. «Wir sind da, um die nackten Informationen zu vertiefen, sie zu erklären, sie zu entwickeln.» Und: «Dank diesen pädagogischen Bemühungen haben wir Erfolg.»

Der Erfolg ist so durchschlagend, dass es auch die Konkurrenz versucht. Seit Herbst 1997 fährt France 2 einen neuen Kurs: Seriosität, Vertiefung der Themen, Porträts, Hintergrundberichte. Jeden Donnerstag gibt es einen Studiogast. Man stellt ihm nicht zwei Fragen und erwartet pro Antwort drei Sätze. Man interviewt ihn ganze zwölf Minuten lang – länger als ein Drittel der ganzen Sendezeit.

Das widerspricht der traditionellen Litanei der Kulturpessimisten. Sie, die behaupten, der Mensch wolle nur Kurzfutter. Er sei nicht mehr in der Lage, etwas zu verstehen, das länger als anderthalb Minuten lang ist. Das widerspricht auch der Litanei, dass der Mensch nichts lesen will, das länger als 17 Zeilen ist. Das widerspricht auch der Litanei, dass der Mensch nichts lesen will, das länger als 17 Zeilen ist. In Frankreich gewinnt das Intelligenzblatt «Le Monde» kontinuierlich Leser. In der Schweiz legte die «Neue Zürcher Zeitung» 1997 am meisten zu. Und die Sendung «International» des Deutschschweizer Radios zieht oft weit über 300 000 Zuhörer an. Der Mensch ist weniger dumm, als ihm manche Medienmacher einreden.

116

Den Hintern zeigen

Nie war die Informationslawine so gross wie heute. Wie mit Maschinengewehren feuern die Medien auf die Konsumenten. Informationssalven werden abgeschossen. Was ist da wichtig, um was geht es? Nicht alle haben Zeit, sich in die komplizierten aktuellen Themen einzuarbeiten. So wird es wieder Aufgabe der Medien, auszuwählen, einzuordnen. Immer mehr verspürt der Zuschauer das Bedürfnis, nicht tausend Informationen an sich vorbeizischen zu lassen – sondern etwas zu verstehen. Ein grosser Teil des Publikums will kein journalistisches Fast-Food mehr.

Gewisse Fernsehleute werden nicht müde, sich einzureden, wie dumm ihr Publikum sei. Deshalb machen sie ein dummes Programm. Ergebnis: die Gescheiten wandern ab, ihnen ist das dumme Programm zu dumm. Ergebnis: nur die Dummen schauen zu. Ergebnis: Die Fernsehleute sagen: «Seht, wir haben recht, unser Publikum ist dumm.»

Man rennt den Dummen hinterher. Doch aufgepasst. Max Ophüls, der deutsch-französische Filmautor, sagt: «Wer dem Publikum hinterherrennt, dem wird das Publikum den Hintern zeigen.» (A force de courir après le public, on finira par voir son cul.) Manche Sendungen, mancher Sender hat diesen Körperteil schon gesehen.

«Die Zuschauer wollen nach einer Tagesschau das Gefühl haben, mehr zu wissen», sagt Kathrin Mühlemann, Medienreferentin beim Fernsehen DRS. Mehr Wissen heisst auch: mehr mitreden können. Das ist eine soziale Bereicherung. Die Zuschauer wollen auch Auslandmeldungen. Denn «sie wollen von der Welt nicht abgekoppelt sein».

Informationssendungen spielen eine soziale Rolle. Man informiert sich, um dabei zu sein. Wer nichts weiss, den schliesst die Gesellschaft aus. Vielleicht vermittelt eine Tagesschau nur die Illusion des Informiertseins. Aber das genügt, um Teil der Gesellschaft zu sein.

An jeder Cocktailparty wird über Aktuelles gesprochen. Kein abgegriffener Professor beginnt ein Cocktail-Gespräch mit dem Satz «Die Hypochondrie von Voltaire brachte ihm zeit seines Lebens Schwindelanfälle und Darmkoliken». Er beginnt: «Haben Sie gesehen, dieses schreckliche Erdbeben in Neu-Mexiko.» Und wie oft telefoniert man einer Freundin, einem Freund: «Hast du gehört, dass...». Informationen sind ein sozialer Kitt. Heute muss man schnell informiert sein, um nicht abgehängt zu werden. Das Schlimmste für den Menschen ist die Aussonderung aus der Gesellschaft.

Das Aufnehmen von News ist ein Mittel, nicht ausgesondert zu werden.

Das gilt nicht nur für die gebildete Schicht. Alle Schichten haben begriffen: um dabei zu sein, muss man konversieren können. Um konversieren zu können, muss man etwas verstehen. Meinungen darlegen – das ist heute gefragt: auf dem Fussballplatz und in der Penalty-Bar, auf dem Golfplatz und an der Vernissage. Untersuchungen zeigen: das Fernsehen ist für viele der einzige Zugang zu Informationen. Doch gerade diese Leute wollen nicht von News zu News gehetzt werden, von Detail zu Detail. Sie wollen das Wichtige – und das wollen sie verstehen. Deshalb das Bedürfnis nach Einordnung.

Journalismus hat schon immer Lehrer und Pädagogen angezogen – so wie das Licht die Motten. Viele sahen sich berufen, via Journalismus die Welt in bessere Bahnen zu lenken.

Doch wir wollen die Welt nicht verändern. Journalisten sind nicht dazu da, das Publikum zu mahnen und zu erziehen. Wir haben kein Sendungsbewusstsein. Albert du Roy, stellvertretender Generaldirektor von France 2, sagt: «Wir sind nicht da, um den Leuten zu sagen, was sie denken müssen, sondern um ihnen zu sagen, was sie wissen müssen, um selbst zu denken.»

Durst nach Gescheitem

Diskussionssendungen haben Konjunktur. Immer mehr Fernsehstationen, auch regionale, pflegen ein echtes Diskussionsforum. Da werden Leute eingeladen, die Konstruktives zu sagen haben. Da gibt es Themenabende. In Amerika nennt man das Public Journalisme. «Arte», der französisch-deutsche Kulturkanal, weist in Europa den Weg. Der frankophone Sender TV5 pflegt mehr und mehr die echte Debatte – nicht den lauten Schlagabtausch, nicht die mediale Zerzausung von Politgrössen. Durst nach Gescheitem.

Anne Sinclair, stellvertretende Generaldirektorin von TF1 (und frühere Starpräsentatorin von «7 sur 7») sagt: «Ich plädiere für eine Sendung, in der Persönlichkeiten die Zeit haben, ihre Ideen zu entwickeln, Sendungen, in denen ein Politiker seine Vision der Welt darlegen kann.» Sie sagt es in einer Zeit, in der man dem Fernsehen vorwirft, es werde nur schneller und dümmer. Frankreich war schon immer ein Barometer in Sachen Fernsehkultur.

Auch der Dokumentarfilm erlebt neue Höhenflüge, sowohl im Kino als auch im Fernsehen. Vor zehn Jahren schien er fast tot. Das Dokumentarfilmfestival von Nyon am Genfersee stand vor dem Ruin. Die Dokumentarfilmer klagten über das Fernsehen und finanzierten ihre Filme selbst.

Plötzlich ist vieles anders. Immer mehr lässt sich das Publikum von Dokumentarfilmen begeistern. So hat die BBC mit der amerikanischen Firma Discovery einen Fünfjahresvertrag geschlossen – über 750 Millionen Dollar. In Grossbritannien hat vor allem Channel 4 den Dokumentarfilm wieder populär gemacht. Der Investigationsjournalismus kehrt zurück. Auch regionale Kanäle setzen mehr und mehr auf Dokumentarfilme – vor allem in den USA.

Zeitung lesen ist gut

Fernsehnews dürfen nicht isoliert betrachtet werden. Sie sind im Informationsprozess nur die erste Stufe. Durch sie erhält man einen schnellen Überblick: durch sie erfährt man, was einige Journalisten für wichtig halten. Es sind Momentaufnahmen. Man tippt Themen an – mehr nicht. Man soll von ihnen nicht Umfassendes erwarten, weder von «Tagesschau» noch «heute», weder von «ZiB» noch «RTL aktuell». Das ist nicht ihre Aufgabe. Das können sie nicht leisten.

Das Fernsehen aber hat weitere Möglichkeiten. Am späteren Abend greifen Nachrichtenmagazine einzelne Themen heraus und behandeln sie breiter. Und es gibt die Wochenmagazine. Sie gehen noch mehr in die Tiefe.

Oder man begibt sich auf die internationalen Spartenkanäle. Polit-Freaks gehen – zusätzlich – auf CNN International oder BBC World. Wirtschaftsleute schalten MSNBC ein – oder Bloomberg TV oder EBN.

Wer noch mehr erfahren will, greift zur Zeitung. Ohne sie, ohne Print-Magazine, wird es nie gehen. Sie leisten etwas, was das Fernsehen nicht leisten kann. Sie geben vertiefte Hintergründe, Analysen und Kommentare. Es gibt Themen, die wichtig sind – aber fürs Fernsehen ungeeignet. Die Zeitungen können sie darstellen, analysieren. Wie beschreiben wir die algerischen Probleme? Wir kriegen keine Bilder dazu. Zeitungen können das Thema beschreiben. Die grossen Print-Medien können auch über Länder und Themen berichten, die in einer zwanzigminütigen Tagesschau keinen Platz finden.

Das herrlichste aller Medien

Das Radio ist das schnellste Medium. Es ist am besten geeignet, rasch News zu vermitteln. In den USA, in Grossbritannien und Frankreich spielt man diese Trümpfe aus. Mehrere Sender bringen pausenlos News. Nachrichtensendungen gibt es nicht nur zur vollen Stunde, sondern pausenlos. Redaktionsschluss ist nie. Da wird 24 Stunden lang gesprochen. Nur News. Sobald eine Textagentur etwa Wichtiges meldet – wenige Sekunden später geht es über den Sender.

In den USA gibt es über 50 solcher All-News-Programme. In Frankreich hat vor allem France Info Erfolg. Alle sieben Minuten gibt's Schlagzeilen: dazwischen Kurzreportagen. Wer vom Kino kommt und ins Auto steigt, muss nicht bis zur vollen Stunde warten. Sofort erfährt er, was auf der Welt geschehen ist. Im deutschsprachigen Raum hat man noch Mühe mit dieser Formel. Manche Radionachrichten sind schwerfällig – vom Inhalt und vom Sound her. Da wird mühsam zelebriert, als wäre die Welt in den letzten dreissig Jahren stillgestanden.

Der Traum vom Massengrab

Beruf: Fernsehjournalist

Ein Flüchtlingslager bei Goma: wandelnde Leichname. Ein Zugsunglück in China: abgerissene Köpfe. Ein Hotelbrand in Hongkong: ein Frau verbrennt vor laufender Kamera. Niemand sieht so viel Elend und Greuel wie die News-Redaktoren einer Fernsehstation.

Leichen und Elend – das ist unser Alltag. Jeden Tag werden uns aus dem Ausland etwa drei Stunden Bildmaterial überspielt. Vieles handelt von Massakern und Flüchtlingsdramen, von Hungersnöten und Flugzeugabstürzen. Es ist unser Beruf, all das anzuschauen. Die Zuschauer kriegen nur wenig davon zu sehen.

Es gibt immer mehr News-Sendungen. Mehr und mehr Stationen senden fast rund um die Uhr. Da gibt es Frühstücksfernsehen, News um elf, die Mittagstagesschau, die Tagesschau um drei, die Tagesschau um fünf, Hauptnachrichten zur Prime Time, Aktuelles um Mitternacht. Der Bedarf nach frischen Bildern wird immer grösser. Wir erhalten heute dreimal mehr Newsbilder als vor fünf Jahren. Mit der Bilderflut steigt die Flut von Horrorbildern.

Da kommen Grosseinstellungen verkohlter Leichen in Kisangani, aufgeschlitzte Leiber nach einer Schiesserei in Tuzla. Die Öffnung der Massengräber bei Srebrenica: die Kamera fährt auf die ausgegrabenen Leichen. Sie sind schwarz und ausgetrocknet. Die meisten Bilder, die bei uns einlaufen, schneiden wir weg. Wir muten sie keinem zu. Die Zuschauer kriegen einen Zehntel von dem zu sehen, was wir sehen.

Was bei uns einläuft, wird immer grauenhafter. Kameraleute schrecken vor nichts zurück. Vorbei die Zeiten, als man Leichen mit Distanz filmte. Heute zoomt man auf die Eingeweide, auf die zerschmetterten Schädel. Verrohung der Sitten? Nein: geschäftliche Interessen.

Die Fernsehsender sind ungeduldig. Sie wollen alles, und zwar sofort. Im Iran bebt die Erde, in Australien brennt der Busch: man will Bilder, und zwar jetzt, wenige Minuten nach der Katastrophe. Man muss die Sendungen füllen. Zur Übermittlung von Bildern wurde eine gigantische, weltumspannende Infrastruktur aufgebaut.

Wie hält man das aus?

Wer als erster die Bilder hat, macht das grosse Geld. Die Konkurrenz ist gross. Die privaten Fernsehagenturen schrecken vor nichts zurück: vor allem nicht vor Kosten. Früher war vieles anders: nach einer Explosion, einem Erdbeben, einem Bombenattentat wurden die Bilder ausgewählt, geschnitten. Das Schrecklichste wurde weggelassen. Heute stürmen Kameraleute aus dem Helikopter. Sie drehen und drehen – sie zoomen und zoomen. Dann brausen sie zur nächsten Satellitenstation. Von dort gehen die Bilder um die Welt – direkt zu jeder Fernsehstation. Keine Zeit zu einer Vorauswahl, keine Zeit für Schnitte. So erhalten wir das Rohmaterial mit all seinen Schrecken. Wir sind es dann, die es schneiden.

Srebrenica, Zenica, die Krajina. Die Schlussphase des Bosnien-Krieges war die blutigste: Auf der Zentrale hatte eine junge Auslandredaktorin Dienst. Zwei Wochen lang bearbeitete sie das Thema, fast ohne Unterbruch. Jeden Tag sah die 32jährige Hunderte von Leichen – nicht friedlich entschlafene, sondern zerstückelte, verbrannte. Täglich sah sie drei, vier Stunden Rohmaterial: verbrannte Häuser, weinende Kinder, die ihre Eltern suchten, Flüchtlingstrecks Richtung Bosnien, Flüchtlingstrecks Richtung Serbien. Stundenlang Tränen und Blut, Zerstörung und Hoffnungslosigkeit. Wie hält man das aus?

Wie erträgt man diesen Beruf? Die meisten Redaktorinnen und Redaktoren sind zwischen dreissig und vierzig Jahre alt. Wird man abgestumpft? Wird man zum Leichenfledderer? Nach dem Granatenanschlag auf den Markt von Sarajevo ist die Stimmung gedrückt. Alle sehen die einlaufenden Bilder. Keiner sagt ein Wort. Mit stoischer Ruhe geht ein Redaktor in den Schneideraum. Mit einer jungen Cutterin schneidet er einen Beitrag von zwei Minuten: rigorose Selbstzensur.

Nach dem Einlaufen von Horror-Szenen öffnen einige das Fenster. Sie atmen tief durch. Andere spazieren durch die Gänge, andere trinken starken Kaffee. Manche gehen am Abend deprimiert nach Hause. Da gibt es die Geschichte einer Cutterin, die ihre Arbeit unterbrechen musste: sie ging auf die Toilette und übergab sich.

Unser Newsraum ist ein riesiges Grossraumbüro. Dort laufen die Bilder ein. Nach dem Selbstmordanschlag auf dem Jerusalemer Markt erhalten wir drei Stunden Bildmaterial. Redaktorinnen und Redaktoren starrten auf die Bildschirme. Keiner sagte ein Wort, keine Diskussion – nichts. Einer sass in einer Ecke und löste ein Kreuzworträtsel.

Auch wenn die Szenen noch so real wirken: es ist nicht Wirklichkeit, es ist gefilmt. Das schafft minime Distanz. Nein, wir sind keine Ärzte und Krankenschwestern, die die Verletzten in Empfang nehmen. Fernsehen ist kein Medium zum Anfassen.

Wir träumen davon. Alle von uns träumen von diesen Leichenbergen, diesen Massengräbern. Im Bett fahren wir hoch; wir erwarten einen serbischen Angriff. Zwei Züge prallen ineinander, und Blut spritzt. Ein Kind verbrennt in den Flammen. Und die Beine sind schwer, wir können das Kind nicht retten.

Selbstzensur

Was zeigen wir von all dem Grauen? Was muten wir den Zuschauern zu? Wie wählen wir aus? Ist es Zufall, was gesendet wird? Wieviel Horror verträgt der Mensch?

Jeder empfindet anders, jeder reagiert anders. Der eine übergibt sich, wenn er einen Tropfen Blut sieht. Der andere erträgt den Anblick jeder Srebrenica-Leiche. Die Latte des Erträglichen liegt bei jedem verschieden hoch. Auch bei Redaktorinnen und Redaktoren.

Ziel wäre es, den Horror spüren zu lassen – ohne ihn in Grosseinstellung vorzuführen. Eine zugedeckte Leiche kann ebensoviel vermitteln wie die Grosseinstellung eines abgerissenen Kopfes.

In der kroatischen Kraijna geht eine Granate hoch. Zehn Menschen werden in den Tod gerissen. Eine junge Mutter sitzt neben ihrem toten Kind. Auf dem Bild sieht man die schluchzende Frau. Dann fährt die Kamera hinunter. Sie zeigt die Füsse, dann die Beine des Mädchens. Es folgt ein Schwenk auf den Kopf – zerschmettert von Granatsplittern. Was soll man zeigen?

Wir zeigen die weinende Mutter, dann den Schwenk auf die Füsse des toten Kindes. Dann Schnitt. Die Kamerafahrt auf das zerschmetterte Gesicht lassen wir weg. Die gezeigte Sequenz vermittelt so viel, lässt das Leiden dieses Krieges so deutlich werden, dass das Bild vom zerschmetterten Kopf unnötig ist. In der Praxis ist es nicht einfach, den Horror zum Spüren zu bringen, ohne ihn ganz zu zeigen.

Täglich sind wir mit diesen Problemen konfrontiert: zeigen wir das oder zeigen wir es nicht? Oft gibt es hitzige Diskussionen. Wo liegt die

Schamschwelle? Alles ist Sache des Gefühls. Argumentieren kann man nicht. Bei kritischen Szenen rufen wir die Redaktion zusammen. Wir führen die Szene vor. Wenn nur wenige Bedenken haben, zeigen wir das Bild nicht. Rigorose Selbstzensur.

Natürlich sind wir alle verrückt

News-Journalismus ist mehr als ein Beruf: er ist eine Droge. News-Journalisten sind süchtig nach Neuem. Man hat es im Blut oder ist ein schlechter Journalist. Verrückt sind wir alle. Wir stehen mitten in der Nacht auf, hören BBC oder Europe 1. Wir steigen in die Nachrichtenagenturen des Internet. Wir wollen die morgige Frontpage der «New York Times» sehen. Und wie berichtet die «Bangkok Post» über die jüngsten Kämpfe in Kambodscha?

Déformation professionelle. Wir werden von ständigen Fieberschüben geschüttelt, Fieber nach Neuem. Nervenkitzel gehört dazu. Vor allem das Bedürfnis, schneller zu sein als die Konkurrenz, schneller und besser. Auch im Urlaub fiebert man mit. Kein Journalist verreist an südliche Strände ohne Kurzwellenempfänger.

Urlaub in Vietnam. In Hanoi erfuhr ich von der Ermordung von Yitzhak Rabin. Und das ohne mich. Das Schlimmste, was einem Journalisten geschehen kann. Wie gerne hätte ich diese Sondersendung gestaltet. Da sass ich in einem verlotterten Hoteleingang und sah mir das Begräbnis an – auf einem schäbigen Schwarzweissfernseher.

Journalist verprügelt Journalist

Ohne Stress können wir nicht leben. Wir schauen nicht auf die Uhr und stöhnen: «Ach, es ist erst 16h00.» Wir schauen auf die Uhr und erschrecken. «Verflucht, es ist schon 16h00.» Das ist das Schöne an diesem Beruf. Unsere Arbeit ist ein täglicher Kampf gegen die Zeit. Ewig lastet die Frage: Schaffen wir es oder nicht? Werden wir fertig? Fernsehjournalismus – der Beruf der Magengeschwüre und der strapazierten Nerven. Oft geht es sehr menschlich zu.

Ein Nato-Gipfel in Madrid: ein Fernseh-Journalist poltert mit den Fäusten gegen die Wände. Mit Füssen tritt er gegen den Schnittplatz. Gerissene Nerven. Ein Opec-Treffen in Wien: ein Kameramann leert einem andern eine Flasche Cola über den Kopf – er hatte ihm die Sicht versperrt. Eine Bosnien-Konferenz in Genf: ein Journalist bewirft einen Kameramann mit einem Aschenbecher. Der Kameramann blutet aus dem Kopf. Ein Gipfeltreffen in Helsinki: Aus Rache sprayt ein Journalist Farbe ins Objektiv einer Fernsehkamera. Schlägereien unter Journalisten und Kameraleuten sind häufig. Da werden auch bespielte Video-Kassetten gestohlen, um andern Stationen zu schaden. Da werden Pneus aufgeschlitzt, damit die Konkurrenz den Überspieltermin verpasst. In einer Hotelhalle in Tuzla verprügeln sich ein Deutschschweizer und ein Westschweizer Tagesschau-Journalist: ein friedliebender Bosnier trennt sie.

Ein Leben im Rudel

Trotz galoppierender technischer Entwicklung: Fernsejournalismus ist kompliziert und schwerfällig. Wie oft beneiden wir Radio und Presse. Ein Zeitungsjournalist schreibt seine Geschichte. Dann gibt er sie durch: per Telefon oder E-Mail. Und fertig. Ein Radiojournalist bespricht sein Todbandgerät, unterschneidet den Bericht mit Interviews – und sendet alles via Telefon. Zeitungsjournalisten sind meist Einzelkämpfer. Radioreporter auch.

Fernsehjournalismus aber – das ist ein Leben im Rudel. Oft unter aufreibenden Umständen. Meist in Stresssituationen. Immer im Kampf gegen die Uhr. Versagt nur einer im Rudel, zerbricht die ganze Reportage. Reisst nur ein Glied einer Kette, reisst alles. An jeder Reportage sind 20 bis 30 Leute beteiligt: jene, die die Satellitenleitung bestellen, Kameramann und Tontechniker, ein Produzent vielleicht, ein Übersetzer vielleicht, ein Chauffeur, ein Cutter, der Techniker, der die Kassette überspielt, ein Leitungsbüro, die Techniker, die das Überspielte aufzeichnen. Regisseure, die den Beitrag starten. Und irgendein Journalist.

Da schwitzt ein Reporter im Kongo. Mit ihm schwitzen Kameraleute und Tontechniker. Sie haben gedreht, jetzt rasen sie durch die Steppe zur nächsten Stadt. Dort schneiden sie unter Druck. Endlich fertig. Die Zweiminutenreportage geht auf den Satelliten – für dreitausend Dollar. In Zürich kommt das Bild an. Aber: der Ton ist hängengeblieben, in irgendeinem Satelliten, irgendwo 36 000 Kilometer über dem Äquator. Alles im Eimer, Tausende von Dollar. Nur, weil ein einziger falsch geschalten hat. Wir trösten uns dann mit John Hohenberg von der Columbia University: «Fernsehen ist die komplizierteste und dynamischste Form von Journalismus.»

Fernsehjournalismus – das ist viel Material: Kamera, Ton, Stativ, Licht, Schnittplatz – Batterien und Batterien. Fernsehleute, das sind Packesel. Und was nützt es, wenn wir im Busch eine gute Story drehen? Wir müssen sie

rausbringen. Dazu brauchen wir einen Up-Link, eine Satelliten-Bodensta-
tion. Von dort aus wird die Reportage über Satellit in unsere Zentrale
geschickt. Die meisten Kriege finden in entlegenen Gebieten statt. Dort
gibt es keine Satelliten-Stationen. Die gibt es nur in den grossen Städten.

Da rasen die Reporter drei Stunden über irgendeine Piste zu irgendeinem Flughafen. Dann fliegen sie 500 Kilometer zur nächsten Grossstadt,
zur nächsten Satelliten-Station. Einmal mietete unser Reporter ein Taxi. So
schickte er eine Bildkassette von Bagdad nach Amman. Zwölf Stunden
durch die Wüste. Aber wir waren die ersten, die neue Bilder zur neuen
Krise hatten. Bei wichtigen, andauernden Ereignissen errichten grosse
Fernsehstationen eigene Up-Links. Das ist selten.

Fernsehen ist viel Technik, viel Organisation. Wenig Journalismus. Wir
telefonieren, organisieren Rendez-vous mit Ministern und Spezialisten.
Man kämpft um Drehbewilligungen. Reporter rennen immer gegen die
Zeit. Ob im In- oder Ausland. Oft kommt das Journalistische zu kurz.
Journalisten vor Ort sind in erster Linie Organisatoren.

Der klassische Stresstraum eines News-Journalisten: Ich fahre im Auto
nach Hause. Plötzlich ein Donnern. Ich bin auf einer Anhöhe und blicke
auf die Stadt. Eine schwarze Rauchwolke. Absturz eines Jumbo-Jets. Ich
rase mit dem Auto zum nächsten Quartierzentrum. Will die Redaktion
anrufen, ein Kamerateam bestellen. Meine Hände zittern. Wir wollen die
ersten sein. Ich stürze zu einer Telefonkabine. Sie ist besetzt. Daneben eine
andere Kabine: sie ist besetzt. Ich frage die Dame, ob ich schnell telefonieren könnte. Sie lässt mich. Ich finde kein Kleingeld. Dann habe ich Kleingeld. Die Münzen sind zu dick, sie gehen nicht in den Schlitz des Automa-
ten. Dann endlich – und ich hab' die Nummer vergessen… Ein Traum,
geboren in Handy-losen Zeiten.

Bilder per Telefon

Neue Übermittlungsysteme kommen auf. Sie bringen Erleichterung. Bald
braucht es keine schweren Up-Links mehr. Die Raserei auf der Wüsten-
strasse entfällt.

Jetzt können Bilder über gewöhnliche Satellitentelefone aus dem Land
gesendet werden. Das ist billig und handlich. Die Qualität wird besser und
besser. Heute gibt es zwei Systeme. «Toko» und «Livewire». Die Fernsehagentur AP hatte als erste «Toko» eingesetzt, Reuters arbeitet mit «Livewire». Nachteil: Die Übermittlung braucht Zeit: je besser die Qualität,

126

desto länger die Übermittlungszeit. Pro Minute braucht man zwanzig Minuten bis eine Stunde.

Die Nacht zum 9. Oktober. Die kongolesische Hauptstadt Brazzaville unter Raketenbeschuss. Ein Reuters-Team filmt mit. Kurz darauf wählt die Reuters-Crew die Telefonnummer der Londoner Zentrale. Über Satellitentelefon werden jetzt die Bilder nach London übermittelt. Anderthalb Stunden dauert die Aufzeichnung. Von London aus werden die Bilder der ganzen Welt verteilt.

Eingesetzt wurden «Toko» und «Livewire» auch in Zaire und Afghanistan. Früher schleppt man dreihundert Kilo Material über die Pässe des Hindukusch. Die Zeiten sind vorbei. Ein «Toko»-Gerät wiegt zehn Kilogramm. Es kostet sFr. 120 000.–. Vom entlegensten Krieg hat man in ein bis zwei Stunden die frischesten Bilder. Die Qualität der übermittelten Sequenzen ist erstaunlich gut, fast so gut wie bei einer normalen Satellitenübermittlung. Auch von Schiffen aus können die neuen Systeme eingesetzt werden. Während der Whitebread, dem grössten Segelrennen der Welt, werden – von den Booten aus – Bilder an Land gesendet.

Auch Geier haben Gefühle

Natürlich werden wir zu Geiern. Ja, wir suchen Tote, filmen sie. Wir fragen Lebendige, wo die Toten sind. Wir können nicht Landschaften filmen und vom Elend erzählen. Wir können nicht nur weinende Flüchtlinge zeigen. Wir müssen sie filmen, die Toten. Zeigen wir sie nicht, sagt der Zuschauer: Ist alles nur halb so schlimm, nicht einmal Tote gibt es.

An der iranisch-afghanischen Grenze. Ein alter Mann wird begraben. Er flüchtete aus Afghanistan. Endlich war er über der Grenze. Da starb er. In der weiten Steppe ein Friedhof. Der alte Mann wird zugedeckt mit Steinen, so wie es Brauch ist. Emotionen kochen hoch. Der Kameramann kann nicht mehr. Er schleudert das Stativ auf den Boden und wandert in die Steppe hinaus.

Oder: ein Spital in der pakistanischen Grenzstadt Quetta. Ein junger Mann bringt seinen verletzten Bruder – festgebunden auf einem Esel. Wir filmen die Ankunft. Wir filmen den Arzt. Vor laufender Kamera zeigt er uns das blutende Loch in der linken Schläfe. Der Schuss hat das Hirn durchquert und trat links wieder aus. Der Mann stirbt. Der Kameramann beginnt zu zittern. Dann schreit er. Dem Tontechniker laufen die Tränen übers Gesicht. Auch Geier haben Gefühle.

Oder: im Süden des Sudan. Ein Sterbehaus im Dorf Yrol. Männer und Frauen kriechen auf dem Boden, nackt, dem Tode nahe. Es fehlte fast alles. Dutzende von Sterbenden, von Verhungernden. Jede Hilfe kommt zu spät. Nach den Dreharbeiten setzten wir uns unter einen Baum: ich und meine Westschweizer Kollegin. Sie, die bestandene News-Frau, beginnt zu weinen; und sie weint und weint. Nein, abgestumpft sind viele noch immer nicht.

Die «Grossen» sind langweilig

Der Beruf besteht nicht nur aus Leichen. Grosse Ereignisse vermelden zu können – das befriedigt. News-Junkies sind betrübt, wenn Wichtiges geschieht und sie nicht arbeiten. «Ich hatte Pech», sagt ein Freund, «als Versace ermordet wurde, hatte ich frei.» Während des Bombenanschlages auf den Jerusalemer Markt lag unser Israel-Korrespondent unter spanischer Sonne. Er rief an, fast niedergeschlagen. Da geschieht Grosses – und er ist im Urlaub.

Manchmal erlebt man Geschichte, ist hautnah dabei, berichtet vom Ort des Geschehens. Das Zimmer 317 des Genfer Hotels Beau Rivage. Eine überforderte Polizei. Wir klopfen an, man lässt uns herein. Uwe Barschels Leiche ist noch dort. Einen Tag später sind wir die ersten, die seine Frau und seinen Bruder interviewen. Beide sprechen gefasst und ruhig. Wie kann man nur so gefasst sein, denke ich während des ganzen Gesprächs. Der Bruder verbreitet zum ersten Mal die Mordtheorie. «Jetzt dreht er durch», sage ich mir. Auf seiner Stirn jetzt erste Schweissperlen. 72mal wurde dieses Interview gesendet.

Man trifft die Akteure dieser Welt: die Architekten von Krieg und Frieden. Man interviewt sie, begegnet ihnen an Pressekonferenzen. Man beobachtet ihre Mimik, ihre Sprache. Jahrelang hat man über sie berichtet – plötzlich stehen sie vor einem. Da wird man beflirtet von Yassir Arafat und François Mitterrand, da wird man angeschnauzt von Helmut Kohl und Tony Blair.

Dennoch: Die «Grossen» sind meist langweilig. Sie sind abgeschirmt, sie spulen ihr Medienspiel ab. Einige Witzchen, einige menschliche Sätze. Näher kommt ihnen keiner. Dazu sind sie zu wichtig, dafür fehlt die Zeit. Ausnahmen waren Willy Brandt und Bruno Kreisky. Die sassen mit Journalisten zusammen und öffneten sich. Das war eine andere Zeit. Heute sagen die «Grossen» einige Stereotypen. Interessanter als die ganz «Grossen» sind gewisse «Kleine».

Der Henker mit den rehbraunen Augen

Dr. Najibullah war Chef des KHAD, des afghanischen Geheimdienstes. 1986 kam er an die Macht. Schaudergeschichten zirkulierten über ihn – bestätigt von Hilfswerken und Menschenrechtsorganisationen. Er hat Tausende von Leuten foltern lassen. Er war ein Riese von einem Mann. Sein Übername war «Der Ochse». Er wurde von Gorbatschow eingesetzt. Es hiess, er habe eigenhändig Leute gefoltert und zu Tode gewürgt. Als Politiker war er besser als sein Ruf.

Ich wollte ihn interviewen. Beim Informationsministerium suchte ich um Erlaubnis nach. Ohne Illusionen. Bei Reportagen in fernen Ländern tut man das immer: man fragt, ob man den Präsidenten interviewen kann. Meistens kann man nicht. Ab und zu öffnen sich dann andere Türen. «Den Präsidenten kriegt er nicht, da geben wir ihm den Aussenminister.» Plötzlich kommt die Nachricht: wir können Najibullah interviewen. Wir werden abgeholt, in den Präsidentpalast gefahren. Ein riesiger Aufgang, verblichene rote Teppiche. Man durchsucht uns, Kamera aufschrauben. Wir werden in ein Büro geführt, stellen Kamera und Licht auf und warten.

Plötzlich ist er da: der Ochse, ein Koloss. Das Interview dauert fast eine Stunde. Er spricht langsam, fixiert meine Augen. Ich will raus aus diesen Augen. Ich denke an das Zentralgefängnis. Doch ich komme nicht raus. Er hat sanfte, rehbraune Augen. Er hat weiche Züge, einen fast lieblichen Ausdruck. Ich kriege fast Gänsehaut. Er spricht Paschtu, die zweite Sprache in Afghanistan. Ich sehe seine Hände. Wie zum Gebet hat er sie geformt. Er wirkt entspannt und ruhig. Ein warmes Lächeln auf dem Gesicht. Was haben sie getan, seine Hände?

Viele Jahre später kommt die Meldung: «Najibullah von Taliban-Milizen erschossen und aufgehängt.» Am Tag danach die ersten Bilder. Der Hauptplatz in Kabul. Ein Galgen mit Najibullah und seinem Bruder. Da hängt er, mein Interviewpartner: zur Schau gehängt. Die rehbraunen Augen noch offen. Viele Schaulustige, vor allem Kinder. Ich sehe die Bilder, spule sie zurück, sehe sie nochmals: dreimal, viermal.

Der Einbalsamierte – gut ausgeleuchtet

Maschad, eine Stadt im Nordosten des Iran. Von hier aus fahren wir Richtung Norden. Eine UNO-Vertreterin weist uns den Weg. Plötzlich ein altes Steinhaus, umfunktioniert in ein kleines Spital. Am Eingang ein Schild auf französisch: Lepra-Station. Wir treffen eine Nonne, eine alte Frau, eine Französin. Sie pflegt Lepra-Kranke der Region. Seit dreissig Jahren. Kein Mutter-Teresa-Rummel. Sie führt uns durch die Zimmer. Menschen mit abgefaulten Gliedern. Wir interviewen die Nonne. Sie ist vif und witzig. Solches hinterlässt Spuren. Solche Menschen sind spannend: nicht Clinton, nicht Jelzin.

Oder der tote Präsident, der Schriftsteller. Wir gehörten zu den ersten Journalisten, die wieder nach Angola reisten. Mit sowjetischen Helikoptern wurden wir durchs Land geflogen. Am Nationalfeiertag filmten wir die Truppenparade.

Plötzlich werden wir in den Präsidentenpalast geleitet. Riesige abgedunkelte Säle, das diplomatische Corps in Schwarz. Wir wissen nicht, weshalb. Feierliche Stimmung. In der Mitte des Saals entdecken wir einen Aufgebahrten: Agostino Neto, der erste Präsident des unabhängigen Angola, einbalsamiert in Moskau – zur Feier des Tages aus einem Moskauer Kühlhaus nach Luanda überführt. Wir nähern uns. Man lässt uns gewähren. Ich zünde die Handlampe an, richte sie ins Gesicht des Toten. Das diplomatische Corps schaut zu. Vor dem Einbalsamierten seine Frau und José Eduardo dos Santos, der jetzige Staatspräsident. Der Kameramann dreht aus einer Distanz von zwei Metern. Man ist stolz, dass wir den ersten Präsidenten filmen. Beim Hinausgehen sagt mir Jean H., der Kameramann: «Ich bin der erste, der zwei Staatspräsidenten des gleichen Staates gleichzeitig gefilmt hat.» Jeder Journalist hat seine Geschichten.

Die geschenkte Kalaschnikow

Oder Abdul Haq. Der verrückteste Mensch, der mir je begegnete. Guerillaführer in Afghanistan. Ich traf ihn im pakistanischen Peschawar. Ein gefährdeter Mensch. Seine Gegner schworen ihm Rache. Er lebte im Untergrund. Auf Umwegen konnte ich ihn kontaktieren. Ich solle um 19h00 in der Hotelhalle warten.

Ein kleiner Mann stürmt hinein. Ich gehe zu ihm hin: «Sind Sie der Fahrer von Abdul Haq?» Der Mann fixiert mich, wartet. Dann sagt er: «Ich bin Abdul Haq.» Er, zum Abschuss freigegeben, holt uns ab. Der Kameramann und ich steigen in sein Auto. Mit 120 rast er durch Peshawar. Er überfährt einige Hühner, verletzt eine Ziege. Die Fahrt in die Nacht dauert ewig. Plötzlich ein Haus, plötzlich bewaffnete Männer. In einem Speisesaal setzen wir uns zu Boden. Diener bringen Reis und Schaffleisch.

Abdul Haq erzählt und erzählt. Er wurde viermal zum Tode verurteilt. Viermal gelang ihm die Flucht. 14 Schüsse haben ihn durchdrungen. Er liefert den Beweis. Er zieht sein Hemd aus: sein Körper voller Narben. Seine Augen feurig. «Wir müssen kämpfen, wir müssen gewinnen.» Er will mir seine AK 47 Kalaschnikow schenken. Ich könne nicht mit einer Kalaschnikow nach Europa reisen. Er insistiert. Geschenke darf man nicht ablehnen. Ich sage, ich würde wiederkommen.

Abdul Haq befehligte eine kleine Truppe in den Bergen bei Kabul. Bei einem späteren Besuch wollte ich ihn treffen. Man sagte mir, er sei auf eine Mine getreten. Ein Fuss sei weg, doch er kämpfe weiter. Vor kurzem erfuhr ich, Abdul Haq sei tot – «vom Feind erschossen».

«Ist man zerbrechlich, platzt das Hirn»

Fernsehjournalismus – das ist viel Abenteuer. Doch immer draussen kann man nicht sein. Und will es nicht. Fernsehjournalismus ist vor allem Arbeit auf der Redaktion, auf der Zentrale.

Dort ist man hingerissen zwischen Stress und Frust. Viele arbeiten zwölf Stunden pro Tag – und das sieben Tage die Woche, ohne Unterbruch. Belastend ist nicht die Arbeit, im Gegenteil: geschieht Grosses, so blüht jede Redaktion auf. Dann gibt sie ihr Letztes: überpurzelnde Hektik. Erdrückend ist das Nichtstun. Geschieht nichts, kommt Frustration auf. Man hängt auf der Redaktion herum, wartet, geht nach Hause, ohne etwas geleistet zu haben.

Organisiert sind News-Redaktionen wie Notfallstationen: Ärzte und Krankenschwestern warten auf Patienten. Die Infrastruktur ist so angelegt, dass viel Schlimmes geschehen kann. So auch in Nachrichtenredaktionen. Das Personal ist da, um überraschende Ereignisse journalistisch bewältigen zu können. Doch wenn nichts geschieht, treten wir auf der Mühle. Man kann nicht zeigen, was man kann.

Fernsehjournalist ist ein Beruf für Selfmadeleute. Zwar kriegt man eine Ausbildung: man lernt, was ein Filmschnitt ist. Man lernt, was ein Achsensprung ist. Man lernt texten und sprechen. Doch man hat es im Blut oder nicht. Es gibt Leute, die bilden sich weiter, immer wieder. Nach zehn Jahren können sie es noch immer nicht. Und es gibt solche, die können es nach dem dritten Mal. Eine Chance erhält jeder. Da wird man auf Reportage geschickt. Dann zählt die Phantasie. Vor allem geht es um die Fähigkeit, Kompliziertes zu reduzieren. Die Fähigkeit, etwas ins Bild zu setzen: aus Langweiligem Spannendes machen.

Auch bei grossen Stationen lernt jeder Fernsehmachen selbst – man ist immer Autodidakt. Wer es nach zwei Jahren nicht kann, lernt es nie. Ein Zeitungsjournalist, der kompliziert schreibt, ist immer noch ein guter Zeitungsjournalist. Aber ein Fernsehjournalist, der kompliziert inszeniert, ist ein schlechter Fernsehjournalist.

Gejagt von der Aktualität fehlt uns die Zeit zum Nachdenken. Zum Nachdenken über Themen. Was liegt in der Luft? Wie können wir dieses oder jenes Thema aufbereiten? Welche Akteure können wir beiziehen? Gibt es nicht einen weiteren, einen anderen Zugriff? Alle Nachrichtenredaktionen stöhnen unter diesem Manko. Alle träumen von einer Redaktion, die geistig Pingpong spielt. So würden Ideen spriessen. Gemeinsam würde man Themen entwickeln. Das tut man an täglichen Redaktionssitzungen. Auch an den Wochenplanungssitzungen – doch oft fehlen Manpower und Feuer.

Das Schöne an der News-Maschinerie ist das Unvorhergesehene. Man geht morgens arbeiten; man weiss nie, wie der Tag zu Ende geht. Eigentlich wollte man abends um acht Freunde treffen. Da steht man abends um acht in der Oderflut oder im Tunnel de l'Alma in Paris. Viele brauchen dieses Adrenalin. Der Papst soll nicht am Vormittag sterben, sondern fünf Minuten vor Sendebeginn: dann können wir zeigen, was wir können. Ja, verrückt sind bei uns viele.

«Es stimmt, das Fernsehen macht verrückt», sagt Patrick Poivre d'Arvor, der Star der französischen News. Seit Ende der siebziger Jahre moderiert er die Hauptnachrichten. «Ist man zerbrechlich, platzt das Hirn.»

Viele zerbrechen bei uns. Newsjournalismus – ein Beruf, der Ehen zerschleisst, der zehrt, der auffrisst. Wenige halten durch bis 60 oder mehr. Wenige enden gut. Um gut zu enden, braucht es viel Kraft und Willen. Da werden Freunde krank, andere ertrinken im Alkohol. Viele schlucken Medikamente. Manche sind deprimiert, wenden sich ab, versuchen Neues. Fernsehjournalismus – eine Achterbahn mit raschen Höhen und Tiefen. Ein Beruf, in dem es schwer ist loszulassen. Die durchschnittliche Lebenserwartung der Journalisten liegt bei 58 Jahren.

Es wimmelt von Primadonnen

Selbstkritik ist nicht die Zierde des Berufsstands. In jedem Grossbetrieb gibt es Neidereien und Grabenkämpfe. Im Fernsehen werden sie offener ausgetragen, wenig chic. Da fliegen oft Fetzen. Selbstzerfleischung gehört zu den täglichen Vergnüglichkeiten mancher Redaktionen. Man verlacht

Kollegen, vor allem Abwesende. Man parodiert sie. Man freut sich über Misserfolge der andern. Es wimmelt von Primadonnen. Eitelkeit ist unedel, gepaart mit journalistischer Extrovertiertheit wird sie unausstehlich.

Vor allem Korrespondenten werden zerzaust. Sie sind weit weg. Meist erfahren sie gar nicht, dass sie zerpflückt werden. Selbstzerfleischung ist vor allem ein Symptom Zierde deutscher Redaktionen.

Claudia Siebert, frühere ZDF-Korrespondentin in Moskau, schrieb einen Roman dazu. Vorgestellt wird ein älterer Korrespondent in Moskau. Er bereitet ein Schaltgespräch mit der Berliner Zentrale vor. Er ist nervös. Schweiss steht auf seiner Stirn. Schon steht er bereit, schon kann ihn die Regie in Berlin sehen. «Woll'mer wetten, dass er sich verhaspelt? Setz' ich zwanzig Mark drauf», höhnt eine junge Frau. Eine Bildmischerin: «Weshalb schickt den keiner nach Tschetschenien.» Als der Korrespondent «endlich auf Sendung geht, schlägt ihm der Puls regelrecht Rhythmen auf die Stimmbänder. Er verspricht sich, diesmal gleich zu Beginn. Wildes Gejohle in der Regie, Geldscheine werden gezückt.» Nur die Franzosen können noch bestialischer sein. Schweizer und Österreicher sind in Sachen Selbstzerfleischung weniger talentiert als Deutsche.

Hähnchen und Eiffelturm

Es gibt auch Amüsantes. In Frankreich fanden Wahlen statt. Auf dem Dach eines Pariser Hochhauses wurde ein offenes Studio aufgebaut. Live gingen die Journalisten auf Sendung. Im Hintergrund sah man den Eiffelturm. Gerade dort, wo die Kamera stand, befand sich der Ausgang eines Lüftungsschachts. Gelüftet wurde hier die Küche des Dachrestaurants. P.G., Journalist der Westschweizer Tagesschau, sagte live seinen Kommentar auf. In diesem Moment strömten weisse Dämpfe aus dem Schacht. Sie umhüllten den Journalisten. Es roch nach gebratenem Hähnchen und Thymian. Nicht einfach, über Jospin und Chirac zu sprechen.

Beruf: Star

«The News is the Star», sagte Reese Schonfeld von CNN. Moderatorin und Moderator werden von der Boulevardpresse wie Königskinder behandelt: gehätschelt und geshreddert, beklatscht und weggeworfen. Man spricht über ihren Friseur und ihre Zellulitis. Hauptfunktion der Königshäuser ist es, den Boulevardmedien Stoff zu bieten. Wir haben keine Königshäuser. Also springt das Fernsehen ein.

Star sein ist ein harter Beruf. Er verlangt Willensstärke und Intelligenz. Nicht alle haben sie. Stars werden eingeladen: bei Ministern und Notabeln, bei Modeschöpfern und Chefredaktoren. Im Vorortszug werden sie gegrüsst und bequatscht. Im Restaurant erhalten sie die besten Plätze. Jede Zeitschrift porträtiert sie. Sie werden gefragt, was sie von «Candle in the Wind» halten. Oder: «Kaufen Sie nur Biogemüse?» «Lieben Sie Bonsai-Pflanzen, was halten Sie von Heimgeburten?» Manche Vedette gibt Intimstes preis. Für Fotos ist ihnen keine Pose zu schade. Nicht alle spielen mit: vor allem die Briten nicht. John Snow und Trevor McDonald geben selten Interviews, auch Martin Lewis oder Jeremy Paxman nicht. Sie schreiben auch keine Bücher – so wie Deutsche und Franzosen.

Man flattiert ihnen. Komplimente prasseln nieder. Schwer, in der Honigmasse nicht steckenzubleiben. Es braucht festen Charakter. Viele haben ihn. Viele wissen: man huldigt meiner Rolle und nicht mir selbst. Jeder, der die Tagesschau moderiert, erhält Komplimente und Liebesbriefe, Einladungen beim Minister und gestrickte Socken. Jeder, ob gut oder schlecht. Man umschmeichelt die Galionsfigur als solche – und nicht den Menschen, der dahinter steckt. Jeder ist ersetzbar. «Erzählen wir doch keine Witze», sagte Patrick Poivre d'Arvor, Moderator von TF1, «das Fernsehen macht die Stars und nicht die Stars das Fernsehen.» Manche Moderatoren sehen das anders.

Bei Charakterschwachen beginnt dann die Selbstüberschätzung, die Selbstglorifizierung. Für viele wird der Ruhm zum Lebensinhalt. Oft wird es pathetisch und pathologisch. Viele verlieren den Boden unter den Füssen: die Flattiererei bringt exaltiertes Selbstwertgefühl. Da gibt es solche, die abheben, die sich überschätzen. Sie wandeln durch die Medienwelt wie Christus über den See Genezareth.

Es war vor Jahren. Ein Tagesschau-Sprecher hatte lange Jahre die Tagesschau moderiert. Dann sollte er ins zweite Glied treten. «Setzt man mich ab», donnerte er, «steige ich auf die Barrikaden. Dann wird das Land zittern.» Er wurde abgesetzt. Das Land zitterte nicht. Der Abschied vom Bildschirm ist für viele schmerzhaft. Als ob der Sinn des Lebens verlorenginge. Da treten Psychiater an, da gibt es seelische Zusammenbrüche. Der Ruhm verblasst schnell. Schon ist ein anderer da, eine andere.

In den USA und Frankreich verdienen Nachrichtenstars Millionen. CNN versuchte den Starmoderator Tom Brokaw von NBC abzuwerben, für ein Jahressalär von sieben Millionen Dollar. Vergebens. Auch in

Deutschland verdienen sie viel. Einige Stars kommen auf eine halbe Million und mehr. Nicht in der Schweiz. Tagesschau-Moderatoren verdienen Fr. 500.– mehr als die andern Tagesschau-Journalisten. Ein klein wenig gibt's auch für Kleiderentschädigung.

Telekratie

Wie mächtig ist das Fernsehen?

Jeder kritisiert das Fernsehen. Und jeder schaut hin. Als Informationsmedium stellt das Fernsehen alles in den Schatten. Was in den Fernseh-nachrichten kommt, ist Tagesgespräch. Politiker buhlen um Auftritte. Wer am Fernsehen kommt, den kennt man. Wer nicht auftritt, den gibt es nicht. «Ein Leben ist nur dann ein Leben, wenn es sich in den Medien widerspiegelt» («Die Zeit»). Vor allem ein politisches Leben.

Die Macht des Fernsehens hat sich in den letzten Jahren weiter gefestigt. Ende der achtziger Jahre ging der Fernsehkonsum leicht zurück. Dann wuchs der Fernsehkonsum wieder stark. Zumindest in Europa. 1997 war in einzelnen Ländern (Schweiz, Deutschland) ein minimer Rückgang zu verzeichnen, möglicherweise auf Kosten des Internet. In andern Ländern steigt der Konsum weiter. Das sind natürliche Schwankungen auf sehr hohem Niveau. Einen allgemeinen, ausgeprägten Trend nach unten erwartet niemand.

Grossbritannien ist neben Frankreich das klassische Trendland im europäischen Fernsehen. Auch auf den britischen Inseln steigt der Fernsehkonsum wieder – erstmals nach jahrelangem Rückgang. Doch er ist noch immer sechs Prozent tiefer als vor fünf Jahren. Zwischen 1985 und 1996 sank der Konsum kontinuierlich. Ab 1997 ging es in Britannien wieder bergauf.

In den USA verzeichnen die grossen Networks dramatische Einbussen. Innerhalb eines Jahres (Sommer 96 bis Sommer 97) haben die traditionellen Stationen 19 Prozent der Zuschauer verloren. Die Kabelsender dagegen gewannen 16 Prozent. Insgesamt ist in den USA ein leichter Konsumrückgang zu verzeichnen. 1996/1997 war jedes amerikanische TV-Gerät täglich sieben Stunden und zwölf Minuten in Betrieb. Das sind fünf Minuten weniger als im Vorjahr (schon 1949 waren es täglich viereinhalb Stunden). Trotz kleinen Schwankungen: der Fernsehkonsum hat sich auf sehr hohem Niveau stabilisiert. Auch wenn da und dort die Zahl der News-Konsumenten leicht abnimmt: die Fernsehnachrichten bleiben mit Abstand das wichtigste Informationsmedium.

radiesische Einschaltquoten

_e drei Schweizer Tagesschauen und das österreichische «Zeit im Bild» stehen einzigartig in der europäischen Landschaft. Sie haben paradiesische Quoten (Ratings).

Am wichtigsten sind die Marktanteile. Was sind Marktanteile? Ein Beispiel: um 19h30 sind in einem Sendegebiet eine Million Fernsehgeräte eingeschaltet. Über 500 000 von ihnen flimmert die Tagesschau des Deutschschweizer Fernsehens. Der Marktanteil der Tagesschau beträgt also 50 Prozent. Weitere 200 000 aller eingeschalteten Geräte zeigen ein Magazin von RTL. Der Marktanteil von RTL beträgt also zu dieser Zeit zwanzig Prozent. Die Marktanteile sind wichtig für die Werber.

In den Redaktionen der grossen französischen Sender herrscht jeden morgen um neun das grosse Zittern. Dann werden die Quoten der Sendungen vom Vorabend mitgeteilt. Sie bestimmen über Sein oder Nichtsein einer Sendung. Sie bestimmen auch über das Schicksal von Produzenten und Moderatoren. Hat in Europa eine Sendung einen Marktanteil von unter 20 Prozent, fliegt sie in vielen Ländern längerfristig aus dem Programm. Nur die Kultur wird auf tieferem Niveau umhätschelt.

Die Deutschschweizer Tagesschau hatte 1997 einen Marktanteil von durchschnittlich 65,3 Prozent (Spitzenwert 75% beim Tod von Princess Di). Als ob wir ein Staatsfernsehen zu sowjetischen Zeiten wären. Wir sprechen denn auch von Ceausescu-Ratings. Landesweit gibt es in der Schweiz nur eine Deutschschweizer TV-Nachrichtensendung. Das ist einer der Gründe für die enormen Marktanteile. Auch die Westschweizer Tagesschau hat Marktanteile von 62 bis 70 Prozent – trotz starker französischer Konkurrenz. Ähnliche Zahlen weist der Telegiornale der italienischsprachigen Schweiz aus.

In Österreich steht «Zeit im Bild» (ZiB) noch besser da. Marktanteil: 76 Prozent. Auch in Österreich gibt es keine landesweite Konkurrenz. In Frankreich kommt die 20h00-Tagesschau von TF1 auf 40 Prozent Marktanteil, jene von France 2 auf 25 Prozent. Die Regional-News von France 3 erreichen 45,1 Prozent.

In Deutschland ist die Konkurrenz am grössten. Die ARD-Tagesschau erzielte 1997 einen Marktanteil von 32 Prozent, das ZDF-heute kommt auf 22,5 Prozent, RTL aktuell auf 23 Prozent, Sat 1 (18h30 auf 10,1).

Wir sagen: Die Einschaltquote ist eine Zufriedenheitsquote. Doch nicht nur: viel ist Gewohnheit. Gerade bei den Nachrichtensendungen haben es neue Stationen schwer, ein Stammpublikum zu erwerben.

Die Anarchisten

Doch die Umfragezahlen könnten täuschen. Vor allem in den USA täuschen sie immer häufiger. Immer mehr Institute terrorisieren die Zuschauer. Ständig klingelt das Telefon. «Haben Sie diese Sendung gesehen?», «Was halten Sie von jenem Journalisten?», «Wie finden Sie dieses Quiz?». Die Belästigungen der Institut-Befrager gehen immer mehr Leuten auf die Nerven.

In Amerika ist eine Bewegung entstanden, die fast anarchistisch ist. Man lügt die Institut-Befrager an. Man gibt bewusst falsche Angaben. «Nein, ich habe diese Sendung nicht gesehen», obwohl man sie gesehen hat. «Nein, jenes Quiz war schrecklich dumm», obschon man es mit Spannung verfolgt hat. So werden die Ergebnisse verfälscht – und wertlos.

Auch Gescheite lesen weniger

Der Konsum der TV-News geht da und dort zurück. Die Tendenz ist uneinheitlich. Die Entwicklung ist zu wenig ausgeprägt, um Prognosen stellen zu können. Zeichnet sich tatsächlich da und dort eine News-Müdigkeit ab? Auch das kann nicht mit Sicherheit gesagt werden.

Sicher ist aber: Man liest weniger. Vor allem die Tagespresse verzeichnet Rückschläge. Ist der starke Fernsehkonsum schuld daran? Das wird behauptet – ist aber nicht erwiesen. In Europa sinkt die Zahl der Zeitungsleser jedes Jahr um etwa 1,6 Prozent. Das geht aus den «World Press Trends» (1996) hervor. In den 15 Ländern der Europäischen Union wurden 1996 noch 82 Millionen Zeitungen verkauft. Innerhalb von fünf Jahren beträgt der Rückgang der verkauften Zeitungen 4,2 Prozent, innerhalb von zehn Jahren 7,7 Prozent.

Auch Schweizer, Österreicher und Deutsche lesen weniger Zeitungen. In Deutschland liest jeder Dritte keine Tageszeitung mehr. Das zeigt eine Untersuchung. Bei den Jüngeren ist die Lesefaulheit noch prägnanter. Betroffen vom Leserschwund sind auch Boulevardzeitungen. In der Schweiz ist die Auflage des «Blick» innerhalb von zehn Jahren von knapp 380 000 auf unter 320 000 gesunken.

Auch die Gescheiten lesen weniger Zeitung. Das ist neu. Die Studie von Marie-Luise Kiefer zeigt: Bei höher Gebildeten (Geburtsjahr 1955 bis 1974) lesen in Deutschland nur sechs von zehn Personen regelmässig eine Tageszeitung. Doch diese schauen auch wenig Fernsehen. Ist also nicht nur das Fernsehen schuld daran, dass weniger gelesen wird?

Weniger betroffen vom Leserschwund sind Zeitschriften und Magazine. Vielen fehlt offenbar die Zeit, jeden Tag eine Zeitung zu lesen. Man greift zu wöchentlichen Zusammenfassungen.

Man liest nicht nur weniger Zeitung, man liest auch weniger Bücher. Das geht aus der Studie von Marie-Luise Kiefer hervor. Zwischen 1980 und 1990 war der Bücherkonsum wieder gestiegen. Seit 1990 geht es erneut bergab. Vor allem die jungen Leseratten verlassen das Bücherschiff. Junge Leute sind es, die weniger lesen. Überraschend auch hier: die gebildeten Jungen sind es, die weniger lesen.

Man liest weniger Bücher

Der Bücherkonsum in Deutschland ist zwischen 1980 und 1990 stetig gestiegen. Seit 1990 nimmt er wieder ab. Am stärksten sind die Einbrüche bei den Jungen.
Untersucht wurde, welcher prozentuelle Anteil der Bevölkerung täglich oder mehrmals pro Woche ein Buch las. Die Zahlen beziehen sich auf die alten Bundesländer.

Geburtsjahrgänge	1980	1985	1990	1995
bis 1914	15	16	17	17
1915 bis 1924	15	20	26	23
1925 bis 1934	19	21	24	23
1935 bis 1944	20	23	25	25
1945 bis 1954	35	28	31	27
1955 bis 1964	45	36	38	30
1965 bis 1974	–	39	45	34
1975 und später	–	–	–	37
Gesamtbevölkerung	26	27	32	28

(Quelle: Marie-Luise Kiefer in Media Perspektiven II / 96)

Michael Bloomberg ist ein Senkrechtstarter im Mediengeschaft. Für ihn ist das Rennen zwischen Zeitungen und Fernsehen gelaufen. «Der Kampf ist schon vorbei.» Die elektronischen Medien haben gewonnen. Aber: die geschriebene Presse ist keineswegs tot. Die Presse kann «Geschäfte machen, wenn der Inhalt gut ist. Wenn er sich unterscheidet von jenem der elektronischen Netze.»

Das heisst: Polarisierung, keine Vermischung zwischen Seriösem und Boulevard: entweder konsequent seriös oder konsequent Boulevard. Die seriöse Presse soll mehr Hintergründe liefern, mehr Analysen. Sie soll sich spezialisieren. Anderseits soll die Boulevard-Presse brutaler an den Boulevard ran. Softy-Boulevard bringt kein Geld.

In Grossbritannien, dem blutbespritzten Boulevard-Land, wird die Polarisierung immer ausgeprägter. Auf der einen Seite: «Daily Mail» und «Sun». Sie sind an tierischem Boulevard kaum zu überbieten. Auf der andern Seite «The Independant» oder der «Observer»: anspruchsvolle, fast künstlerisch gemachte Blätter.

Altes Publikum

Die Zahl der Fernsehzuschauer schwankt mit den Jahreszeiten. Je besser das Wetter, desto weniger Zuschauer. Wir wissen: wir machen keine Tagesschau für Junge. Die Zuschauer der Deutschschweizer Tagesschau haben ein Durchschnittsalter von 56,8 Jahren. Doch nicht nur die Schweizer sprechen die Älteren an: alle Nachrichtensendungen rund um die Welt weisen ähnliche Zahlen vor. Wir versuchen, die Jüngeren anzulocken. Die Gefahr ist, dass wir dann die Älteren verlieren.

Alle Informationssendungen sprechen ältere Leute an. Auch das Magazin 10 vor 10 des Schweizer Fernsehens. Es zeigt sich jung und frech. Durchschnittsalter der Zuschauer: 54 Jahre.

Das Phänomen ist nicht neu: Ältere schauen mehr Fernsehen, sie lesen mehr Zeitungen und Bücher. Sie haben mehr Zeit. Sie sind die am besten informierte Gesellschaftsschicht. Erst ab 30 beginnt sich der Mensch für Informationen zu interessieren. Das erhöht das Durchschnittsalter.

Alles fürs Fernsehen

Die Fernsehleute erfahren es täglich: man tut alles fürs Fernsehen. Politiker verschieben ihre Ferien, damit sie noch auftreten können. Experten steigen ins Flugzeug und fliegen drei Stunden zu uns ins Studio: damit sie zweieinhalb Minuten sprechen können. Wer nicht am Fernsehen auftritt, den gibt es nicht. «Vor fünfzehn Jahren», sagte Jean-Marie Cavada von France 3, «musste ich die Politiker beknieen, dass sie am Fernsehen auftreten. Diese Woche riefen vier Minister an.»

Parteikongresse, Demonstrationen – immer denkt man ans Fernsehen. Besonders in Amerika und Frankreich, auch in Spanien und England: grosse Reden und Abstimmungen, grosse Demonstrationen und Beschlüsse: alles zur Prime-Time – live in die Tagesschau. Die Mächtigen dieser Welt helfen uns bei fernsehgerechter Inszenierung. Politik muss verkauft werden. Verkauft wird sie übers Fernsehen.

«Avanti dilettanti»

Ohne das Fernsehen wird keiner zum Politiker. Reich sein genügt längst nicht mehr. Wer in Fernsehauftritten nicht besteht, wird nicht gewählt. Das bedeutet: nicht der Beste wird gewählt, sondern jener, der sich am besten verkauft, sich am besten vermarktet. Gefragt sind Gewandtheit und Beredsamkeit, Schlagfertigkeit und gutes Aussehen. Die Puristen klagen: das Niveau der Politik sinkt – wegen des Fernsehens. Vielleicht. Nur: waren unsere Vor-Fernseh-Politiker besser? Oder gab es einfach kein Fernsehen, das aufzeigte, wie schlecht sie waren?

Der Minister ziert sich. Das gehört dazu. Er sagt: «Ach, dieses Fernsehen, ach, diese Geier.» Er, der früher rannte, wenn das Fernsehen anrief. Für die Tagesschau – allzeit bereit. Er, der durch das Fernsehen wurde, was er ist. Es gibt Politiker, die immer rannten, auch am Samstag nachmittag, auch am Sonntag morgen. Dann werden sie Minister, dann werden sie staatsmännisch. Natürlich wollen sie nicht zeigen, dass sie am Schoppen des Fernsehens gross geworden sind. Jetzt lehnen sie Interviews ab. Fernsehleute verzeihen ihnen das.

Politiker ohne Fernsehauftritte sind Halbtote. Hat ein Politiker die Wahl zwischen dem Fernsehen und dem Auftritt vor fünfhundert Parteigenossen – er zögert keinen Moment. Weshalb kommen Spitzenpolitiker erst um 21h00 an die grossen Parteikongresse? Um 20h00 werden sie im Fernsehstudio interviewt.

Sie reissen sich nicht nur um TV-Auftritte: Politiker unterwerfen sich dem Fernsehen – was Inhalt und Form betrifft. Die Fernsehnachrichten sind kurz. Man will Tempo und Rhythmus. Um Himmels willen keine Langeweile. Das bedeutet: lange Reden sind nicht gefragt. Man will Satzfetzen. Ein politisches Programm – dargestellt in 18 Sekunden. Für mehr als Schlagworte reicht es nicht. Man banalisiert. Noch nie sprachen Politiker so platt wie heute. Ihre Sprache ist jene der Wahlplakate. Jeder Politiker weiss: wenn mein Satz länger als zwölf Worte ist, wird er weggeschnitten.

So treiben wir einer Politsprache entgegen, die sich auf dreissig, vierzig Worte reduziert. Zum Beispiel: «Dynamisch, neuer Elan, Schritt in die richtige Richtung, innovativ, visionär, mutig…». Oder: «Avanti dilettanti» (Joschka Fischer zu Kohl und Waigel). Politiker sind Werbetexter geworden.

Schon in den siebziger Jahren hatte die britische BBC ein Credo. Länger als dreissig Sekunden liessen sie keinen sprechen – zumindest in den Nachrichten nicht. Dreissig Sekunden – das ist heute eine Ewigkeit. Die meisten Quotes sind zehn, zwanzig Sekunden lang. Übrigens: ganz früher war es uns verboten, Interviews mit Ministern oder Bundesräten zu kürzen.

Je unbekannter ein Politiker, desto mehr unterwirft er sich dem Diktat. Wichtig ist nur, dass er im Fernsehen erscheint. Die Grossen, die täglich ihre Auftritte haben könnten, haben zu den Medien ein gelasseneres Ver-

…is. Doch viel weniger gelassen, als sie vorspielen. Viele haben Angst den Medien. François Mitterrand nannte die Journalisten «les petits …sieurs». Das Intelligenzblatt «Le Monde» bestellte er wütend ab, nonchalant – mit öffentlichem Protest. Doch seine Sekretärin musste die Zeitung kaufen. Er las sie heimlich. Kleinliche Sphinx.

Das Fernsehen schafft Politiker. Wissenschafter schafft es nicht. Oder doch? Das Fernsehen zieht immer mehr Wissenschafter zu Rat: Menschenrechtler, Ärzte, Spezialisten des internationalen Rechts, Strategen, Konfliktforscher, Chemiker. Doch das Fernsehen zieht nicht die besten dieser Wissenschafter bei. Nicht ihre weitsichtige Brillanz ist gefragt. Man will jene, die am besten sprechen, am besten auftreten können: jene, die ihre Sache verkaufen können. Das hat Einfluss auf den Gelehrtenbetrieb. Jene, die auftreten, werden zu Stars, werden wichtig. Sie drücken jene an die Wand, die wissenschaftlich vielleicht viel besser sind.

Wissenschafter vermitteln die Illusion von Seriosität. Das braucht das Fernsehen. Doch manche dieser Wissenschafter lassen sich korrumpieren. Ihr Diskurs darf nicht langweilig und unverständlich sein. «Das wichtigste ist», klagt Philippe Breton, «dass man in den Medien vorkommt, um zu existieren.» Die Botschaft hat «nur eine zweitrangige Bedeutung». An den Universitäten ist längst der Streit ausgebrochen: Wie weit soll man sich dem Diktat des Fernsehens unterwerfen? Sicher ist: auch ein intelligenter Wissenschafter kann sich verständlich ausdrücken. Oder zynischer: Brillanz äussert sich nicht darin, dass man unverständlich spricht.

Audienz mit Schweissausbrüchen

Die meisten Politiker sind cool geworden. Sie schmeissen uns die banalsten Sätze vor die Kamera – mit Bravour, ohne mit der Wimper zu zucken. Als schämten sie sich nicht einmal. Sie haben Medientraining hinter sich. Sie haben Erfahrung.

Einigen liegt das Fernsehen noch immer nicht. Sie bringen die Angst nicht los. Sie werden nervös, geraten ins Stocken. Fernsehen kann brutal sein: es wirkt wie eine Lupe. Ängste werden vergrössert dargestellt, eine hohe Stimme wird noch höher, kleine Ticks werden grösser. Nervosität bleibt nie verborgen.

Fernsehjournalist und Politiker treffen sich in einem Hotelzimmer, einem Büro. Im Vorgespräch erzählen sie interessante Dinge. Die Kamera läuft. Plötzlich: black out, sie vergessen alles. Die Audienzen zwischen Politiker und Fernsehjournalist sind oft pathetisch. Auch die Grossen sind nicht immer in Form, sind müde, zerstreut. Da fällt die Maske. Vorbei die grossen Polittöne. Da gibt es Schweissausbrüche und Seufzer. Oft müssen wir den Interviewpartnern Mut zusprechen, sie aufpäppeln, ihnen Brücken bauen, erste Hilfe leisten. «Oft haben wir eine fast psychotherapeutische Funktion», sagt eine Westschweizer Tagesschau-Journalistin. Wie viele Fernsehjournalisten haben schon die Texte geschrieben, die der Politiker dann auswendig lernt? Jeder Journalist kann mit Beispielen aufwarten.

Da gibt's und gab's: die Vollblüter. Willy Brandt fragte jeweils: «Wie lange wollen Sie: 40 Sekunden oder 50 Sekunden.» Wir wollten 50 Sekunden. Brandt sprach 48 Sekunden lang. Eine Version. Er klopfte uns auf die Schultern und ging.

Schwieriges Konkubinat

Der Politiker braucht das Fernsehen, um Politiker zu werden. Aber die Medien brauchen die Politiker, um Stoff zu haben. Das Konkubinat ist schwierig. Beide tun, als respektierten sie sich. Aufgabe des Journalisten wäre es, die Machthaber unter die Lupe zu nehmen, sie zu kritisieren, Licht ins Dunkel zu bringen, Missstände aufzuzeigen. Es ist die Schuldigkeit der vierten Macht im Staat, die Narrenfreiheit der Politiker einzuengen. Doch die Machthaber lassen sich ungern in die Töpfe schauen. Keiner will kritisiert werden. Also: Konflikte sind programmiert. Die Symbiose zwischen Journalist und Politiker ist von Natur aus belastet.

Der Journalist möchte zum Politiker ein privilegiertes Verhältnis. Er braucht Informationen, möglichst vertrauliche, möglicht exklusive. Die Politiker wissen das. Viele nehmen die Journalisten an die Leine. Wer nicht spurt, wird bestraft. Das kann ganz harmlos sein. Da kritisiert ein Lokalreporter Polizei und Regierung. Ab jetzt erfährt der Reporter nichts mehr. Hier ein Unfall, dort ein Verbrechen. Polizei und Regierung vergessen, ihn anzurufen, ihn zu informieren. Die Lokalreporter der andern Zeitungen kriegen die Informationen. Er nicht.

In der gleichen Stadt eine andere Geschichte: ein Journalist schreibt eine nette Geschichte über die Regierung. Einige Wochen später erhält er Informationen über einen Skandal. Als einziger. Seine Quelle: «…aus Regierungskreisen erfuhren wir…». Eine Hand wäscht die andere. Je kleiner das Medium, desto mehr muss der Journalist das Spiel der Mächtigen spielen und sich unterwerfen.

Manche Medienprodukte rühmen ihren Recherchier-Journalismus. Mit prallen Lettern schreiben sie ihn auf ihre Fahne. Doch nur selten kommen Enthüllungen dank Recherchierarbeiten an den Tag.

Vom Scoop träumt jeder Journalist. Scoops sind Enthüllungen, über die bisher keiner schrieb. Das Wort wird inflationär gebraucht. Die heutigen Scoops sind oft Wasserblasen, Blindgänger: keinen interessiert's, morgen vergessen. In allen Medien ist die Konkurrenz gross. Man braucht Scoops – um sich von andern zu unterscheiden. «Schaut, wir hatten dies, die Konkurrenz nicht.» Doch selten recherchiert ein Journalist einen Scoop. Meist wird er ihm gesteckt. Mit Scoops werden die Medien von den Mächtigen manipuliert. Mit Scoops können Politiker und Wirtschaftsleute den Gegner diskreditieren, Wahlen werden beeinflusst, Politik wird gemacht, Aktienkurse werden gelenkt. Mit gesteckten Scoops wird oft süsse Rache genommen.

Das Schlimmste: Journalisten beginnen mit Politikern zu copinieren. Sie essen zusammen, duzen sich, sind fast Freunde. Da soll der Journalist dann kritisch über den Politiker berichten? Die Gefahr besteht, dass der Journalist zu sehr in der Welt des Politikers zu leben beginnt. Kritische Informationen werden zurückgehalten, um den Politiker zu schützen. Und trotzdem.

Trau keinem Journalisten

Frankreich war das letzte Land, in dem Journalisten und Politiker einen Vertrauenspakt respektierten. Dazu gehörte: Fernsehjournalisten berichten nicht über das Privatleben von Politikern. Mitte der neunziger Jahre flog dieser Pakt auf. Als erster hatte der «Paris-Match» über Mazarine berichtet, die uneheliche Tochter von Mitterrand. Ein Aufschrei ging durchs Land. Der «Paris-Match» wurde von vielen boykottiert. Vertrauenspakt hin oder her: Trau keinem Journalisten. Der Konkurrenzdruck in den Medien ist allzu gross. Die Gefahr eines Vertrauensbruchs ist gewaltig. Kein Journalist, der Wichtiges weiss, hält es lange zurück. In Deutschland schon gar nicht. Die Wahrheit kommt fast immer in die Schlagzeile.

Nicht wir manipulieren, wir werden manipuliert

Macht und Einfluss des Fernsehens haben eine Kehrseite: einerseits unterwerfen sich die Politiker dem Diktat der Medien. Aber sobald sie mächtig sind, tun sie alles, um das Fernsehen an die Leine zu nehmen. Nicht wir ma-

nipulieren. Die Machthaber versuchen, das Fernsehen zu manipuliere
allem in der Dritten Welt. Am meisten aber in den modernen Demo]

Das kann sehr plump zugehen. Im Krieg, und ist er noch so klein, spielen auch Amerikaner und Engländer eine oft obszöne Rolle. Ihr Vorgehen
gegen die Presse in Grenada (1983), den Falklands (1982) und Panama
(1989) sind einer demokratischen Gesellschaft unwürdig.

Schon im Vietnamkrieg hatte Amerika versucht, die Medien zu zügeln.
Jeder Bericht wurde zensuriert. Angaben über die Zahl der Toten waren ver-
boten. Regierung und CIA wurden eingeschaltet, um Journalisten den
Mund zu stopfen. Lange ging das nicht. Militär und Regierung entglitt die
Kontrolle. Das sollte nicht wieder vorkommen. Man lernte dazu. Im Golf-
krieg entglitt zunächst nur wenig. Phantastische Bilder. Den Krieg zum
Happening gemacht. Herrliches Amerika.

Wir werden missbraucht: von unseren eigenen Regierungen, von Wirt-
schaftskreisen. PR-Büros sind bezahlt dafür, Journalisten zu beeinflussen,
zu beflirten, einzuschüchtern. Der Bosnien-Krieg ist ein Beispiel: Jede Seite
hatte ihr PR-Büro. Das waren meist fürstlich bezahlte Amerikaner oder
Briten. Ihre Aufgabe war es, die Sache ihrer Machthaber zu verkaufen.
Schon 1993 hat die kroatische Regierung die amerikanische Agentur
Waterman and Associates engagiert. Jahreshonorar: 300 000 Dollar. Doch
die beste Arbeit leistete das Büro von Ruder Finn. Er arbeitete für Alia Izet-
begovic und seine moslemischen Bosnier. Ohne Ruder Finn wäre der Bosnien-Krieg wohl anders verlaufen.

Geködert werden nicht nur Journalisten. Auch Kongressabgeordnete,
Wissenschaftler und humanitäre Organisationen werden betört. Ziel ist es,
die öffentliche Meinung «emotional aufzuladen» (Mira Beham). Dazu sind
alle Mittel recht. Falschmeldungen werden gestreut. Man spielt mit den
Gefühlen der Weltmeinung, Journalisten werden verführt, Exklusivinter-
views gewährt, falsche Zeugen werden präsentiert. «Wir wissen genau»,
zitiert Mir Behan den Chef von Ruder Finn, «dass die erste Nachricht von
Bedeutung ist. Ein Dementi hat keine Wirkung mehr.»

Der Bosnien-Krieg war ein dreifacher Krieg: ein Krieg zwischen den
Völkern, ein Krieg zwischen den Medien und vor allem ein Krieg der PR-
Büros. Die Serben hatten schlechte PR-Berater. Peter Handke taugte
nichts. Er war ein pathetischer Taugenichts. Sein Buch für die Serben
bewirkte das Gegenteil. Dichter bleib bei deinem Leisten. Zuviel Naivität
ist verboten.

Druck auf die Medien – das gehört zum Alltag. Da ruft der Minister den Chefredaktor an. Schon Kennedy übte Druck aus, dass der Chefreporter der «New York Times» in Vietnam abgesetzt würde – vergebens. Die Machthaber – üble Inspektoren der Medien: von diesem hässlichen Image wollen die Regierungen wegkommen. So versucht man es auf die feine Art.

Nichts wird heute dem Zufall überlassen. In den grossen westlichen Ländern hat Medienarbeit Priorität. Jede Regierung beschäftigt ein Heer bester Medienprofis. Früher hatte ein Politiker einen Ghostwriter. Heute hat er ein Rudel von Consultants. Sie formen sein Auftreten, sie inszenieren seine Kampagnen. Werbetexter prägen seine Schlagworte. Eingesetzt werden auch Leute, die die Journalisten einseifen, das heisst: sie manipulieren.

Einheitsbrei

Alles ist von den Regierungen geplant, manipuliert. Es bleibt wenig Platz für eigene Recherchen. Das hat zur Folge, dass die meisten Medienberichte heute gleich aussehen. Sie erhalten die gleichen Informationen, die gleichen Bilder. Was unterscheidet ein Bericht der «New York Times» von jenem der «Washington Post»? Was unterscheidet ein Bericht von NBC von jenem von ABC?

Da sind Fernsehkameras aufgereiht – dreissig, vierzig in einer Reihe – wie Papageien auf der Stange. Der Minister kommt aus dem Saal. Er steht vor die Mikrofons: und alle filmen mit. Und alle haben das exakt gleiche Bild. Und alle haben die gleichen Sätze. Zu viele Kameras liebt man immer weniger. Eine Horde Journalisten und Kameraleute – das schafft Unruhe. So wählt man einige aus, drei oder vier. Sie drehen die Bilder. Allen andern geben sie dann Kopien. Man nennt das Pool-Operationen. Auch das fördert den Einheitsbrei der Berichterstattung.

Bei ganz grossen Ereignissen filmt eine einzige Kamera. Am Nato-Gipfel in Madrid dreht das spanische Fernsehen – und nur das spanische Fernsehen. Allen andern Fernsehstationen werden Kopien geliefert. Beim Gipfeltreffen Clinton / Jelzin sieht kaum ein Journalist die beiden Präsidenten. Auch die meisten Fernsehjournalisten nicht. Man erhält eine Pool-Kassette. Darauf sind Bilder vom Händeschütteln, vom Spaziergang im Park. Für alle die gleichen Bilder. Angereichert mit den gleichen Informationen.

Die Gipfelgespräche sind zu Ende. Die beiden Präsidenten geben eine Pressekoferenz. Dabei sind nur Amerikaner und Russen. Alle andern sind ausgeschlossen. Die Konferenz wird auf Bildschirmen übertragen. Später erhält man eine Pool-Kassette. Wieder: für alle die gleichen Bilder, die gleichen Informationen.

Vor dem kongolesischen Hafen Pointe Noire liegt ein Kriegsschiff. Dort verhandelt Mobutu mit Kabila. Einzig CNN und Reuters durften aufs Schiff. Die Fernsehjournalisten an Land müssen dann die Bilder kaufen – für je tausend Dollar. Für alle die gleichen Bilder.

1997, Gipfeltreffen in Helsinki. Die Uniformierung wird auf die Spitze getrieben. Nur wenige amerikanische und russische Journalisten sehen ihre Präsidenten. Für die andern gibt es das Internet. In den Pressesälen stehen Dutzende von Internet-Terminals.

Clinton landet. Wenige Augenblicke später können die Ankunftsbilder abgerufen werden – auf Internet. Jelzin kommt an: das gleiche. Der amerikanische Präsidentensprecher gibt eine Pressekonferenz. Sie ist wenige Minuten später auf Internet erhältlich. Etwas nicht verstanden? Man kann zurückspulen: zehn Sekunden, oder dreissig Sekunden. Man kann alles noch mal hören. Jede Pressekonferenz ist so abrufbar, auch am nächsten und übernächsten Tag. Der geschriebene Text der Erklärungen wird zusätzlich eingeblendet.

Ein Zeitungsjournalist will seinem Artikel etwas Farbe geben. Kein Problem. Im Internet klickt er auf das File «Nachtessen». Er erfährt, was Clinton und Jelzin gespiesen haben. Er sieht es sogar. Die Kamera schwenkt über die Teller. Rechts unten schriftliche Informationen. Sie lehren, wie der Koch heisst, welche Zutaten er verwendet hat, wie viele Kalorien sein Gelage versteckt. Oder man will Informationen zum Tagungsschloss. Kein Problem. Man klickt auf das File «Tagungsschloss». Die Kamera fährt über das Gebäude, fährt durch die Säle, zeigt Fresken und Teppiche. Man erfährt, aus welchen Jahrhunderten, aus welchen Ländern alles stammt.

Jeder Journalist kann einen intelligenten, aktuellen und farbigen Text schreiben – ohne ein einziges Mal die Hauptdarsteller gesehen zu haben. Ohne an einer einzigen Pressekonferenz dabeigewesen zu sein. Er erfährt alles. Alles, was man will, das er erfährt. Schlimmer noch: er braucht gar nicht mehr an den Tagungsort zu reisen. Er kann alles über Internet abrufen: in Zürich oder in São Paulo, in Guatemala oder in der Toskana.

Was richten wir an?

Man liest weniger Zeitung und schaut mehr Fernsehen. Man liest weniger Bücher und schaut mehr Fernsehen. Jeder schaut Fernsehen oder fast jeder. Welchen Einfluss hat das Fernsehen? Dazu gibt es manche Theorie und manche Meinung. Und manche Meinungsverschiedenheit. Die Medienwissenschaftler kommen zum Schluss, dass sie «immer weniger verlässliche Aussagen über die Rolle der Medien in der Gesellschaft machen können» (Professor Klaus Mertens).

Aus den angebotenen Bildern wählt der Zuschauer «allein nach subjektiven Kriterien das aus, was ihm sinnvoll erscheint» (Mertens). Jene Themen, die ihn interessieren, bleiben hängen. Die andern vergisst er. Es verstärkt Meinungen, die der Zuschauer ohnehin schon hatte. Fernsehen hat vor allem eine Verstärkerfunktion. Der Zuschauer hat eine vorgefasste Meinung. Alles, was am Fernsehen kommt und zu dieser Meinung passt, sie verstärkt, wird aufgesogen. Und das Gegenteil: alles, was nicht zu seiner Meinung passt, wird abgewiesen

Das hiesse: das Fernsehen formt keine Meinungen. Deshalb kann es auch nicht manipulieren. So einfach kann sich das Fernsehen nicht aus der Verantwortung stehlen. Wir schaffen für die Zuschauer die Wirklichkeit. Was man nicht am Fernsehen zeigt, gibt es nicht. Was wir aber zeigen, ist Realität. «Wirklich ist heute nicht mehr das, was wirklich ist, sondern das, was die Medien als wirklich darstellen» (Mertens). Dem kann man sich immer weniger entziehen.

Und was ist wichtig? Die Zuschauer könnten sich sagen: das ist zwar Wirklichkeit, aber unwichtig. Doch das Publikum reagiert anders. Was am Fernsehen kommt, ist nicht nur Wirklichkeit: es ist auch wichtig. Wenn wir ein Thema auswählen, unter Tausenden, geben wir ihm eine Wichtigkeit, «einen Bonus für Relevanz» (Mertens). Das Fernsehen könnte also sehr wohl Meinungen schaffen und manipulieren. Wie jede Zeitung auch.

Was Fernsehbilder bewirken, erstaunt uns immer wieder. Sie bewirken oft das Gegenteil von dem, was wir vermuten. Gerade weil Fernsehbilder Emotionen auslösen, ist die Reaktion darauf unkalkulierbar. Jeder reagiert auf Emotionen anders. Wo Gesichter gezeigt werden, gibt es Sympathien und Antipathien. Wo Leiden vorgeführt wird, gibt es Mitleid und Wut. Unberechenbare Erregungen. Ein Bild löst immer Unkalkulierbares aus.

Peter Arnett, heutiger CNN-Star, war AP-Korrespondent im Vietnam-Krieg. Er lachte zunächst über das Fernsehen. Dann stellte er fest, dass «das

Fernsehen mit den Kameras manchmal Eindrücke einfing, die wir mit unseren Mitteln einfach nicht wiederzugeben vermochten. Ich solchen Momenten hätten wir eigentlich merken müssen, dass das Fernsehen in der Zukunft die dominierende Rolle spielen würde.»

Wir müssen mit dem Fernsehen leben. Es ist sinnlos, seinen Einfluss zu minimisieren. Wir erreichen ein Publikum, das sonst kein Medium erreicht. Was wir sagen, wird Tagesgespräch. Was wir zeigen, löst Emotionen aus.

Wann hat das Fernsehen den Lauf der Dinge geändert? In Vietnam? Die Bilder, die der NBC-Kameramann Vo Suu drehte, haben einen Meinungsumsturz ausgelöst. Der vietnamesische General Loang hatte einem gefangenen Vietcong mitten in den Kopf geschossen – dies nahe der An-Quang-Pagode zwischen Saigon und Cholon. Amerika war geschockt. Diese Fernsehbilder, stärker als jede Beschreibung, haben das Ende des Krieges beschleunigt.

Fernsehbilder können Öl ins Feuer giessen, können Entwicklungen beschleunigen. Sie können etwas anheizen, etwas antreiben – aber selten etwas auslösen. Der Einfluss der Medien auf den Vietnam-Krieg ist überschätzt worden. Vietnam war der erste Fernsehkrieg. Man wusste nicht, welchen Einfluss die Kriegsbilder auf die amerikanische Öffentlichkeit hätte. Die Wende in Vietnam brachte nicht das Fernsehen, sondern die Tet-Offensive des Vietcong. Sie brachte den Meinungsumschwung. Nicht David Halberstam von der New York Times oder Peter Arnett von AP haben ihn gebracht.

Schlecht für Karadzic

Und Bosnien? Fast vier Jahre schaute die Welt zu. Doch die Bilder wurden immer schrecklicher. Anschlag auf ein Café in Tuzla: junge Leute, tot auf der Terrasse. UNO-Blauhelme, demütigend angekettet. Die Bilder vom Anschlag auf den Markale-Markt im August 1995 haben das Fass zum Überlaufen gebracht. Bilder, die dem Friedensvertrag von Dayton Dampf gemacht haben. Ohne diese Sequenzen hätten Karadzic und Mladic weiter gewütet. Wird ein Krieg mediatisiert, ist das schlecht für Kriegsverbrecher.

Auch in Ruanda haben die Horrorbilder etwas ausgelöst. Die Hilfsaktion setzte erst ein, als Fernsehbilder flimmerten. Das Fernsehen kann Hilfsaktionen in Gang setzen. Berichtet aber das Fernsehen nicht über diesen oder jenen Konflikt, haben es Hilfsorganisationen schwer, Hilfsgelder für diese Konflikte aufzutreiben.

Märchenhafter Respekt

In der Dritten Welt misst man dem Fernsehen noch magische Kräfte zu. Man hat einen märchenhaften Respekt vor ihm. Vor allem Angst. Drittweltstaaten nehmen das Fernsehen an die kurze Leine. Jeder Dorfpolizist fühlt sich befugt, Fernsehteams stundenlang zu schikanieren. Meist darf man nur mit Aufpassern reisen. Diese lassen sich fürstlich bezahlen. Sie wohnen im besten Hotelzimmer, speisen fünf Gänge – auf Kosten der Fernsehanstalt. Individuelles Reisen ist in vielen Staaten unmöglich. Organisierte Journalisten-Reisen gibt es seit je. Ganze Gruppen werden an diesen oder jenen Ort gebracht. Alle filmen das gleiche. Im Dorf nebenan filmt keiner. Wie sieht die Wirklichkeit dort aus?

Im Iran filmen wir afghanische Flüchtlinge. Regierungsbeamte mit zehn Aufpassern führen uns in Flüchtlingslager. Dort werden pro-iranische Parolen gerufen. Gut genährte Flüchtlinge. Wir erfahren, dass nahe der Grenze Tausende von Flüchtlingen in Erdlöchern hausen. Wir wollen dorthin. Wir dürfen nicht. Unsere Sicherheit sei dort in Gefahr.

Le Pen und die andern

Sündenbock Fernsehen

«Die Medien sind an allem schuld; sie sind es, die alles anzetteln, alles aufbauschen.» Es gehört zur Tradition, dass man das Fernsehen tadelt. Alles, was Macht und Einfluss hat, wird bewundert und gehasst. Das Fernsehen ist immer auch ein Blitzableiter für Frustrationen. Es bietet sich als Sündenbock an. Da scheitern Politkarrieren. Das Fernsehen ist schuld. Da enden Volksabstimmungen anders, als man will. Das Fernsehen ist schuld. Da tauchen Schatten aus der Vergangenheit auf. Nur wegen des Fernsehens.

Natürlich gibt es das mediale Halali. Es gibt Kesseltreiben, Kampagnen gegen Politiker und andere. Ist ein Top-Ereignis einmal losgetreten, besteht immer die Gefahr einer Überreaktion der Medien. Natürlich sind die Journalisten auch «Hunde», wie sie François Mitterrand genannt hat, damals nach dem Suizid von Premierminister Bérégovoy. Mitterrand sei es verziehen.

Aber nicht alle, die Journalisten «Hunde» nennen, sollten das tun. Viele, die die mediale Lynchjustiz verdammen, tun dies als Rechtfertigung für eigenes, ungerechtfertigtes Handeln. Die meisten gestürzten Politiker wurden nicht von Journalisten gestürzt. Sie sind gestürzt, weil sie selbst Fehler gemacht haben. Auch hier: die Medien können den Sturz beschleunigen, können Öl ins Feuer giessen, können eine Dynamik entwickeln. Aber auslösen tun sie ihn selten. Am Anfang seines Sturzes steht immer der Politiker selbst.

Viele Politiker kritisieren das Fernsehen, nicht nur die gestürzten. Auch jene, die man falsch ins Licht rückt. Nicht so, wie sie es selbst möchten. Und da gibt es die Populisten, die Demagogen. Ein Populist, der das Fernsehen nicht kritisiert, ist kein Populist.

Es ist 19h30. Der Pariser Sportpalast ist fast voll. Aus dem Lautsprecher der Gefangenenchor aus Nabucco – der neuen Hymne der französischen Rechtsextremen. Jean-Marie Le Pen, Chef des Front National, springt auf die Bühne, reisst die Hände hoch. Anderthalb Stunden wird er sprechen. Er greift die Regierung an. Das ist orthodox. Zwölfmal in anderthalb Stunden greift er das Fernsehen an. Und immer: tosender Beifall. Er offeriert seine Fernsehkritik in Raten. Sie ist so wichtig, dass er nicht alles Pulver gleichzeitig verschiesst.

Das Fernsehen ist schuld an Kriminalität und Armut, an Arbeitslosigkeit und Araber-Flut. «Da geht die arme Frau zur Bank, holt sich ihre 400 Francs Rente, wird von Kriminellen niedergeschlagen und stirbt später an einem Schlüsselbeinbruch. Aber das Fernsehen berichtet nicht darüber. Es berichtet nur über die Reichen.» Jubel im Sportpalast.

Kleine Le Pens gibt es überall – wenn auch weniger eloquente. Jeder Populist, jeder Demagoge braucht einen Feind. Ihn kann man verantwortlich machen für das eigene Unvermögen. Viele Politiker sind frustriert, weil man nicht über sie berichtet. Oder sie sind frustriert, weil man zuviel über sie berichtet. Weil man zuviel über sie in Erfahrung gebracht hat. Die Medien sind an allem schuld. Das Fernsehen – das Reich des Bösen. Selbst James Bond (Tomorrow never dies) kämpft jetzt gegen einen entmenschten Medienmogul.

Jürg Tobler war früher Inlandchef der Abteilung Information des Schweizer Fernsehens. Schon vor einem Vierteljahrhundert schrieb er: «Das Fernsehen will als erstklassiges Politikum regelmässig beredet sein.» Man versucht, den Fernsehjournalisten revolutionäre Absichten vorzuhalten, wir sind Maulwürfe der Gesellschaft, untergraben das Redliche.

Nicht nur dem Fernsehen wird solche Kritik beschert: jedem kritischen Journalismus widerfährt ähnliches. Auch in Amerika. Peter Arnett wurde im Vietnam-Krieg beschuldigt, mit dem Feind paktiert zu haben. Im Golf-Krieg wurde er bezichtigt, auf Saddam Husseins Mühlen zu arbeiten. Wer nicht so berichtet, wie es diesem oder jenem passt, ist ein Aufrührer, ein Subversiver. Das gehört zu diesem Metier.

Das Fernsehen – der Sündenbock: nicht nur für Politiker, auch für einzelne Zuschauer. Beklagt wird, dass wir jenes brachten und dieses nicht. Beklagt wird, dass wir zu lange über dieses berichteten und zuwenig lang über jenes. Beklagt wird, dass wir jenem ein Forum geben und diesem nicht. Wir «stecken mit dem Kapital unter einer Decke». Wir sind «zu wenig fromm und zeigen zuviel nacktes Fleisch». Und natürlich sind wir dumm und subversiv. Für jene, denen gar nichts mehr einfällt, sind wir ganz einfach links. Wie zu KPdSU-Zeiten.

Eigentlich, könnte man witzeln, hat diese Sündenbockrolle eine staatserhaltende und psychologische Funktion. Wieviel Frust und Hass kann da

– via uns – abgebaut werden. Gäbe es kein Fernsehen, wo würden sich all diese negativen Energien entladen?

Nicht alle, die das Fernsehen kritisieren, sind Le Pens. Und nicht alle Kritiker sind frustriert. Es gibt immer berechtigte Kritik. In jedem Grossbetrieb gibt es Leute am falschen Platz. Leute ohne Ideen, ohne Konzept, ohne Führungsqualitäten. Manche dieser Leute rettet nur noch die Pension vor dem Sturz. Es gibt Fehlentscheide, es gibt Mängel. Viele Fernsehleute sind allzu aufgeblasen für das, was sie leisten.

Aber es gibt rund um die Welt Leute, die mit ihrer Kritik am Fernsehen persönliche Ziele verfolgen. Es geht nicht ums Fernsehen, es geht um ihre eigene Profilierung. Nur: jene, die gegen die öffentlich-rechtlichen Kanäle schiessen, sollten sich das zweimal überlegen: gibt es die Öffentlich-Rechtlichen nicht mehr, dann kommen die wenigsten dieser Kritiker noch im Fernsehen. Die Kommerzkanäle zeigen nur wenige politische Galionsfiguren: die andern gehen unter.

Das Fernsehen – ein Verdummungsinstitut

Das Fernsehen ist auch schuld an der Verdummung der Gesellschaft. Man setzt seinen kritischen Verstand weniger in Trab. Alles wegen der Telekratie. Kulturkritisches Entsetzen. Aber es gibt ein Leben vor und nach dem Fernsehkonsum.

War denn im Vor-Fernsehzeitalter die Gesellschaft gebildeter? Waren denn Schweizer und Deutsche in den dreissiger Jahren profunder informiert als heute? Haben unsere Grossväter Gescheiteres konsumiert als wir?

Man wirft dem Fernsehen vor, es hindere daran, Bücher zu lesen. Janine Lambotte, die erste belgische TV-Moderatorin, bezieht sich auf die frühen fünfziger Jahre: «Damals las jeder Bürger statistisch gesehen weniger als ein Buch pro Jahr. Die Provinz war eine kulturelle Wüste.» Da war wenig kulturelle Substanz da; das Fernsehen konnte also nur wenig wegnehmen. «Denkt man an all das, so machen sich die Fernsehgegner Sorge um wenig.» Kulturpessimismus ist eine Krankheit. In jeder Epoche ist eine Schicht davon befallen.

Jede Tagesschau, und ist sie noch so kurz, gibt Denkanstösse. Jeder macht sich seine Gedanken, zieht seine Schlüsse. Was trägt das zur Verdummung der Gesellschaft bei? Und jeder kann, wenn er genug hat, das Gerät ausschalten. Jeder kann ein gescheites Buch kaufen. Jeder hat die Möglichkeit, sich zu bilden oder zu verdummen – mit oder ohne Fernsehen. Jeder kann sich verdummen lassen – auch ohne Fernsehen. Dazu braucht es nur eins: den Willen zur Verdummung.

Wir betrachten die Zuschauer als mündige Menschen. Leute, die selbst entscheiden können, was gut und falsch ist. Menschen, die einen kritischen Verstand haben. Die uns (und der «Neuen Zürcher Zeitung» und «Le Monde») nicht alles glauben. Die wissen, dass jedes menschliche Schaffen Fehler verursacht. Wir verkaufen die Zuschauer nicht für dumm, wie es welke Intellektuelle und gestrandete Pädagogen tun. Wir trauen dem einzelnen etwas zu. Wir haben Respekt vor ihm.

Das Fernsehen ist ein wichtiger Teil dieser Gesellschaft. Es ist nicht mehr wegzudenken. Man kann es hassen oder nicht: es ist da und es bleibt da. Statt dagegen zu hetzen, sollte man lernen, mit ihm zu leben. Medienerziehung als Schulfach wäre lebenswichtiger als Chemie oder Botanik.

Doch die Hatz gegen das Fernsehen wird kleiner. Die Zuschauer gewöhnen sich an das Medium.

Auch die Fernsehkritik gewöhnt sich daran. Sie ist fade geworden. Die Kritik hat kapituliert. Man hat sich daran gewöhnt, dass viele Sender stundenlang im Kitsch stochern. Das bringt Einschaltquoten, hilft der Finanzierung des Senders. Das will ja keiner kritisieren. Längst legt man dem Medium keinen kulturellen Anspruch mehr auf. Eine kritische Würdigung des Mediums Fernsehen gibt es kaum noch.

Es braucht eine tote Princess Di, damit die grundsätzliche Kritik wieder in Wallung gerät – exerziert am falschen Objekt. Da bricht der angestaute Hass gegen das Medium plötzlich aus, überdimensioniert.

Einige Kritiker benutzen die Fernsehkritik noch, um einigen Fernsehschaffenden eins auszuwischen. Aber eine sachliche Auseinandersetzung mit dem Produkt findet nur noch selten statt. Es gibt die zeitlosen Fernsehhasser. Sie entdeckten im Fernsehen den Wegbereiter der kulturellen Fäulnis. Doch das Fernsehen kann man nicht mehr weg-hassen. Es wird die Hasser überleben.

Fernsehen – wenig Analyse

Die Schwächen des Mediums

«Le Monde» spottet: «Die Informationsflut von CNN ist breit wie ein Fluss, aber die Tiefe des Flusses ist dünn wie ein Rinnsal.» John Hohenberg schreibt: Das grösste Handicap des Fernsehens ist die Unfähigkeit, «die News in vertiefter Form zu präsentieren». Doch bei ganz grossen Ereignissen sei das Fernsehen «unschlagbar».

«Du bist dabei.» Diesen Eindruck vermittelt das Fernsehen dem Zuschauer. Das ist die Stärke des Mediums. Seine Schwäche ist es, Hintergründe aufzuzeigen, die Ereignisse analytisch einzuordnen. Das ist die Macht des Papiers. Die Medienfamilie ergänzt sich: Bei Top-Ereignissen ist das Fernsehen die Nummer eins. Grosse Zeitungen aber können Hintergründe geben, könen einordnen: sie informieren umfassender über das Weltgeschehen. Sie handeln mehr Themen ab als eine Tagesschau.

Die «Tribune de Genève», die zweitgrösste Zeitung der Westschweiz, wies – fast spektakulär – auf die unterschiedlichen Rollen hin. An einem Mittwochmorgen trauten die Leser ihren Augen nicht. Jeden Tag bietet die erste Seite einen Überblick über die wichtigsten Ereignisse: grosse Titel, Fotos. Nicht an diesem Mittwoch. Die ganze Seite war vollgeschrieben mit kleinster Schrift – von oben links bis unten rechts. Kein Titel, kein Zwischentitel, kein Foto. Was war geschehen?

Was da stand, war eine Abschrift der ganzen Westschweizer Tagesschau vom Vorabend – von der Begrüssung der Zuschauer bis zur Verabschiedung. Wort für Wort wurde hier wiedergegeben. Dann, auf Seite drei, die Erklärung. «Die ganze Tagesschau von gestern abend hat Platz auf anderthalb Zeitungsseiten. Die ‹Tribune› aber publiziert dreissig Seiten pro Tag.» Schlussfolgerung: «Das Fernsehen ist gut, aber die ‹Tribune des Genève› ist zwanzigmal besser.» Im Genfer Fernsehen überlegte man sich, ob man lachen sollte. Man lachte nicht, man reagierte gereizt. Zum Trost schickte der «Tribune»-Chefredaktor dem Fernsehen Pralinen.

So imponierend dieser Coup war: er hinkt. Das Fernsehen kann ja gerade mehr bieten als schriftliche Informationen. Bilder können oft tausendmal mehr ausdrücken als gescheite Texte. Da können die «Tribune»-Schreiber Hunderte von Seiten füllen – ans starke Fernsehbild kommen sie nie heran. Aber was die Analyse betrifft – da sind manche Zeitungen besser als das Fernsehen.

Jeder weiss: es gibt keine mediale Nachrangigkeit der Presse. Zeitungen und Fernsehen ergänzen sich. Jürg Tobler: «Wir wissen längst, dass die Presse um so begehrter ist, je mehr es dem Fernsehen gelingt, politische Fragen auf die Tagesordnung des Gesprächs zu setzen.»

«Salondirne auf dem Strassenstrich»

Der Coup der «Tribune» macht deutlich: Fernsehen und Zeitungen pflegen keine Liebesbeziehung. Zeitungsjournalisten betrachten das Fernsehen oft als Feind, der ihnen die Show stiehlt.

Lange hat man über das Fernsehen gelacht – vor allem auf Zeitungs- und Radioredaktionen. Bis in die achtziger Jahre galt es als Abstieg, wenn ein Journalist zum Fernsehen ging. «Es war ein bisschen so, als wechselte der Opernsänger ins Schlagergeschäft oder die Salondirne auf den Strassenstrich» (Dieter Lesche). «Da kannst du gleich zum Zirkus gehen.» Janine Lambotte, erste Moderatorin des belgischen Fernsehens, erinnert sich: «Wer fürs Radio nicht taugte, ging zum Fernsehen» («Mauvais à la radio, bon pour la télévision»). Noch heute kommen die giftigsten Fernsehhasser aus Zeitungs- und Radioredaktionen.

Oft führen sich Fernsehleute wenig chic auf. Sie sind sich ihrer Macht bewusst und verärgern manche Presseleute. Bei Pressekonferenzen plustern sie sich vor den Ministern auf. Zeitungsjournalisten sehen dann die Rücken der Kameraleute: die Minister sehen sie nicht. Die Fernsehleute sind wütend, wenn sie nicht als erste ein Interview kriegen. Guy Mettan, Chefredaktor der Genfer «Tribune de Genève», meint dazu: «Unsere Freunde vom Fernsehen gehen als erste zu den Cocktailparties, sie drücken als erste die Hände der Minister. Sie betrachten ihre Kollegen von Presse und Radio mit Herablassung.» Sicher gibt es mehr rüpelhafte Leute vom Fernsehen als von der Presse. Kameraleute und Fotografen walzen alles nieder, um ein Bild zu kriegen. Aber eben: wenn wir das Bild nicht haben, haben wir gar nichts. Dieser Drang fördert das Hyänentum – und unseren schlechten Ruf.

Hinter den sieben Bergen

Die Fernsehnachrichten bringen immer mehr Beiträge vom eigenen Land. Unsere eigenen Probleme liegen uns näher als jene der tadschikischen Opposition. Manchmal werden dem neuen Trend wichtige aussenpolitische Themen geopfert. Der forcierte Blick auf den eigenen Nabel bringt Nachteile.

Der Horizont wird enger. Wir igeln uns ein. Wir sprechen nur über uns. Die kleine Welt wird noch kleiner. «Was interessiert mich Malaysia, wenn ich morgen arbeitslos bin.» In Zeiten der Krise besinnt man sich auf sich selbst.

Aber: es ist nicht nur die Krise. Ein neuer Nationalismus greift um sich. Die Rückbesinnung auf den eigenen kleinen Garten nimmt gefährliche Formen an. Verloren geht der Blick in die Weite. Verloren gehen Toleranz und Neugier auf das Fremde. Seldwyla – das bringt weniger Grosszügigkeit, weniger Verständnis – und langfristig: eine geistige Einengung. Gerade kleine Länder wie die Schweiz brauchen eins: den Blick über die Grenze. Wer hinter den sieben Bergen lebt, sollte ab und zu aufs Meer schauen. Das neue Fernsehen darf nicht die geistige Einengung, den nationalen Narzissmus fördern.

«Welttheater für Eidgenossen» hiess 1973 ein Buch über die Schweizer Tagesschau. Wir müssen aufpassen, dass aus dem Welttheater kein «Schwank für Güllen und Seldwyla» wird.

Schnell, manchmal allzuschnell

Fernsehnachrichten haben die Tendenz zur Holzschnittmalerei. Grautöne gibt es selten. Für Feinheiten fehlt der Platz. Differenzierung eignet sich schlecht für kurze News-Programme.

Oft ist das Fernsehen oberflächlich. Wie alle andern Medien. Im südlichen Sudan herrscht Krieg. Christliche Animisten (oder animistische Christen) kämpfen gegen die moslemische Zentralregierung in Karthum. Ein vergessener Krieg. Plötzlich tauchen zwei Flugzeuge auf. Sie landen auf der Wüstenpiste. Die Franzosen wollen Gutes tun. Die Regierung schenkt den Christen ein kleines Flugzeug. Damit sollen Nahrungsmittel und Verletzte transportiert werden. Aus der ersten Maschine steigt B.K., Staatssekretär für humanitäre Operationen. Begleitet wird er von zwei Fernsehteams: TF 1 und France 2.

Nach der Ankunft eine kurze gefilmte Rede des Staatssekretärs. Dann ein (gefilmter) Handschlag mit dem Kommandanten der christlichen Animisten. Anschliessend gibt der Staatssekretär zwei Fernseh-Interviews – eines TF1, das andere France 2. Gut in Szene gesetzt: im Hintergrund sieht man Dünen und christliche Kämpfer. Da erblickt der Staatssekretär das Schweizer Fernsehen. Dieses filmt seit Tagen hier. Auch uns will er ein Interview geben. Das geht im gleichen. Dann fragt der christliche Kommandant, ob der Staatssekretär die Verletzten sehen wolle, die Hungernden, die Sterbenden. Keine Zeit. Eine halbe Stunde nach der Landung ist der Staatssekretär wieder weg – und mit ihm TF1 und France 2. Wir bleiben zurück. Am Abend berichtet das französische Fernsehen über den Krieg im Sudan.

Oder die griechische Journalistin Maria D. Sie kommt direkt aus Athen. Um 17h00 landet sie in Paris. Sie soll über den Tod von Princess Di berichten. Vom Flughafen fährt sie direkt zum Eiffelturm. Dort wurde ein offenes Studio aufgebaut. Schnell fragt sie einen Journalisten, ob es Neues gäbe. Wenige Augenblicke später gibt sie ihren Zuschauern eine detaillierte Analyse, live mit Eiffelturm. Immer wieder heissen wir Maria D.

Wie viele Journalisten besteigen Flugzeuge mit einem Bündel Zeitungsartikel. Zwischen Zürich und Luanda, zwischen Frankfurt und Guatemala erfahren sie, was dort wirklich geschieht. Wenigen Stunden später werden sie darüber rapportieren. Dann sind sie Sonderkorrespondenten und bald schon Spezialisten. Schnellschüsse sind nicht fernseh-spezifisch. Alle Medien schiessen schnell.

Falschmeldung? Ist doch egal

Immer mehr wollen Radio und Fernsehen rasch Terrain besetzen. Geschieht Wichtiges, gibt's Einschaltsendungen, Sondersendungen. Man muss ran, auch wenn man nichts weiss. Vor allem amerikanische Regionalsender setzen auf diese Karte. Mit Erfolg.

Mansfield, Ohio. Ein Flugzeug stürzt ab. Im nahen Cleveland wird ein Regionalsender informiert. Ein TV-Helikopter steigt auf. An Bord ein Uplink, ein Journalist, ein Kameramann. Ihr Ziel: der Absturzort. Im Studio wird eine Moderatorin geschminkt. Dann unterbricht man das Programm: Breaking News. Wichtig ist, die Meldung schnell zu geben, die ersten zu sein. Dem Zuschauer zeigen: «Wir sind dran.» Ob die Informationen zu diesem Zeitpunkt stimmen, ist zweitrangig. Im frühen Stadium sind Fehler erlaubt. Sie werden dann im Laufe der Zeit korrigiert.

«Meine Damen und Herren», sagt die Moderatorin, «soeben erfahren wir, dass beim Anflug auf den Flughafen von Mansfield, Ohio, eine Verkehrsmaschine abgestürzt ist. Der Unfall hat sich vor 8 Minuten ereignet (falsch, es waren 25). An Bord sollen sich mehrere Dutzend Personen befunden haben (das weiss man noch gar nicht). Die Maschine kam offenbar von Cleveland (falsch, sie kam von Columbus). Über den Flugzeugtyp ist noch nichts bekannt, es könnte sich aber um eine Boeing 737 gehandelt haben (falsch). Unsere Reporter kommen demnächst an der Unfallstelle an. Wir werden in wenigen Augenblicken live zum Absturzort schalten. Bleiben sie auf unserem Sender, sie werden hier alles erfahren...

Unterdessen ruft ein Werber der Regionalstation seine Kunden an: «Wir fahren eine Sondersendung, Breaking News, grosse Einschaltquoten, wollt ihr, dass wir eure Werbespots senden? Wieviel zahlt ihr?» Alle wollen.

Im Studio interviewt die Moderatorin per Telefon einen Postbeamten in Mansfield. Zwar hat er nichts gesehen. Aber er kann sich vorstellen, wie alles passiert ist. Übrigens, in der Nähe der Absturzstelle befindet sich ein Altersheim, sagt er. Dann ein Telefoninterview mit dem Fluglotsen von Mansfield. Er hatte gerade Pause und weiss noch nichts, aber er spricht und spricht. Die Moderatorin hält ihn am Draht, man muss Zeit gewinnen. Immer wieder stellt sie die gleichen Fragen. Der Lotse spricht über die Entwicklung des Flughafens Mansfield, über das gegenwärtige Wetter.

Ein zweiter Helikopter mit Journalist und Uplink steigt auf. Sein Ziel: der Flughafen Mansfield, dort, wo Angehörige warten. Auf der Redaktion hat man einen Spezialisten mobilisiert. Ihn setzt man ins Studio. Er hat gerade einen Artikel über den Flughafen Mansfield gelesen. «Schon 1970 gab es dort Probleme: damals geriet eine DC 8 über die Piste hinaus.»

Ein zweiter Mann ist am Telefon in Mansfield. Ja, er hat die Maschine brummen gehört, erstaunlich tief war sie, plötzlich war es ruhig, ein Knall? Ja, vielleicht ein Knall, ja, eigentlich schon, doch natürlich war es ein Knall, ich bin jetzt ganz sicher, es war ein Knall. Die Moderatorin fasst zusammen, erzählt alles noch einmal. Dann die ersten Werbespots. Ein Supermarkt wirbt für Gartenmöbel, ein neues malaysisches Restaurant preist seine Peking-Ente an. Am Telefon jetzt eine Zeitungsverkäuferin im Flughafen von Mansfield. «Ja, hier warten fünf, sechs Leute.» Jetzt der grosse Moment. Der Uplink steht, die Verbindung funktioniert. Und da steht ein Journalist, ausser Atem, Puder auf dem Schweiss. Wichtig ist nicht, was er weiss, wichtig ist, dass er spricht.

Jetzt braucht es eine Karte. Wo ist Mansfield? Wo lag die Anflugsschneise? Der Graphiker weiss es nicht. Niemand weiss es. Ist doch egal.

Der Graphiker zeichnet die Anflugschneise im Westen der kleinen Stadt. Dann, etwa drei Kilometer vor dem Flughafen, lässt er die Maschine abstürzen: zeichnet das Symbol einer Explosion. Schon ist alles fertig. Meldung an die Regie: die Karte ist fertig. Die Moderatorin unterbricht ihr Gerede. «Und jetzt sehen wir, wo das Flugzeug abgestürzt ist. Hier die erste Karte. Wie Sie, verehrte Zuschauerinnen und Zuschauer, sehen, kam das Flugzeug von Westen und stürzte kurz vor der Landepiste ab…»

Und jetzt geht's los. Die ersten Bilder vom Absturzort, ungeschnitten, Ambulanzfahrzeuge, wieder Werbung, ein Geschäft wirbt für Bonsai-Pflanzen, die Methodisten laden ein zu einem Wohltätigkeitsbazar. Dann ein neuer Spezialist im Studio. Er bringt die Attentatstheorie ein. Jetzt ein Background über Flugzeugabstürze (man sendet ihn nach jedem Absturz). Ein Interview mit einem Sprecher der Fluggesellschaft. Jetzt steht der Uplink im Flughafen. Der Journalist geht auf Angehörige zu. Es sind keine Angehörigen, sie gehören zur Putzequipe.

Dann endlich Bilder von den brennenden Trümmern. Zwei Stunden bleibt man so auf Sendung. Am nächsten Tag eine Sieben-Zeilen-Meldung in der «New York Times»: «Beim Anflug auf den Flughafen Mansfield, Ohio, geriet eine Frachtmaschine über die Piste hinaus. Ein Triebwerk fing Feuer. Die beiden Piloten sind wohlauf.» Diese Geschichte ist erfunden. Aber die Art und Weise, wie dieser Journalismus funktioniert, ist Wirklichkeit.

Der plaudernde Krösus

Da geschieht etwas, und wir haben keine Bilder. Was tun? Man spricht und spricht. Man holt pensionierte Generäle ins Studio. Man plündert Universitätsinstitute nach Spezialisten. Dort gibt es immer einen, der das jüngste «Newsweek» gelesen hat. Die Hauptakteure grosser Kriege und Konflikte sprechen selten deutsch. Das ist ein Handicap deutschsprachiger News-Sendungen. So bleibt uns die dritte oder vierte Garde. Die französischsprachige Tagesschau der Schweiz hat es schon einfacher. In ihrer Sendung kommen mehr eigentliche Akteure vor. Viele französischsprachige Akteure werden von den Westschweizern ins Studio eingeladen. Das können wir nicht. Simultan übersetzte Studiogespräche sind schwerfällig.

Wie intensiv Journalisten doch sprechen können – sprechen, ohne etwas zu sagen. Dazu braucht es Talent. Vor allem die Amerikaner haben es. «Noch nie haben so viele Journalisten im Fernsehen mit so vielen Worten und Bildern so wenig Informationen zu einem Thema geliefert wie in der Berichterstattung über den Krieg am Golf» (Claudia Mast, zitiert nach Mira Behan).

Spiro Agnew war Vizepräsident unter Richard Nixon. Er nannte NBC, ABC und CBS «den plaudernden Krösus des kulturellen Establishments».

Leichen, frisch ausgegraben

Und natürlich wird betrogen. Jedes Medium betrügt. Jedes Medium sendet Falschmeldungen. Alle sitzen «getürkten Hunden» auf. Wo Geld verdient wird, da wird betrogen. BBC-Leute, einst die Royals im Journalismus, drehten in Sizilien. Thema: Drogenkonsum. Das Ganze sollte fernsehgerecht aussehen. Man streute Spritzen in den Strassen von Palermo. Oder: «Ein Fernsehteam», weiss Thierry Saussez, «kam nach Ausschreitungen zu spät. Es legte Feuer in einem Gebäude.»

Manche Journalisten werden von ihren Stationen zu kecken und coolen Stories angepeitscht. Lob gibt's nur, wenn es fegt – ob das ein Flüchtlingsbericht oder eine Kriegsreportage ist. Hauptsache, es knallt und donnert. Hauptsache, es zappelt. Da wird dann die Wahrheit zurechtgerückt. Man steigt ins Archiv, holt sich dort einige Tote und hier etwas Feuer. Alles mischt man mit den Bildern von heute. «Nein», sagt die Cutterin, «diese Explosion hatten wir schon vor drei Monaten.» «Ist doch egal», sagt der Journalist, «der Zuschauer merkt's ohnehin nicht.»

Da werden die gleichen Leichen zweimal gesendet: im März sind es Ruander, die von den Zairern erdrosselt wurden, im August sind es Zairer, die von den Ruandern massakriert wurden. Claudia Siebert erzählt von einem Journalisten in Moskau. Er berichtete über brennende Barrikaden vor dem Kreml: Demonstration gegen Jelzin. In Wirklichkeit hatte ein alter Mann ein Feuer gemacht. Er wollte sich wärmen.

Patrick Poivre d'Arvor, Quoten-King bei TF1, sendete ein Exklusivinterview mit Fidel Castro. Man sah den Journalisten gross im Bild, wie er Fragen stellte. Dann Gegenschnitt: die Antworten von Castro. Doch es war kein Interview. Poivre d'Arvor verwendete Ausschnitte aus einer Pressekonferenz. Diese hatte Castro mehreren Journalisten gegeben. Poivre d'Arvor war nicht dabei.

M.B., ein TV-Journalist aus Lahnstein, bot jahrelang erregende Beiträge an. Er verkleidete Bekannte mit Kapuzen des Ku-Klux-Klan. Kreuze wurden verbrannt, Nazi-Parolen gerufen. Ein gelungener Beitrag

K-Szene in Deutschland. Zu sehen auf deutschen Sendern. Er
Beitrag über Drogenschmuggel an der deutsch-schweizeri-
Dealer im Gehölz. Alles gefaked. Zu sehen am Schweizer

Eine Firma in München bot uns eine Reportage an. Sie handelte von der Krise in der russischen Armee. Man sieht Soldaten beim Training: Kampfbahn, Schiessausbildung. Ein halbes Jahr später schickt uns die gleiche Firma einen andern Beitrag: Vorbereitungen der russischen Armee auf einen Einsatz in Serbien. Die gleichen Bilder, Training, Kampfbahn. Der Firmenchef entschuldigt sich: man habe sich in der Kassette vergriffen.

Aufstand in Rumänien 1989. Einer der schrecklichsten Momente – auch für den Ruf des Fernsehens. Alle wurden manipuliert – und alle spielten mit. In Timisoara wurden Leichen aus Friedhöfen gegraben. Sie wurden auf den Strassen aufgetürmt. Fernsehteams filmten und verbreiteten die Mär von «den gewaltigsten Massakern seit dem Zweiten Weltkrieg». «Le Monde diplomatique» sprach von «der bedeutendsten Fälschung seit Erfindung des Fernsehens».

1991: In Dubrovnik, dem kroatischen Bijou an der Adria, schlagen serbische Granaten ein. Fernsehbilder vermitteln den Eindruck von Horror und Zerstörung. In Wirklichkeit bröckelten einige Häuser und Kirchen. Einige Steine fielen auf die Strassen.

Auch falsche News bringen Geld

Auch im Vietnamkrieg wurde arg gemogelt. Die meisten Kampfszenen wurden nachgestellt. «Von 2300 Berichten zwischen 1965 und 1970 zeigten nur 76 echtes Kampfgeschehen» (Mira Beham). Die drei grossen Fernsehstationen zündeten Panzer an, die Kriegsreporter stellten sich davor und gaben ihre Analysen. Die gleichen Panzer wurden mehrmals angezündet.

Gibt es gar Terrorakte – des Fernsehens wegen? Man kennt die Wirkung von Attentatsbildern. Leichen liegen herum. Empörung wird ausgelöst. Der politische und militärische Druck auf Regierungen und Terroristen nimmt zu. Das kann manchen gelegen kommen. Und wenn der zweite Angriff auf den Markale-Markt von Sarajevo von den Moslems selbst verübt worden wäre? Als Verzweiflungsakt, um den Druck auf die Serben zu erhöhen. Die Serben sind davon überzeugt. Beweise fehlen.

Nachricht ist eine Ware. Auch falsche Nachrichten sind eine Ware. Auch mit ihnen kann man Geld verdienen. Überspitzt formuliert: ob eine

164

Nachricht stimmt oder nicht, ist unwichtig – man kann mit ihr Geld machen. Das News-Geschäft ist ein Geschäft, mit Moral hat es wenig zu tun.

Dennoch können Zuschauer damit rechnen, dass sie selten weder belogen noch betrogen werden. Was wir senden, das stimmt fast immer. Nicht nur, weil wir ethische Ziele hochhalten, sondern weil sich Fernsehstationen und Fernsehagenturen auf die Finger schauen. Würde einer betrügen, würde das die Konkurrenz in die Welt hinausschreien. Das finanzielle Polster jeder Bild- und Textagentur ist heute prekär. Betrügereien können sie sich aus wirtschaftlichen Gründen nicht leisten. Der Konkurrenzkampf ist so gross, dass sie sich weder Pfusch noch Täuschung erlauben können. Der Mainstream-Journalismus hat den Vorteil, dass alle auf dem gleichen Haufen sitzen – und sich gegenseitig kontrollieren.

Im Fernsehgeschäft haben Lügen meist kurze Beine. Eine Fernsehreportage ist immer Teamarbeit: dabei sind Kameramann und Tontechniker, Cutter und Producer. Da wurde betrogen? Einer von ihnen erzählt früher oder später die Wahrheit. Späte Rache gibt es immer. «Ja, damals in Ruanda, da fehlten uns einige Leichen. Wir nahmen einige vom Vorjahr... P.F., unser Journalist, beschwor uns, das nicht weiterzuerzählen...»

Getürkte Hunde

Produzenten von Nachrichtensendungen haben viele Horrorvorstellungen. Sie haben vor allem eine: dass sie gefälschte Beiträge senden. Die Situation ist schizophren: einerseits kämpft man um Scoops, um Berichte, die keiner hat. Anderseits hat man Angst vor ihnen. Man ist nie sicher, ob sie stimmen.

Ein Produzent erhält einen Beitrag über Massaker in Tadschikistan. Wie kann er in der warmen Redaktionsstube beurteilen, ob der Bericht stimmt? Er kann es nicht. Kauft er Bilder von grossen Sendern oder Fernsehagenturen, ist die Gefahr winzig, getürkten Hunden aufzusitzen.

Neben Agenturen und Fernsehanstalten gibt es immer mehr private Anbieter. Da wird es gefährlich. Das sind meist Leute, die beim Fernsehen gearbeitet hatten. Sie haben sich dann selbständig machten – weil sie so schlecht sind, dass sie das Fernsehen nicht mehr will. Oder sie so gut sind, dass sie ihr Glück auf eigene Faust wagen. Hier haben die Sendeverantwortlichen fast keine Kontrollmöglichkeit. Hier läuft alles auf Vertrauensbasis.

Die staatlichen oder halbstaatlichen Sender haben es gut. Sie haben ihr Publikum. Die meisten müssen nicht Zuschauer dazugewinnen. Sie erliegen nicht dem Zwang, nur Top-Attraktives zu senden – auf Biegen und

Brechen. Private Sender haben es schwerer: sie müssen ihr Publikum noch finden. Manche glauben, es finden zu können, indem sie attraktive Primeurs senden. Keiner unterstellt den Privaten, dass sie in schlechtem Glauben getürkte Hunde senden. Aber der Drang, Aussergewöhnliches zu senden, ist bei den Privaten grösser – und damit die Gefahr, reingelegt zu werden.

Fernsehen ist nie Wirklichkeit

Jeder Filmbeitrag ist inszeniert. Fernsehen und Film ist nie Wirklichkeit. Verkürzung gibt immer Dramatik. Film und Fernsehen ist immer Verkürzung. Jeder Journalismus ist Verkürzung. Jeder mündlich vorgetragene Bericht ist Verkürzung, ob man etwas der Grossmutter erzählt oder dem Fernsehpublikum. Jede Erzählung ist Manipulation im weitesten Sinn. Jedes schöpferische Schaffen ist Manipulation. Jede Äusserung ist Manipulation.

In Hebron werfen einige junge Leute Steine. Dann geschieht eine Stunde nichts. Dann werfen sie wieder Steine. Wir schneiden das Steinewerfen aneinander. Man erhält den Eindruck, als würden pausenlos Steine geworfen.

Objektivität ist ein Schlagwort zu kurz gekommener Politiker. Es wird sie nie geben. Es kann sie nicht geben. Das Subjekt Mensch kann nicht objektiv sein. Am nächsten kommt man der Objektivität, wenn man möglichst viele Meinungen zu Worte kommen lässt.

Jede Reportage ist eine Auswahl: Wie wird ein Gesicht gefilmt, in Grosseinstellungen oder in der Totale? Wie wird alles zusammengeschnitten? Wie lange wird jene oder diese Einstellung stehen gelassen? Die Reihenfolge der Sequenzen löst verschiedenartige Emotionen aus. Werden Töne im Original gelassen, wird darüber gesprochen? Reportagen sind nie Realität. Im besten Fall empfindet der Zuschauer das, was der Autor beim Drehen empfunden hat.

Reportagen entstehen vor allem auf dem Schnittplatz. Jeder gute Bericht wird vom Bild dominiert. Texte sind zweitrangig. Die Zusammensetzung der Bildsequenzen entscheidet, was der Beitrag auslöst, was er bewirkt. Die Arbeit von Cutterin und Cutter kann nicht hoch genug eingeschätzt werden. Jeder Schnitt ist Inszenierung. Aber schon beim Drehen wird inszeniert. Kein Dokumentarfilm, kein Tagesschau-Bericht ist ein pures Ablichten von dem, was man sieht. Immer wird etwas film- und fernsehgerecht arrangiert. Auch im Dokumentarfilm sind drei Viertel gestellt.

166

Die Wirklichkeit ist langweilig

Über einzelne Fälle kann man diskutieren. Ist es erlaubt, ist es verboten? Vor Grosny liegen zwei Leichen, eingepackt in weisse Tücher. Im Hintergrund brennt die Stadt. Der Kameramann bringt beides nicht aufs gleiche Bild. Er schleift die Leichen zwei Meter nach rechts. Jetzt passt alles zusammen. Wichtig ist: die Aussage wird durch die Inszenierung nicht verfälscht. Die Timisoara-Leichen verfälschten die Situation. Die erweckten den Eindruck eines Massakers, das es nicht gab. Aber die Grosny-Leichen liegen da. Und die Stadt brennt. Was der Kameramann empfindet, wird bildlich weitergegeben.

Die Wirklichkeit ist langweilig. Das ist die Hauptgefahr für die heutigen Medien – für Fernsehen, Radio und Presse. Weil sie langweilig ist, wird sie immer weniger abgebildet. Langweilige Programme, langweilige Artikel: das will keiner. So muss die Wirklichkeit überzeichnet werden. Die Schönen werden noch schöner, die Heiligen noch heiliger. Princess Di noch verklärter. Und das Schreckliche wird noch schrecklicher, die bad guys noch bader.

Der neue Journalismus verlangt Geschichten. Man will nicht nur Fakten. Stories müssen her. Eine Entwicklung muss aufgezeigt werden – geradlinig, verständlich. Eine Aussage muss gemacht werden. Die Geschichte muss einen Anfang und einen Höhepunkt haben. Doch oft gibt es in der Wirklichkeit keine Tendenz, oft kann keine Aussage gemacht werden. Es gibt tausend Wenn und Aber. Doch Wenn und Aber passen nicht in den modernen Journalismus. Also lässt man sie weg. Getrimmte Wirklichkeit. Zwischentöne gibt es selten: eine Sache hat weiss zu sein – oder schwarz.

Der Sender mit dem Wildschwein

Bald 500 Fernsehsender für alle

Die Programmlandschaft wird von einem Erdbeben geschüttelt. Jeder kann heute dreissig bis vierzig Kanäle empfangen. Die Freaks bis hundert. Mit der digitalen Technik werden es bald 500 sein. Vor allem die junge Generation wird zunehmend ihre Informationen über Internet beziehen. In Deutschland können wochentags 79 deutschsprachige News-Sendungen empfangen werden. Bald sind es noch mehr.

Allen von allem etwas bieten – das wollen nicht alle. Ein neues Phänomen macht sich breit: Ein Sender wendet sich nicht mehr an alle, sondern an ein bestimmtes Zielpublikum.

Beim Radio ist das nicht neu. Sender, die allen alles bringen, gehen unter. In deutschsprachigen Ländern merkt man das nur zögerlich, allzu zögerlich vielleicht. Allround-Radios haben ausgetingelt. Die Tendenz ist unumstösslich: immer mehr wenden sich Radiosender an ein einzelnes Segment: an jenes, das klassische Musik will, an jenes, das Informationen will, an jenes, das Volkstümliches will.

Jean-Paul Baudecroux ist Präsident des französischen Radios NRJ. Er spricht von diesem neuen Phänomen, das in den USA vor Jahren aufgetaucht ist. «Die Zuhörerschaft wird aufgesplittert. Das Publikum wird in Fragmente zerlegt. Für das Fernsehen gilt jetzt das gleiche.»

In vielen Ländern boomen Spartenkanäle. Es gibt den «Liebesfilm-Sender» in Frankreich und den «Bodybuilder-Kanal» in Grossbritannien. Sprudelndes Angebot. Nur nicht bei uns. Auch bei den Spartenkanälen ist der deutsche Sprachraum Entwicklungsregion. Das hat damit zu tun, dass viele Spartenkanäle Pay-TV-Sender sind: diese sind in Deutschland unbeliebt.

In den USA gibt es Wirtschafts- und Krimisender, Movie-, Sport- und Musikkanäle. Es gibt Westernsender und einen Gerichtssender (Court TV). Er überträgt einzig Gerichtsverhandlungen, und zwar live. Es gibt Sex-and-Crime-Kanäle. Es gibt einen History Channel, einen Mickey-Mouse-Sender.

Erotisches via Hotbird

Schon heute senden in Europa fast 200 Spartenkanäle. Führend sind Frankreich, Grossbritannien, Spanien und Italien. Es gibt Kulturkanäle, zum Beispiel «Canal Clasico» in Spanien. Er befasst sich einzig mit Musik, Malerei, Literatur, Oper, Theater. «Encyclopedia» ist ein populärer Wissenschaftskanal aus Frankreich, «Ciné-Cinéfil» sendet nur Schwarzweissfilme. «Canal Jimmy» aus Frankreich richtet sich an die Fans der sechziger Jahre.

Kanäle, über die man einkaufen kann, schiessen aus dem Boden: Zum Beispiel: «Quantum TV» und «QVC» in England. HOT, «Home order television» in Deutschland. «Chasse et pêche» ist der Sender der Jäger und Fischer. Er lehrt auch, wie man Wildschweine savourös aus der Pfanne bringt.

«Canal auto» befasst sich mit Autothemen. «Animaux» präsentiert Tierfilme und gibt Lektionen in Haustierpflege. Wann muss Fiffy geimpft werden, wie muss Zappa gekämmt werden?

Erotische Sender dominieren: Doch für Sex muss man bezahlen. Die meisten dieser Programme sind Pay-TV-Sender. «XXL» aus Frankreich ist nach Mitternacht massiv pornographisch. Aus Frankreich kommt auch Parkas-Eurotica – über den Satelliten Hotbird. Er zeigt Sex-Filme (Abonnement 1390 fFr. pro Jahr). In England ist der Kanal verboten. Dafür stöhnen aus Grossbritannien «DSTV Eurotica» und «The Adult channel».

«The Christian Channel» aus Grossbritannien bringt uns Bibellesungen, Gospelgesänge und christliche Debatten. Es gibt «Fashion TV» mit Modeschauen. Einen «Weather Channel» gibt es in den USA schon lange. In Miami zum Beispiel können über Gold Coast Cablevision 70 Kanäle empfangen werden, darunter «The Learning Channel», das «Food Network», der «Travel Channel» und «Playboy Television».

Die meisten Spartenkanäle kommen per Satellit ins Haus. Fast alle müssen abonniert werden.

Spiel ohne Grenzen

Spartensender sprechen nur über ein Gebiet. Sie bringen Vertiefung. Mehr Vertiefung als ein Kanal, der über alles spricht. CNN bringt nur News, «Fashion TV» nur Fashion.

Voraussetzung für Spartenkanäle sind grosse Einzugsgebiete. Immer mehr wird es grenzüberschreitende Sender geben. Stationen richten sich weniger an ein einzelnes Land. Sie richten sich an eine Sprachgruppe. Eine Sendung mit einem Marktanteil von unter zwanzig Prozent steht bei uns auf wackligen Füssen. Internationale Spartensender können sich weniger leisten. Weil sie einen ganzen Sprachraum abdecken.

Man belächelt die tiefe Einschaltquote von CNN. Doch CNN spricht 700 Millionen Menschen an. Ein Prozent Marktanteil wären immer noch, weltweit, acht Millionen.

Das Publikum mit Spezialinteressen wird von spezialisierten Kanälen besser bedient. Das bedeutet aber nicht, dass dieses Publikum die traditionellen News-Programme nicht mehr einschaltet. Man sieht die Tagesschau – und zusätzlich einen spezialisierten Kanal. Wie im Pressewesen. Man liest die «Süddeutsche» – und zusätzlich «Le Monde diplomatique». Man liest den «Güllener Volksanzeiger» – und zusätzlich das «Wall Street Journal».

Es gibt nicht nur eine Arbeitsteilung zwischen Fernsehnachrichten und Fernsehmagazinen, zwischen Fernsehnachrichten und Zeitungen, es gibt auch eine zwischen Fernsehnachrichten und Spartenkanälen.

News für 121 Millionen Deutschsprachige

Langfristig trägt das Fernsehen dazu bei, dass die Landesgrenzen überwunden werden. Die Welt wird zusammenrücken. Regionalisten kämpfen gegen das globale Dorf. Sie fürchten um die Eigenart der verschiedenen Regionen. Andere kritisieren den TV-Imperialismus internationaler Medienmogule.

Deutsch ist die zehntwichtigste Sprache der Welt. In Europa sind 121 Millionen Menschen deutscher Muttersprache. Das sagt die Cambridge Encyclopedia of Language. Ein Riesenpotential für grenzüberschreitende Spartenkanäle. Das ist gut für MTV und Eurosport, für Unterhaltungssendungen und Tennis. Und für News?

Der deutschsprachige Raum ist keine kulturelle Einheit. Was kümmert's den Oberösterreicher, wenn in Bornstedt bei Sangerhausen (Deutschland) dreissig Personen entlassen werden? Was kümmert's die Frau in Finsterwalde (Deutschland), wenn im Halbkanton Obwalden (Schweiz) eine Schlammlawine niedergeht?

Alles unter einen Hut zu bringen ist unmöglich. «Euronews» muss das schmerzlich erleben. Die Deutschen wollen viel über Deutschland erfahren, die Schweizer und die Österreicher aber nicht. Dafür wollen die Schweizer detaillierte Informationen über die Schweiz. Das langweilt Deutsche und Österreicher. Mit regionalen News erschreckt jeder News-Kanal jene Leute, die nicht zur Region gehören. Zudem hat jedes Land eigene Sehgewohnheiten. Diese werden nur langsam abgebaut.

Das deutsche n-tv aus Berlin ist als deutsches CNN gedacht – und von CNN mitfinanziert (siehe Seite 181). Der grenzüberschreitende Nachrichtensender hat bisher wenig Erfolg. Marktanteil in Deutschland 0,6 Prozent, Marktanteil in der deutschen Schweiz 0,5 Prozent. Doch n-tv ist besser als die Einschaltquoten.

Und weshalb sind die Einschaltquoten von CNN so schlecht?

Auch CNN sendet nicht für eine kulturelle Einheit. Kuala Lumpur und Salt Lake City haben wenig Gemeinsames, ebensowenig wie Nigeria und Sri Lanka – und überall spricht man englisch.

Nur bei Grossereignissen erleben Newskanäle Höhenflüge. Dann steigen die Quoten wie Adler in schwindlige Sphären. Im Alltag hüpfen sie wie Spatzen auf dem Boden. Dennoch: Dutzende wollen heute CNN kopieren. Alle rennen gegen CNN an.

Lieber Yankee-Journalismus als so

Der Kampf gegen CNN nimmt neue, dramatische Dimensionen an. Milliarden werden mobilisiert, um Ted Turner und Christiane Amanpour in die Knie zu zwingen. Die ganz Grossen sind es, die CNN jetzt attackieren: Bill Gates, Rupert Murdoch und die BBC. Doch nicht nur sie.

Mitte der neunziger Jahre erhielt CNN erstmals Konkurrenz. BBC World ging auf Sendung. Europa freute sich. Endlich eine Alternative zum Yankee-Journalismus. Endlich seriöse Informationen, Kommentare und Analysen – BBC-like. Die Freude kam zu früh. Lieber Yankee-Journalismus als so.

Zu voller Stunde wehen den Zuschauern Flaggen ins Gesicht – wallende Tücher. Das ist das Anfangssignet der World-News. Alles riecht nach siebziger Jahren. Das ganze Programm entspringt den Siebzigern. Es ist abgelebt und ausgetrocknet. Programmierte Bauchlandung. Ted Turner fletschte lachend seine falschen Zähne.

Der BBC fehlte das Geld. Dem Newskanal fehlten die News. Zwar gibt es zu jeder vollen Stunde Nachrichten. Dazwischen aber flimmern – endlos wiederholt – Magazine aller Art. Nett gemachter Schulfunk. CNN sendet Brandneues live aus Kinshasa. Währenddessen offeriert BBC World Konserven: da geht es um die Sorgen der Teepflanzer von Malawi oder um die Kopulation ostafrikanischer Ika-Schlangen.

Ist aber BBC World live dabei, dann übers Telefon. Man sieht das vergilbte Foto eines Korrespondenten – und dieser spricht und spricht. Als träume die BBC von ihren demutsvollen Radiozeiten. Als sei das Fernsehen nicht erfunden. In der Schweiz schaut keiner zu. Statistischer Marktanteil von BBC World: 0,0 Prozent. Scherbenhaufen. In der Europäischen Union sehen siebenmal mehr Leute CNN als BBC World. Das sagt der European Media and Marketing Survey.

Jetzt gehen die aristokratischen Briten noch einmal in die Offensive. Jetzt will BBC World endlich ein Newssender werden. Keine Kopulation ostafrikanischer Ika-Schlangen. Jetzt will man News senden. In der BBC findet «die grösste Umstrukturierung seit 50 Jahren statt» (Newsweek). Durch Britannien geht ein Aufschrei.

Der neue BBC-Chef setzte alles auf eine Karte. Er weiss: sein Sender hat ein enormes Potential, das er nicht ausspielt. So beschäftigt die BBC rund um die Welt 250 Korrespondenten in 42 Büros. CNN hat 150 Korrespondenten in 32 Büros. Die neue BBC-Devise heisst: News über alles. Da entstand nicht nur «News 24», ein 24-Stunden-News-Kanal für Grossbritannien: auch BBC World soll aggressiver und besser werden. Harte News und live, keine vergilbten Korrespondenten. Beide Sender werden sich befruchten.

BBC World wird jetzt in Amerika in Kabelnetze gespiesen, zum Beispiel in New York. Dies bringt endlich Werbung. Auch in Frankreich dringen die Engländer in die Kabelnetze vor: weit über eine Million Franzosen können BBC World heute empfangen.

«Fernsehen – welch doofe Idee»

Es gibt nicht nur CNN und BBC World. Nachrichten- und Wirtschaftskanäle spriessen wie Pilze. Die meisten sind unrentabel. Doch noch ist im Fernsehgeschäft alles möglich. Das zeigt ein Mann aus Massachusetts. Bis vor kurzem kannte ihn keiner. Wie ein Taifun stürmte er ins Geschäft. Bis heute verdiente er eine Milliarde Dollar.

«Was du wirklich machen solltest, ist Fernsehen», sagte der Mann am Telefon. Doch sein Freund lehnte ab. «Fernsehen – welch doofe Idee.» Inzwischen gehört der Fernsehskeptiker zu den wichtigsten Fernsehmännern der Welt. Er ist, zusammen mit Bill Gates, «der kreativste und wahrscheinlich erfolgreichste Medienunternehmer unserer Zeit». So Rupert Murdoch, der australisch-amerikanische Medien-Mogul.

Der Mann, der 1991 anrief, heisst Jon Fram. Er hatte für das Financial News Network (FNN) gearbeitet, ein bankrotter Fernsehsender. Sein Freund, der das Fernsehen als «doof» befand, ist Michael Bloomberg, ein Wirtschafts-Junkie.

Alles begann 1981. Bloomberg («I love Popcorn») war 39 Jahre alt. Er arbeitete bei Salomon Brothers, der erfolgreichsten Handelsfirma der USA. Der Chef bestellte ihn in sein Büro: «You are history.» Als Abfindung erhielt der gefeuerte Bloomberg zehn Millionen Dollar. Damit begann eine der phantastischsten Geschichten im Medienbusiness.

Bloomberg stieg zunächst ins Nachrichtengeschäft ein. Für seine Kunden entwickelte er einen eigenen, bedienerfreundlichen Computer. Bloomberg gelang es, eine ernsthafte Konkurrenz für Dow Jones und Reuters zu werden – den beiden Giganten der Business-News.

Ende der achtziger Jahre, gab Bloomberg seinem Dienst eine neue Dimension. Er wollte nicht nur Börsenkurse und Wirtschaftszahlen verkaufen. Er gründete eine eigene Nachrichtenagentur mit Schwerpunkt Wirtschaft. Dazu brauchte er Journalisten.

«Keine Journalistenschule», sagt Bloomberg, «lehrt die Reporter, wie man über Business schreibt. Lange Zeit hatte keiner der Redaktoren Erfahrung darin, wie man über Finanzmärkte berichtet. Auf ihrem Weg nach oben hat kein Fernsehstar je eine Geschichte über das Geldverdienen geschrieben. Kein verantwortlicher Redaktor der ‹New York Times›, der ‹Washington Post› oder der ‹Los Angeles Times› hat über Finanzmärkte rapportiert. Sie schrieben über Krieg, Revolution und Ausschreitungen. Selbst im ‹Wall Street Journal› war es selten, dass die Top-Redaktoren über Stocks und Bonds schrieben.» Mit Bloomberg wurde alles anders. So entstanden die «Bloomberg News». Zunächst stellte er fünf Jounralisten in New York an, fünf in London und fünf in Tokio. Heute arbeiten für ihn weltweit 500 Journalisten in 72 Büros.

Zuerst kauft Bloomberg eine Radiostation in New York, WNEW. Sie kostete 13,5 Millionen Dollar. «Doch wir wollten nicht mit Frank Sinatra und Bing Crosby ins nächste Jahrtausend gehen.» Bloomberg wollte keine «All crime all the time»-Station. Er sendete Politik und Diplomatie, Lifestyle und Wissenschaft, Wirtschafts- und Finanznews, Krieg und Frieden. Innerhalb von zwölf Monaten verdreifachte sich der Wert des Senders.

Dann kam der Anruf von Jon Fram. Bloomberg zögerte. Doch nicht lange. Er stieg ins Fernsehgeschäft ein. Zuerst mit einer halbstündigen Morgensendung auf der Maryland Public Television. Die Show hiess Bloomberg Business News. Sie wurde in ganz Amerika vertrieben. Sie war «von Anfang an ein Hit» (Bloomberg). Dann kam die grosse Zeit. «Bloomberg Information Television» (BIT) ging auf Sendung, und zwar 24 Stunden pro Tag, sieben Tage die Woche.

Bloomberg beschäftigt heute weltweit 3000 Angestellte. 1997 waren 75 000 Terminals installiert. 140 000 Benutzer in 91 Ländern arbeiten mit Bloomberg News.

Der Bildschirm seiner Terminals ist gesplittet. Man sieht gleichzeitig Börsendaten, den Wetterbericht und News Headlines. Oben rechts flimmert das Fernsehprogramm mit Moderation und Newsbeiträgen. Gesendet werden auch Nicht-Wirtschaftsnachrichten. Bloomberg meldete den Tod des italienischen Modeschöpfers Gianni Versace als erster: zehn Minuten vor Associated Press.

«I love Mondays»

Er wurde am Valentinstag geboren und überlebte zwei Helikopterabstürze. Michael Bloomberg, geboren 1942 in Medford, Massachusetts, ist ein Wunderkind. Und die Glückssträhne hält an. Innerhalb weniger Jahre schuf er ein Fernsehimperium, vor dem die Grossen zittern. Reuters und Dow Jones, die Riesen der Business-News, legen ihre Stirnen in Falten.

Bis 1980 hatte Bloomberg an der Wall Street gearbeitet – für Salomon Brothers, das reputierteste Handelshaus der Neuen Welt. Dann wurde er gefeuert. Kein Problem für ein Glückskind. Als Abfindung erhielt er zehn Millionen Dollar. Innerhalb von 15 Jahren machte er eine Milliarde daraus. Die zweite Milliarde wird bald schon stehen. Schon gibt es ein Buch über den neuen Medienstar: «Bloomberg by Bloomberg». Geschrieben not by Bloomberg.

Bloomberg («I love Mondays») schuf einen frechen und attraktiven Wirtschaftsdienst. Seine Terminals stehen bei allen, die in der Wirtschaft Einfluss haben: bei Banken, Wirtschaftsberatern, Grossanlegern, an der Wall Street, bei Wirtschaftszeitungen. Bloomberg sendet vier regionale Hauptprogramme. In New York wird das Programm für die USA und Kanada zusammengestellt. Von São Paolo aus entsteht ein 24-Stunden-Programm für Lateinamerika. In London wird das Programm für Europa und den Nahen und Mittleren Osten fabriziert. Eine vierte Version für Asien entsteht in Tokio. Alle Programme werden in englisch gesendet.

Bloomberg ging noch weiter. Er schuf Versionen seines 24-Stunden-Programms in sieben weitern Sprachen: in deutsch, französisch, spanisch, italienisch, portugiesisch, japanisch und niederländisch. Dazu arbeitet Bloomberg mit grossen Textagenturen: DPA für Deutschland, AFP für Frankreich, Ansa für Italien, EFE für Spanien. Die Zuschauer sollten «die besten lokalen und die besten internationalen News» erhalten. Bloomberg rechnet damit, dass seine Glückssträhne Bestand hat: «Wer zwei Helikopterunfälle hinter sich hat, wird – statistisch gesehen – nie einen dritten haben.»

«Ich liebe es, Murdoch in den Hintern zu treten»

Auf Europas Bildschirmen tummeln sich über ein Dutzend News-Sender – internationale und nationale. Alle senden rund um die Uhr. Neben CNN, BBC World und Bloomberg gibt es Euronews, Skynews (aus Grossbritannien), n-tv aus Berlin. Seit 1997 gibt es «News 24», einen BBC-Newskanal für Grossbritannien. LCI (La chaîne Info) sendet in Frankreich. Dort entsteht sogar ein Pay-TV-Newskanal: Nachrichten gegen Bezahlung. In Spanien sendet Telenoticias und (aus Mexiko nach Spanien übertragen) Galavision. Selbst das Golf-Scheichtum Katar leistet sich einen All-News-Sender. «Al-Jezira» ist ein Mini-CNN für die arabischen Staaten und sendet 17 Stunden pro Tag ununterbrochen News.

Bald werden die Fox News nach Europa kommen. Der Sender gehört Rupert Murdoch, dem Intimfeind von Ted Turner. Fox News soll CNN konkurrieren, bisher ohne Erfolg. Der Sender ist im Vergleich zu CNN konservativ. Er richtet sich an Amerikas ländliche Bevölkerung. Zur Freude von Ted Turner («Ich liebe es, Murdoch in den Hintern zu treten») sendet Fox News unter Ausschluss der grossen Öffentlichkeit. Täglich schauten 1996 nur gerade 14 000 Personen bei Fox News mal rein. Das könnte sich ändern.

Notizen zu Rupert Murdoch, dem «globalen Medienmogul»

Murdoch, «the late Führer». Ted Turner lässt keine Gelegenheit aus, seinen Konkurrenten mit Galle zu bespeien.

Sie könnten verschiedener nicht sein. Da ist Ted Turner: braungebrannt und sportlich. Er ist ein glühender Showman und spärlich introvertiert. An seiner Seite leben schöne Frauen. Und da ist Rupert Murdoch, ein verstaubter Autokrat. Gentleman in Grau.

Im Sommer 1997 haben die Erzfeinde Frieden geschlossen – offiziell. Time Warner Inc. (mit CNN und Ted Turner) und News Corp. (von Rupert Murdoch) wollen sich nicht mehr streiten. Doch der Hass sitzt tief. Turners Spott kennt kein Ende.

Dabei hat es die graue Maus in sich. Rupert Murdoch, 1935 in Australien geboren, ist einer der aggressivsten Medienzaren des Jahrhunderts. Und sicher ist er heute einflussreicher als der zähnefletschende Hüne aus Atlanta.

Einflussreicher und mindestens ebenso reich. Er verfügt über ein Vermögen von 3,2 Milliarden Dollar. Das geht aus der Forbes-Liste der 400 reichsten Amerikaner hervor.

Murdoch dominiert die britische und australische Presse. Seine Blätter sind sich für nichts zu schade. Ethische Grundsätze hat er wenige. Ethisch ist, was Geld abwirft: ob Porno oder Qualität, ob Seifenopern oder Sex and Crime. Die Paparazzi verteidigt er. Er wehrt sich gegen verstärkten Persönlichkeits-schutz der Berühmten und Schönen. «Solche Gesetze nützen nur Leuten, die ohnehin privilegiert sind.»

Murdoch besitzt in Grossbritannien «The Times», die «Sunday Times», das Boulevardblatt «Sun». In Amerika gehört ihm die «New York Post». Er kontrolliert weite Teile des britischen Kommerz-TV-Senders «Sky TV». Dieser betreibt Sky News, ein gut gemachter All-News-Kanal. Murdoch setzt immer mehr auf Pay-TV und aquiriert für seine Sender Sportereignisse und Unterhaltung. Er betreibt den grössten Pay-TV-Service der Welt.

CNN war ihm schon immer ein Dorn im Auge. Die Publizität des Helden aus Atlanta machte ihm zu schaffen. So schuf er 1996 einen eigenen All-News-Kanal, den Fox News Channel. Dieser erntete zunächst nur Spott. Doch auch CNN hat klein angefangen.

Fox News erreicht heute in den USA 17 Millionen Haushalte – viermal weniger als CNN (68 Millionen Haushalte). MSNBC, den es seit Juli 1996 gibt, kommt auf 22 Millionen Haushalte. CNN kontrollierte den grössten Teil des New Yorker Marktes. Im Sommer 1997 gelang es Fox TV, in den Big Apple zu beissen. Der Sender ist jetzt auch in New York zu sehen. Es ist eine Frage der Zeit, bis Murdoch seine Fox News weltweit verbreitet. Fox News ist konservativ und weniger weltoffen als CNN.

1985 gelang Murdoch ein Riesencoup. Er kaufte den einst reputierten Spielfilmkoloss Twentieth Century Fox. Dem Fernsehnetwork CBS entriss er für 1,6 Milliarden Dollar die Fernsehrechte für die Übertragung der National Football League.

Eines hat Murdoch seinem Konkurrenten Turner voraus: den Blick auf Asien. Dort kann man noch viel Geld verdienen. Und keiner hat so gute Startchancen wie Murdoch. Seit Jahren ist er dort im Geschäft. Seit Jahren seift er die Asiaten mit Soap Operas ein. In keiner Region der Welt werden die Werbeeinnahmen so anschwellen wie in Asien. Murdoch besitzt den Hongkonger Sender Star TV.

Keith Rupert Murdoch wurde in Australien geboren. Er ist zum zweitenmal verheiratet und hat vier Kinder. Sein Vater, Sir Keith, war ein geschätzter Verleger. Rupert schloss 1952 in Oxford ab. Anschliessend arbeitete er in der Fleet Street. Mit 23 übernahm er die «Adelaide News». 1960 kaufte er den «Sidney Daily». Dann begann er, im Fernsehen zu investieren. 1990 ging er fast bankrott.

Der Gentleman liebt Understatements. «Ich brauche selten Computer. Ich bediene sie sehr schlecht.» Oder: «Ich wäre gern Wissenschafter oder Physiker geworden. Man muss so viel wissen.» Geht es um Geschäfte, kann er brutal sein. Ein Mitarbeiter klagt: «Mit Murdoch gehen Ehen kaputt, die Familie geht kaputt, die Gesundheit geht kaputt.» Es sei fast unmöglich, Murdochs Anforderungen zu genügen. Er ist Machtmensch und Patriarch. Seine vier Kinder sollen sein Imperium übernehmen. Murdoch, der Australier, wurde 1985 amerikanischer Bürger.

Schweizerisches Know-how – ohne Erfolg

Euronews war Europas Antwort auf CNN. Doch der sechssprachige Sender aus Lyon ist keine Erfolgsstory. Empfangen wird Euronews in 35 europäischen Staaten sowie im Mittelmeerraum. Alle dreissig Minuten gibt es eine Nachrichtensendung. Ende 1997 stieg ITN bei Euronews ein. Der britische Privatsender übernahm knapp die Hälfte der Aktien. Was hat ITN mit Euronews vor? Alle rätseln. Soll es doch ein europäisches CNN geben, eine Konkurrenz zu BBC World?

Euronews sendet auf englisch, deutsch, französisch, spanisch, italienisch und arabisch. Der Sender ist eine Kopie der alten Schweizer Tagesschau. Diese wurde bis Ende der sechziger Jahre parallel in drei Schweizer Landessprachen gesendet. In der deutschen, der französischen und der italienischen Schweiz liefen um 20h00 die gleichen Bilder. Simultan sprachen drei Sprecher die Texte zu den Bildern, jeder in seiner Sprache. In Genf sah man die Bilder mit französischem Kommentar, in Lugano mit italienischem und in Zürich mit deutschem. Diese Formel wollte man auf Europa ausdehnen.

Man holte sich Dario Robbiani, den früheren Chefredaktor der Schweizer Tagesschau. Er versuchte für Europa umzusetzen, was er für die Schweiz umgesetzt hatte. Die gleichen Bilder laufen in sechs Sprachgebieten. Und in jedem der sechs Sprachregionen ist der Kommentar in der eigenen Sprache zu empfangen.

In der Schweiz beträgt der Marktanteil von Euronews 1,6 Prozent und weniger. Weshalb ist der Sender wenig erfolgreich? Mit der Sechs-Sprachen-Formel kommt die regionale Berichterstattung zu kurz. Nationale Sehgewohnheiten können nicht berücksichtigt werden. Im weitern können keine Stars auftreten. Der Zuschauer will personifizierte Informationen. Diese kann ihm Euronews nicht bieten. Es gibt nur Bilder und Texte im Off: keine Moderatoren. Kein Journalist steht vor der Casa Rosada in Buenos Aires und spricht über Carlos Menem.

Fernsehen ohne Fernsehapparat

Vor allem Wirtschaftskanäle boomen rund um die Welt. Bloomberg ist nur der erfolgreichste. Daneben gibt es die European Business News (EBN). Die Wirtschaftssender suchen kein riesiges Publikum. Michael Connor ist Generaldirektor des EBN. Er sagt: «Es geht immer weniger darum, immer mehr Zuschauer zu gewinnen. Es geht vielmehr darum, kleinere, spezialisierte Gruppen zu erreichen.» Eines der interessantesten

Experimente beschert uns der reichste Mann der Welt: Fernsehen ohne Fernsehapparat.

Zusammen mit NBC, dem amerikanischen Fernsehnetwork, baut Bill Gates eine neue Art Fernsehen auf. Dieses ist nicht für Fernsehapparate bestimmt: das Programm geht direkt auf den Computerschirm. MSNBC heisst der neue Sender. MS steht für Microsoft (Bill Gates Firma). In den USA hat der Sender bisher wenig Erfolg: 26000 Zuschauer schauen dort täglich zu. MSNBC konzentriert sich auf Wirtschaftsnews, doch nicht nur. Oft ist MSNBC besser als CNN. Als die TWA 800 bei Long Island ins Meer stürzte, waren MSNBC-Journalisten die ersten vor Ort. Macht Bill Gates Idee vom Computer-Fernsehen Schule?

Immer nur News – alle kopieren CNN
Wichtige internationale und nationale All-News-Kanäle

CNN – das Denkmal
Alle kopieren CNN. Die Station, 1975 von Ted Turner gegründet, erreicht 700 Millionen potentielle Zuschauer. CNN ist kein Volkssender. Ohne grosse Ereignisse zieht CNN nur wenige Zuschauer an: in den USA täglich weniger als 300000. Sein Credo: «Wir senden nicht News, wenn sie geschehen sind, sondern wenn sie im Begriffe sind zu geschehen». Der All-News-Kanal erreichte im Golfkrieg 1991 den internationalen Durchbruch. Seither ist CNN der Sender der internationalen Crème de la crème.
CNN gibt es auf englisch und spanisch.

BBC World – zweiter Versuch
BBC World sollte als erster Sender CNN konkurrieren. Die Attacke misslang. Dem BBC-News-Programm fehlten News, Punch und Ideen. Die Briten sendeten fast unter Ausschluss der Öffentlichkeit. Jetzt versuchen sie es noch einmal. Mit viel Geld soll BBC World aggressiver und besser werden. Profitieren soll er auch vom neuen 24-Stunden-News-Kanal für Grossbritannien. BBC World ist rund um die Welt zu empfangen.

News 24 – der Aufschrei
Ein Aufschrei ging durch Britannien. Ende 1997 entstand ein neuer BBC-Newskanal für Grossbritannien. Alle andern BBC-Programme müssen dafür bluten. Ihre Budgets werden bis zu dreissig Prozent reduziert. Bei der BBC

herrschte «Tumult» («The Times»). Der neue News-Kanal sendet rund
um die Uhr einzig News. Er ist ein digitaler Sender. Deshalb kann er zunächst
von nur wenigen empfangen werden.

Fox News Channel – Attacke auf Turner

Rupert Murdoch konnte es nicht lassen. Der australisch-amerikanische Medi-
enzar («The Times», «Sun», «Sky TV») musste seinen Erzfeind Ted Turner
herausfordern. Als Konkurrenz zu Turners CNN schuf Murdoch 1996 den
«Fox News Channel», einen 24-Stunden-Nachrichtenkanal. Er ist bisher einzig
in den USA zu empfangen. Doch nur wenige schauen hin. 1996 waren es
in den USA täglich nur 14 000. Doch Murdoch ist auf eine lange Durststrecke
gefasst. Der Sender richtet sich ans ländliche amerikanische Publikum.

n-tv – «Fernsehen für Gescheite»

Zwar sehen es wenige. Aber wer es sieht, der ist wer. n-tv, der erste und bisher
einzige deutsche Nachrichtenkanal, richtet sich vor allem «an die Meinungs-
führer und Entscheider in Deutschland» (Eigenwerbung). n-tv wird fast
zur Hälfte von CNN finanziert. Der Sender ging am 30. November 1992 an
den Start. Zielgruppe sind die gebildeten Leute. Forciert wird neben der
politischen die wirtschaftliche Berichterstattung. Man peilt Zuschauer an, die
sich mehrmals täglich kurz über das Wichtigste informieren wollen. Kein
anderes Programm in der deutschen TV-Landschaft erreicht eine solch hoch-
wertige Zuschauerstruktur.

n-tv kann in Deutschland von 25 Millionen Haushalten empfangen werden,
in der Schweiz von 1,8 Millionen (63 Prozent aller Haushalte) und in
Österreich von 1,6 Millionen (54 Prozent aller Haushalte). Neben CNN (Time
Warner), das 49,79 Prozent der Aktien besitzt, gehört der Sender zu
25 Prozent der Verlagsgruppe Handelsblatt und zu 16 Prozent der Familie
Nixdorf (und anderen).

Der Marktanteil in Deutschland beträgt 0,6 Prozent, jener in der Schweiz
0,5 Prozent.

European Business News – klein und fein

EBN, European Business News, ist ein 24-Stunden-Wirtschaftskanal. Der Sender wurde 1995 in London gegründet. Er gehört vor allem Dow Jones. Dow
Jones gibt das «Wall Street Journal» heraus. EBN sendet über Satellit (Eutel-
sat) und teilweise über Kabel. Für den Sender arbeiten 125 Journalisten. Die

Station legt Wert auf Analyse. EBN hat Mühe, in die überfüllten Kabelnetze zu gelangen. In Deutschland ist morgens zwischen 07h00 und 07h30 ein Programmfenster auf deutsch zu empfangen. Das Online-Angebot basiert auf Informationen von Dow Jones. Der Sender erreicht 17 Millionen Zuschauer.

MSNBC – Computer-Fernsehen
MSNBC ist der spektakulärste neue Kanal. Er könnte die grösste Konkurrenz für CNN werden. In Amerika ist er über Satellit und Kabel zu empfangen. Später soll er einzig über Computerschirme flimmern. Fernsehen ohne Fernsehapparat.

NBC, das amerikanische Fernseh-Network, hat sich mit Bill Gates und seiner Firma Microsoft (MS) zusammengetan. MSNBC wurde im Juli 1996 gegründet. Microsoft investiert innerhalb von sechs Jahren über 300 Millionen Dollar. MSNBC hat einen Zehntel der Zuschauer von CNN.

NBC liefert die Journalisten und das Fernseh-Know-how. Microsoft bringt die Internet-Technologie. MSNBC legt grossen Wert auf die Wirtschaftsberichterstattung. Das ZDF arbeitet mit MSNBC zusammen. Ziel ist es, auf Internet einen deutschen Nachrichtensender zu produzieren – mit MSNBC als Zulieferanten.

Euronews – europäisches CNN
Euronews hätte die europäische Konkurrenz von CNN sein sollen. Die Einschaltquoten sind gering. Die Station sendet in sechs Sprachen: deutsch, englisch, französisch, italienisch, spanisch und arabisch. Der Sender wurde am 1. Januar 1993 gegründet. Euronews ist in 35 europäischen Ländern zu empfangen – ebenso im Mittelmeerraum. Euronews hat keine Moderatoren. Die gleichen Bilder gehen zur gleichen Zeit in alle 35 Länder – mit dem Kommentar in der Sprache des Landes. Ende 1997 hat der britische Privatsender ITN knapp 50 Prozent des Aktienpakets von Euronews übernommen. Hauptsitz des Senders ist Lyon.

4000 Sender auf Abruf

Ersetzt der Computer den Fernsehapparat? Sitzt man nicht mehr im Sofa und sieht sich die Tagesschau an? Wirft man den Computer an? Empfängt man dort die Fernsehprogramme? Die Frage spaltet Nationen. Oder zumindest: Fernseh- und Computerfreaks.

Bald wird es möglich, über Computerschirm Hunderte von Programmen zu empfangen. Man kann sie speichern. Man kann die Tagesschau dann abrufen, wenn man will. Hat man sie um 19h30 verpasst, ruft man sie eben später ab: um 21h07. Oder nach dem Fest bei Freunden. In Europa oder in Madras. Nachrichten auf Abruf. 4000 Sender auf Standby.

El Niño zischt wieder. Flutwellen. Wird alles noch schlimmer? Mal schauen, was die andern Sender dazu sagen. Was haben sie gebracht? Man programmiert «El Niño». Man wählt die Sender, die man sehen möchte. Mausklick: man erfährt, was die malaysische Tagesschau zu El Niño gebracht hat – oder die indonesische.

Grosser Vorteil: Man kann auswählen. Wer sich für Israel interessiert, programmiert Israel: die Israel-Berichte der gewünschten Sender werden gespeichert und sind abrufbar. Man kann themenorientiert fernsehen: man muss nicht alles ertragen. Was einem nicht passt, schaut man nicht an.

Für viele ist der Computer zu kompliziert – und vor allem zu langsam. Für viele gehört der PC ins Arbeitszimmer. Fernsehen will man in der Stube – zusammen mit der Familie. Fernsehen ist mehr als sich informieren: Fernsehen ist ein Familientreffen, ein soziales Ritual. Noch sind Fernsehapparate verbreiteter als Computer. In den USA besitzen fast hundert Prozent aller Haushalte einen Fernseher. Nur 40 Prozent betreiben einen Computer.

Der Anteil der Computer wird aber rasant zunehmen. Junge verbringen immer mehr Zeit vor dem Computer – und immer weniger vor dem Fernseher. 16 Prozent der Amerikaner schauen während der Prime Time nicht Fernsehen: sie surfen im Internet.

Hunderte neuer Programme

Beim digitalen Fernsehen werden die Daten komprimiert, zusammengepresst. Pro Fernsehkanal wurde bisher ein Programm gesendet. Mit digitaler Technik können pro Kanal zehn oder mehr Sender übermittelt werden. Das bedeutet das Ende der Frequenzknappheit in den analogen Kabelnetzen. So wird es möglich, Hunderte von Programmen zu empfangen.

Der Einzug des digitalen Fernsehens hat begonnen. In den USA müssen jetzt 240 Millionen Fernsehapparate ersetzt werden. Bis im Jahr 2006 muss die Aktion beendet sein. Bis dann senden alle 1600 amerikanischen Fernsehstationen ihre Programme digital. Auch der neue BBC-News-Kanal für Grossbritannien ist ein digitaler Kanal.

Japan wird das erste Land mit 300 Fernsehkanälen sein. Doch Japan ist eine Ausnahme. Nicht überall werden jetzt Hunderte neuer Sender entstehen. Technisch wäre es zwar möglich. Doch der Werbemarkt stösst an seine Grenze. Da und dort beginnt er zu schrumpfen. Es gibt kein Werbegeld, um neue Sender zu finanzieren.

50 Dollar für den Ohrbiss

Bleibt das Bezahlfernsehen: das Pay-TV. Man muss für einen Sender bezahlen: fürs ganze Programm oder für einzelne Sendungen. Nur bei Bezahlung kann ein kodierter Kanal entschlüsselt werden. In den USA, in Frankreich und Italien funktioniert das längst. In Deutschland nur schleppend. Es gibt «Pay-per-Channel»: das Abonnieren eines ganzen Programms. Es gibt auch: «Pay-per-View»: das Abonnieren einzelner Sendungen.

Vor allem im Sport macht sich Pay-TV breit. Muss man künftig für Fussball bezahlen? In Frankreich hat alles schon längst begonnen. Immer weniger Fussballspiele werden auf nicht kodierten Kanälen gezeigt. Die Pay-TV-Sender konfiszieren die grossen Ereignisse. Neben Fussball vor allem Formel-1-Rennen und Tennis. Die Gefahr besteht, dass das Fernsehen immer mehr zu einem Transportunternehmen wird: es transportiert uns einzelne Ware ins Haus. Doch für jedes Stück müssen wir extra bezahlen.

In den USA ist Pay-TV verbreitet. Fünfzig Dollar für den Match Tyson–Holyfield. Nach drei Runden war's vorbei. Dafür ein Ohrbiss. Auch in Deutschland, Italien und Frankreich gab's den Ohrbiss nur gegen Bezahlung. Und die Olympischen Spiele? Und die Fussballweltmeisterschaften? Werden sie bald nur gegen Bezahlung zu sehen sein? Befürchtungen sind da.

Auch um Konzerte und Shows reisst sich das Pay-TV. Paul McCartney, der Ex-Beatle, gab ein Konzert für die Vulkangeschädigten auf Monserrat – zusammen mit Elton John und Phil Collins. Zu sehen auf Sky TV, Pay-per-View. Preis: 6.95 Pfund.

Erstmals gibt es einen Nachrichtensender auf Pay-TV. Betrieben wird er von Canal+, dem französischen Privatsender. Sind Zuschauer bereit, für Informationen zusätzlich zu bezahlen? Sind sie es in Zeiten, in denen sie von News überflutet werden?

Sterben uns die Zuschauer weg?

Werden die öffentlich-rechtlichen News-Programme bald einbrechen? Laufen ihnen die Zuschauer davon? Sterben sie ihnen weg?

Satelliten- und Kabelfernsehen weiten sich aus. Die Digitalisierung kommt. Es gibt mehr Sender. Mehr Sender für gleichviel Publikum. Das bringt eine Aufsplitterung. Darunter leiden auch die Privaten – vielleicht mehr als die Öffentlich-Rechtlichen.

CNN und manche andere werden sich etablieren. Eine eigentliche Gefahr für die Öffentlich-Rechtlichen sind All-News-Programme nicht. Den Allround-Sendern werden sie kaum mehr als zwei Prozentpunkte abnehmen. Das Internet wird phänomenal zulegen. Es wird allen Medien Publikum wegfressen, langfristig. Wieviel? Keiner weiss es.

Die eigentliche Konkurrenz ist heute weder CNN noch das Internet. Auch die grossen amerikanischen Networks fürchten sich nicht vor Ted Turner und Christiane Amanpour. Sie fürchten sich vor den regionalen Kommerzsendern. In allen Ländern wird deutlich: regionale News sind gefragt, regionale Sender haben Auftrieb. Jede grosse Stadt betreibt ihren Stadtkanal.

Zwar ist die grosse Euphorie bei den Kommerzsendern verflogen. Die Luft wird dünn. Der Werbekuchen ist zu klein. Nicht alle können davon leben. Manche Privatsender werden fusionieren oder sterben. Die neue Lust am Lokalen kommt ihnen gelegen. Denn es fehlt ihnen das Geld fürs Internationale. Fernsehmachen ist teuer. Das war ein Trumpf der Öffentlich-Rechtlichen. Radionachrichten sind billiger. Deshalb haben private Radiostationen den Öffentlich-Rechtlichen zugesetzt – schnell und substantiell. Beim Fernsehen ist das anders. Korrespondenten rund um die Welt, Sondereinsätze, Live-Übertragungen, Satellitenmiete – für die meisten Privaten unerschwinglich.

Konzentrieren sie sich aber auf die eigene Region, wird alles billiger. Die Offensive der Privaten findet denn auch im eigenen Land statt. Bei der regionalen Berichterstattung werden die traditionellen Sender herausgefordert. Der eigentliche Schlagabtausch findet im eigenen Land statt. Doch die Zuschauer wollen von der Welt nicht abgeschnitten sein. Sie wollen auch internationale News. Auf diesem Gebiet sind die grossen Sender stärker. Das ist einer ihrer Wettbewerbsvorteile.

Bürokratisch, lethargisch, schwerfällig

Ein Nachteil ist ihre Schwerfälligkeit. Öffentlich-rechtliche Sender sind Mammut-Betriebe. Die Maschinerie läuft, aber sie läuft zäh. Zu viele Köche kochen mit. Die grossen europäischen Stationen beschäftigen über dreitausend Personen: so die RAI in Italien, France 2, TVE in Spanien, die BBC. Spontane Entscheide sind schwierig. Doch gerade News-Sendungen brauchen spontane Entscheide.

Diana stirbt. Alle kommen: CNN, Skynews, TF1. Aber France 2, der öffentlich-rechtliche Sender, kommt vorerst nicht. Bürokratie, Lethargie. Dabei hätten die Leute von France 2 fünf Minuten gebraucht. Zu Fuss sogar. Zwischen dem Todestunnel de l'Alma und dem Hauptsitz von France 2 liegen 290 Meter. Bei Marseille verunglückt ein Autobus. Ein Dutzend Menschen sterben. Alle filmen: nur France 2 kommt zu spät.

Da werden Leute teuer bezahlt, die längst ausgebrannt sind. Da gibt es Dienstwege, die jede Entscheidungsfreudigkeit zähmen. Zu viele Leute bestimmen mit, jeder fällt einen Teilentscheid. Das ist bei RAI so, bei France 2, bei der BBC – und bei andern. Es fehlt der Blick aufs Ganze.

Früher sagte ein Chefredaktor: das will ich, den will ich, so machen wir es – im Interesse des Betriebes. Heute kommt ein Buchhalter und torpediert das Projekt aus finanziellen Gründen – ohne sich zu überlegen, wie wichtig es für das Haus ist. Das ist nicht sein Job; sein Job ist das Geld. Buchhalter regieren über Chefredaktoren. Rund um die Welt zappeln Chefredaktoren am Gängelband von Apparatschiks der Verwaltung. Nicht nur im Fernsehen.

Ob privates Fernsehen oder nicht – dem Zuschauer ist das egal. Er will gutes Fernsehen. Die Öffentlich-Rechtlichen wurden von den Privaten aufgeschreckt. Sie haben die Herausforderung angenommen. Viele sind besser geworden. Die Kommerzsender hatten in der ersten Hälfte der neunziger Jahre einen Wettbewerbsvorteil: sie waren neu und unverbraucht, frech und keck. Neue Besen kehren besser. Doch die Jungfräulichkeit haben sie inzwischen verloren. Da und dort gehen ihre Einschaltquoten zurück. Jetzt zählt nur noch eins: wer macht das bessere Fernsehen?

Back to the roots?

Wir ertrinken in Informationen. Die Lawine erstickt uns. Wir schnappen nach Luft. Zuviel kommt auf uns zu: zu viele Einzelheiten. Wir sehen vor lauter News die News nicht mehr. Nichts wird im Konsumzeitalter so sehr konsumiert wie Informationen. Ganze Schwärme von Eintagsfliegen umschwirren uns. Sie dringen in Mund und Nase: wir spucken sie aus. Hitchcock. Wir konsumieren Daten und Zahlen, Fakten und Details – vor allem Details. Alles huscht vorbei, nichts begriffen. Overdose, Overkilling.

Ist das die Chance der traditionellen Kanäle? Sie kommen am Abend nach Hause. Etwas müde. Werfen Sie jetzt das Internet an? Bis der Dampfer dampft, verstreichen fünf Minuten. Nicht jeder will sich durch den Wirrwarr surfen. Oder: Sie leben in einem digitalisierten Haushalt. Der bietet ihnen 286 Programme. Was tun?

Untersuchungen zeigen: die Zapperei hat Grenzen. Die Zuschauer wählen zwischen sieben bis zehn Programmen – auch wenn vierzig im Angebot sind. Auch wenn 500 im Angebot sind. An diese sieben bis zehn Sender hat man sich gewöhnt. Wie man sich an Bekannte gewöhnt. Bei sieben will man reinschauen.

Und wenn es Hunderte von Sendern gibt? Wird sich der Zuschauer durch alle durchzappen? Wohl kaum. Angenommen, er täte es dennoch, so ergäben sich folgende arithmetische Fakten: Angenommen, er bleibt zehn Sekunden auf jedem Sender. Angenommen, er zappt sich durch alle 500 Sender durch, so kostet ihn das eine Stunde und 13 Minuten Feierabend. Zappt er sich zweimal durch, ist der Fernsehabend schon vorbei.

Will man das News-Menü selbst zusammenstellen? Oder will man es sich servieren lassen? Schliesslich geht niemand in ein gutes Restaurant, schreibt Thomas Kreyes von RTL, und will sich «aus den angebotenen Zutaten sein Menü selbst zusammenstellen». Wir stellen das Menü zusammen. Noch lange wird es wohl Leute geben, die das so wollen. Sie wollen einen kurzen Überblick über das Tagesgeschehen – ausgewählt und verfasst von Fernsehjournalisten.

«Lieber Gott, gib uns einen deftigen Krieg»

Doch ob es 500 Kanäle gibt oder nur 100. Das News-Angebot wird steigen. Werden sie auch gesehen, die News? Wird der Appetit weiter nachlassen? Alles hängt davon ab, was geschieht. Je dramatischer die Ereignisse, desto besser die Quoten. Je mehr Alltag, desto kleiner das Interesse. Die grossen News-Verkäufer leben vom Unglück der andern. Je besser es der Welt geht, desto schlechter geht es den News – und ihren Verkäufern. Noch nie herrschte soviel Frieden wie heute: klägliche Zeiten. Für die News-Verkäufer und die Macher.

Sarkasmus gehört zu diesem Beruf. Zynismus auch. Christine Ockrent, der gefallene Engel des französischen Fernsehens, sagt es so: Fernsehjournalismus ist ein Beruf, «der Licht und Staub anzieht und sarkastisch macht».

Es ist elf Uhr abends. In der Altstadt von Sarajevo spriesst wieder Leben. Tausende auf der Strasse. Der Krieg ist vorbei. Musik überall. Endlich können sie Wohnungen und Luftschutzkeller verlassen. Zwischen orthodoxem und moslemischem Stadtteil liegt eine Bar. Erstmals Stühle und Tische im Freien. Mein Freund und ich trinken ein Bier. Er erzählt vom Mount Igman, wo er beschossen wurde. Er erzählt von Srebrenica. Er war einer der ersten, die dort filmten. Drei Jahre hatte er in Bosnien Geld verdient. Gutes Geld. Er ist freiangestellter Kameramann. Er arbeitet für CBS, das amerikanische Network. Jetzt sieht seine Zukunft düster aus. Er überfliegt die «Herald Tribune», gedruckt in Italien. Kein Krieg in Sicht, kein Konflikt. «No great war. Ich muss hier wohl gehen. Und wovon soll ich leben?» Er bestellt noch ein Bier: «Lieber Gott, gib uns einen deftigen Krieg.»

Kleines Lexikon

ABC:

Eine der vier grossen amerikanischen Fernsehanstalten (Networks). Besitzt die Fernsehagentur Worldwide Television News (WTN). ABC gehört dem Disney-Konzern.

AFP, Agence France Press:

Die drittgrösste und älteste Nachrichtenagentur der Welt. 10 000 Abonnenten. 2000 Mitarbeiter, davon 1100 Journalisten. AFP sendet täglich zwei Millionen Worte in sechs Sprachen (französisch, englisch, spanisch, deutsch, arabisch und portugiesisch).

All-News-Sender:

Fernseh- oder Radiosender, die einzig je Nachrichten und Kurzreportagen senden, meist rund um die Uhr.

Amanpour, Christiane: Star von CNN, «The first Lady of Television» (Newsweek), covert fast alle Mainstream-Ereignisse.

Anchor:

Moderatorin oder Moderator einer wichtigen Nachrichtensendung.

AP, Associated Press:

Amerikanische Nachrichtenagentur, die grösste der Welt. Verfasst täglich 20 Millionen Worte. 3157 Angestellte, davon 1323 Journalisten. 17 000 Abonnenten. AP hat Dienste für Deutschland und die Schweiz. Insgesamt hat AP weltweit 17 085 Kunden. AP unterhält weltweit 236 News-Büros (davon 143 in den USA).

APA:

Austria Press Agentur. Österreichische Textagentur. Gehört zu 55 Prozent den Zeitungen, zu 45 Prozent dem ORF. 500 eigene Meldungen pro Tag.

APTV (Associated Press TV):

Eine der drei grossen Fernsehagenturen, seit 1994. Hauptsitz London. 55 Büros. Beliefert 200 Fernsehanstalten.

Arnett, Peter:

Geboren 1934 in Neuseeland. AP-Korrespondent im Vietnam-Krieg. CNN-Star während des Golfkrieges in Bagdad. Jetzt amerikanischer Staatsbürger.

BBC World: 24-Stunden-News-Sender der BBC. Seit 1995. Gehört zu 45 Prozent dem
Medienkonzern Pearson. Dieser gibt die «Financial Times» heraus. In Grossbritannien
nicht zu empfangen.

Bloomberg, Michael:
Senkrechtstarter im Mediengeschäft. Geboren 1942 in Medford, Massachusetts.
Gründete «Bloomberg TV», einen 24-Stunden-Wirtschaftskanal. Dreitausend
Angestellte. 14 000 Benutzer in 91 Ländern.

CNN, Cable News Network:
Einflussreichste Fernsehstation der Welt. Seit 1975. Gegründet von Ted Turner.
Hauptsitz Atlanta. Erreicht rund um die Welt 700 Millionen Menschen.

Digitales Fernsehen:
Komprimiert bei der Übermittlung Bild, Ton und Text. Pro Kabel können jetzt zehn
Programme übermittelt werden. Beseitigt damit die Frequenzknappheit.

EBN, European Business News:
24-Stunden-Wirtschaftskanal. 1995 in London gegründet. Besitzer: Dow Jones.
Die Station legt Wert auf Analyse. Deutsches Programmfenster zwischen 07h00
und 07h30.

EBU: European Broadcasting Union.
Auch Eurovision genannt. Hauptsitz Genf. Organisiert den Austausch von jährlich
27 000 News-Beiträgen. Baut bei Grossereignissen Studios auf.

Euronews:
24-Stunden-News-Kanal in sechs Sprachen. Zu sehen in 35 europäischen Ländern.
Unterstützt von der EU. 1997 Einstieg von ITN, dem britischen Privatsender.

Feed:
Das Überspielen von Reportagen.

Fox TV:
24-Stunden-Newskanal von Rupert Murdoch, dem australisch-amerikanischen
Medien-Giganten. Konkurrenz für CNN. Erst in den USA zu empfangen.

France 2: Öffentlich-rechtlicher französischer Sender. Gilt neben dem privaten TF1
als einer der Trendsetter in Europa.

Geos:
Geostationäre Satelliten sind über dem Äquator «parkiert» – in 36 000 Metern Höhe.
Über sie geht das Satellitenfernsehen.

Headlines:
Schlagzeilen am Anfang der Sendung.

Item:

Videobeitrag (Reportage oder Bericht) in einer Nachrichtensendung. In der Schweiz und Frankreich Sujet genannt.

Leos:

Low Earth Orbit. Neue Generation von Kommunikations-Satelliten. Sie kreisen auf einer Höhe von 500 bis 1300 Kilometern um die Erde. Sie ersetzen die Geos.

Marktanteil:

Prozentueller Anteil aller Fernsehgeräte, die auf ein bestimmtes Programm eingeschaltet sind. Alle eingeschalteten Geräte = 100 Prozent.

MSNBC:

24-Stunden-Newskanal des amerikanischen Fernsehriesen NBC mit MicroSoft von Bill Gates. Der Kanal soll einst nur online empfangen werden.

Mainstream:

Nachrichten, über die alle sprechen, die Tagesgespräch sind.

Murdoch, Rupert:

Medien-Tycoon. Besitzer von Fox News (Konkurrenz für CNN). Besitzt auch Sky News in Grossbritannien, Star TV in Asien, die britische «Times» und «Sun», Beteiligung an Vox in Deutschland.

Networks:

Die grossen Fernsehstationen der USA. Die vier wichtigsten Networks sind NBC, ABC, CBS und Fox TV.

News 24:

24-Stunden-Newskanal der BBC, seit 1997. Digital zu empfangen.

n-tv:

24-Stunden-Nachrichtenkanal aus Berlin. Einziger deutschsprachiger Nachrichtensender. 49prozentige Beteiligung von CNN.

Paparazzi:

Von Fellinis «La Dolce Vita». Fotograf, der Berühmtheiten nachstellt.

Parabolantenne:

«Schüssel» auf Balkon, Hausdach oder im Garten. Über sie werden Satelliten-Programme empfangen.

Pay-per-Channel:

Wenn im Rahmen des Pay-TV ein ganzer Sender abonniert wird – im Gegensatz zu Pay-per-View: dort wird nur für einzelne Programme (z. B. ein Fussballspiel) bezahlt.

Pay-per-View:

Wenn im Rahmen des Pay-TV nur für ein einzelnes Programm (z. B. ein Fussballmatch) bezahlt wird – im Gegensatz zu Pay-per-Channel: dort wird ein ganzer Sender
abonniert.

Pay-TV:

Das Bezahlfernsehen. Man bezahlt pro Sender oder pro Programm. Nur wer bezahlt,
kann die Bilder unkodiert empfangen.

Prime Time:

Die Zeit zwischen 18h30 und 22h00, jene Zeit, in der am meisten Leute Fernsehen
schauen.

Ratings:

Einschaltquoten. Siehe auch Marktanteil.

Reuters:

Die zweitgrösste (Text-)Nachrichtenagentur der Welt. Weltweit haben 38 000 Zeitungen, Banken und Unternehmen Reuters abonniert. 15 995 Angestellte, unter ihnen
1975 Journalisten, Kameraleute und Fotografen.

Reuters TV:

Die grösste Fernsehagentur der Welt. Hauptsitz London. Weltweit 120 Büros in
80 Ländern. Arbeitet für 130 Fernsehanstalten. 15 000 News-Items pro Jahr.

Sommaire:

Schlagzeilen am Anfang der Sendung, auch Headlines genannt.

Spartenkanal:

Sender, der zum Beispiel nur News sendet oder nur Sport, oder nur Filme, oder nur
Musik. Auch Themenkanal genannt.

Sujet:

Videobeitrag in der Nachrichtensendung, Reportage oder Bericht. Auch Item genannt.

TF 1:

Französischer Fernsehsender. Grösster Privatsender Europas. Trendsetter.

Themenkanal:

Sender, der zum Beispiel nur News sendet oder nur Sport, oder nur Filme, oder nur
Musik. Auch Spartenkanal genannt.

«Toko» und «Livewire».

Geräte zur Übermittlung von Videobildern per Telefon. Übermittlungszeit – je nach
Qualität – zwanzig Minuten bis eine Stunde pro übermittelte Minute.

Turner, Ted:

Geboren 1938. Grösster Newsverkäufer aller Zeiten. Gründer von CNN. Turner
revolutionierte das Fernsehen. Verheiratet mit Jane Fonda.

Uplink:

Parabolantenne, über die Beiträge via Satellit in die Zentrale gesendet werden.

Veejays: V.J.'s, Video-Journalisten:

Sie sind Journalist, Kameramann/frau, Tontechniker und Cutter in einer Person.

WTN: Worldwide Television News.

Amerikanische Bildagentur. Hauptsitz London. Eine der grossen Drei. Büros in 80 Städten. WTN gehört zum Disney-Konzern.

Bibliographie

Arbeitsgruppe Kritische Publizistik
  Welttheater für Eidgenossen, Verlag politische Texte, Zürich 1973
Arnett, Peter,
  Unter Einsatz des Lebens. Der CNN-Reporter live von den Kriegsschauplätzen der
  Welt, Knaur, München 1996.
Beham, Mia
  Kriegstrommeln, Medien, Krieg und Politik, Deutscher Taschenbuch Verlag, München,
  1996
Benamou, Georges-Marc
  Le dernier Mitterrand, Plon, 1996
Bibb, Porter, Ted Turner
  The Amazing Story of CNN, It Ain't As Easy As It Looks, Crown Publishers,
  Inc. New York 1993
Bloomberg by Bloomberg, with Matthew Winkler
  1997 by Michael Bloomberg, Published by John Wiley & Sons, Inc., New York.
Breton, Philippe
  L'utopie de la communication, La Découverte, Paris, 1997
Buchwald, Manfred
  Medien-Demokratie. Auf dem Weg zum entmündigten Bürger, Aufbau Taschenbuch
  Verlag, Berlin 1997.
Diwo, François
  La Télé, si vous saviez…, 1997, Plon, Paris
Foggensteiner, Alexander
  Reporter im Krieg, Picus, Wien, 1993
France Info
  Le Dico de l'Info, Castermann, 1997
Greene, Graham
  The quiet American, Robert Laffont, 1956
Handke, Peter
  Eine winterliche Reise zu den Flüssen Donau, Save, Moraw und Drina, Suhrkamp,
  Frankfurt am Main 1996
Hohenberg, John
  The Professional Journalist, Holt, Rinehart and Winston, New York 1973
Huteau, Jean; Ullmann Bernard
  AFP, Une histoire de l'Agence France-Press, Robert Laffont, 1992
Lambotte, Janine
  Janine Lambotte raconte…, Didier Hatier, Bruxelles 1992

Lesche, Dieter
    Glanzvolle Versager. Wie Manager und Macher das Fernsehen ruinieren. Metropolitan, Düsseldorf 1996

Martin, Marc
    Médias et journalistes de la République, Editions Odile Jacob, Paris 1997

Ockrent, Christine
    La mémoire du cœur, Fayrard 1997

Péan, Pierre, Nick, Christophe
    TF1, un pouvoir, Fayard 1997

Pigeat, Henri
    Médias et déontologie, Politique d'aujourd'hui, Paris 1997

Tobler, Jürg
    «Guten Abend, lieber Zuschauer», Verlag Huber, Frauenfeld 1973

Media Perspektiven
    Frankfurt am Main, Arbeitsgemeinschaft der ARD-Werbegesellschaften, alle Hefte 1996, 1997

Mercier, Arnaud
    Le journal télévisé, Presses de Sciences Po, Paris 1996

Saussez, Thierry
    Le temps des ventriloques, Belfond, Paris 1997

Siebert, Claudia
    Der Auslandskorrespondent, Kiepenheuer und Witsch, Köln 1997

Smith, Perry M., Major General
    How CNN Fought The War, Carol Publishing Group, Secaucus, 1991

Wissen über die Zukunft als Basis für die Zukunftsgestaltung

Rolf Homann

Zukünfte – heute denken morgen sein

Zukünfte sind nicht schicksalshaft, sondern ein potentielles Gestaltungs-
feld. Zukünfte kann man schaffen, man muss nicht von ihnen überrollt
werden.
Der Autor versteht sein Buch als Arbeitsmittel zur Zukunftsgestaltung
und zur Entwicklung von Frühwarnsystemen für Unternehmen und
jeden einzelnen. Bewusst benutzt er den in Amerika gängigen Begriff
«futures», «Zukünfte». Es gibt deren so viele wie Individuen, die sich
mit ihnen auseinandersetzen.
Im ersten Teil des Buches vermittelt der Autor einen Einblick in die
Arbeits- und Verhaltensweise der Zukunftsforschung. Im zweiten Teil
entwirft er mittels anschaulicher Beispiele Szenarien für Zukünfte der
Arbeit, der Medizin, der Freiheit usw. Der abschliessende dritte Teil
liefert die Grundlagen und Werkzeuge, um selber rechtzeitig Einfluss
nehmen zu können, ohne Trendgurus auf den Leim zu gehen.

200 Seiten, gebunden, ISBN 3-280-02627-X

Orell Füssli Verlag

Den Fallenstellern das Handwerk legen

Klaus D. Tumuscheit

Überleben im Projekt

10 Projektfallen und wie man sie umschifft.

Unerkannte Projektfallen sind der Tod vieler mit grossem Engagement in Angriff genommener Projekte. Die Konsequenz: Zeitverschleiss, Missstimmigkeiten im Betrieb und überdurchschnittliche Fluktuation.
Aus seiner 15jährigen Praxiserfahrung schildert der Autor – frech, mit Ironie und Witz geschrieben – die negativen Folgen von 10 Projektfallen (u. a. Optimismusfalle, Sozialkompetenzfalle, Parkplatzfalle, Fachexpertenfalle, Querulantenfalle, Werkzeugfalle, Ressourcenfalle), die für ein Unternehmen schwerwiegende Folgen haben können. Er macht deutlich, wie Projektsabotage, Budgetkürzungen, Verschleppung von Entscheiden das Projektziel gefährden und wie Projektmanager ihre Arbeit schützen können. Ein realistisches Praxisbuch für alle Projektbeteiligten.

200 Seiten, gebunden, ISBN 3-280-02620-2

Orell Füssli Verlag